Wolfgang Männel

Bilanzlehre

Wolfgang Männel

Bilanzlehre

Verlag der GAB
Gesellschaft für angewandte Betriebswirtschaft
Lauf a. d. Pegnitz
2001

CIP-Kurztitelaufnahme der Deutschen Bibliothek

Männel, Wolfgang
Bilanzlehre
Wolfgang Männel
Lauf an der Pegnitz: Verlag der GAB
  (Schriften zur Betriebswirtschaftslehre)
NE: Wolfgang Männel
10. überarbeitete Auflage 2001
ISBN-3-927878-11-1

Verfasser

Dipl.-Kfm. Dr. rer. pol. Wolfgang Männel
Ord. Professor der Betriebswirtschaftslehre
Direktor des Betriebswirtschaftlichen Instituts
der Friedrich-Alexander-Universität Erlangen-Nürnberg

Verlag und Druck

(c) Verlag der GAB Gesellschaft für angewandte Betriebswirtschaft mbH
D-91207 Lauf an der Pegnitz, Peter-Henlein-Straße 15

Nachdruck oder Vervielfältigung, auch auszugsweise, in allen Formen
wie Mikrofilm, Xerographie, Microfiche, Microcard, Offset verboten.

Druck: Rosch-Buch, 96103 Hallstadt
ISBN 3-927878-11-1

Für die Herstellung dieses Druckerzeugnisses wurden ausschließlich holzfreie, chlorfrei gebleichte, voll recyclingfähige, umweltfreundliche Materialien (Karton und Papier) verwandt.

BILANZLEHRE

Die **externe Rechnungslegung** als Teilgebiet des betrieblichen Rechnungswesens soll einem außerhalb des Unternehmens stehenden Dritten einen Einblick in die Vermögens-, Finanz- und Ertragslage des Unternehmens gewähren. Wichtigstes Informationsinstrument für die externen Adressaten ist der nach den Vorschriften des Handelsgesetzbuches zu erstellende Jahresabschluß. Auf Basis einer vollständigen Aufzeichnung der wirtschaftlich relevanten Geschäftsvorfälle in der Buchhaltung sind zum Ende eines jeden Geschäftsjahres nach den konkreten handelsrechtlichen Einzelregelungen sowie den Grundsätzen ordnungsmäßiger Buchführung und Bilanzierung eine **Bilanz** und eine **Gewinn- und Verlustrechnung** zu erstellen, die im Fall der Kapitalgesellschaft um einen **Anhang** und einen **Lagebericht** zu erweitern sind.

Die **Bilanzlehre** befaßt sich nicht nur mit dem Vorgehen zur Erstellung der Jahresbilanz, sondern hat alle vier Informationsinstrumente der externen Rechnungslegung zum Gegenstand. Vorrangige Ziele der Bilanzlehre sind die **Vermittlung der handelsrechtlichen Grundlagen und der rechtsformspezifischen Regelungen** für den Ansatz und die Bewertung der einzelnen Positionen in Bilanz und Gewinn- und Verlustrechnung sowie die Erläuterung der Vorschriften für den Inhalt des Anhangs und des Lageberichts. Daneben sind in der Bilanzlehre noch weitere Schwerpunkte zu identifizieren. Zum einen muß eine Diskussion der in der Vergangenheit entwickelten **Bilanzauffassungen**, der mit ihnen verbundenen **Unternehmenserhaltungskonzeptionen** und der handelsrechtlichen Möglichkeiten zur Sicherstellung des Fortbestandes einer Unternehmung im Sinne dieser Erhaltungskonzeptionen erfolgen. Zum anderen sind die für die Zwecke der **Bilanzpolitik** einsetzbaren Instrumente zu erläutern sowie die Möglichkeiten zur Kompensation der bilanzpolitischen Maßnahmen in der von Dritten vorgenommenen **Jahresabschlußanalyse** aufzuzeigen.

Das vorliegende **veranstaltungsbegleitende Lehrmaterial** behandelt ausführlich die bedeutenden Gebiete der Bilanzlehre und geht damit in seiner Eindringungstiefe weit über den Inhalt der in Nürnberg im Grundstudium zur Betriebswirtschaftslehre behandelten Grundlagen der Bilanzierung hinaus. Nach den einführenden Kapiteln zu den **Grundlagen der Bilanzierung**, den **Bilanztheorien** und den **Unternehmenserhaltungskonzeptionen** erfolgt eine Einordnung der Bilanzierung und der Bilanzpolitik in ihren **rechtlichen Rahmen**. Die folgenden Kapitel behandeln die handelsrechtlichen Vorschriften für **alle Kaufleute**. Dabei wird differenziert auf die Bilanzierung und Bewertung der Aktiva und Passiva eingegangen. Anschließend werden die besonderen Vorschriften für **Kapitalgesellschaften** erläutert. Schließlich werden die Grundzüge der **Konzernrechnungslegung** knapp behandelt. In den einzelnen Kapiteln wird zudem gezielt auf bedeutsame Literaturquellen aus dem umfangreichen Schrifttum zur Bilanzlehre verwiesen.

An der Entstehung der bereits erschienenen Auflagen dieses Lehrmaterials waren mehrere **wissenschaftliche Mitarbeiter des Lehrstuhls** beteiligt. Im Rahmen der Erstellung der vorliegenden Auflage hat vor allem Dipl.-Kfm. Bernd Zirkler bei der Überarbeitung der Übersichten mitgewirkt und eine Vielzahl von Schemata und graphischen Darstellungen umgesetzt. Besonderer Dank gilt darüber hinaus meinen studentischen Hilfskräften cand.rer.pol. Jörn Große-Wilde, Gerhard Hambusch und Oliver Ströbel für das Anfertigen der Graphiken.

Prof. Dr. rer. pol. Wolfgang Männel
Nürnberg, im April 2001

MÄNNEL — Gliederung

1. Kapitel: Grundlagen, Grundtatbestände und Grundfragen der Bilanzierung ... 7
    I. Begriffliche Grundlagen 7
    II. Stellung des Jahresabschlusses im betrieblichen Rechnungswesen 11
    III. Systematik bedeutsamer Bilanzarten 13
    IV. Aufgaben der Bilanzierung 15
    V. Grundlegende Bestimmungen zum Inhalt der Bilanz und GuV 20

2. Kapitel: Bilanztheorien und Unternehmenserhaltungskonzeptionen 25
    I. Beziehungen zwischen Bilanztheorien und Unternehmenserhaltungskonzeptionen 25
    II. Theorie der statischen Bilanz 30
    III. Theorie der dynamischen Bilanz 33
    IV. Theorie der organischen Bilanz 39
    V. Theorie des ökonomischen Gewinns 47

3. Kapitel: Rechtlicher Rahmen der Bilanzierung und Bilanzpolitik 50
    I. Aufbau und Inhalt der Rechnungslegungsvorschriften des Handelsgesetzbuches 50
    II. Grundsätze ordnungsmäßiger Buchführung und Bilanzierung 53
    III. Einordnung des Handelsgesetzbuches in die internationale Rechnungslegung 60
    IV. Grundzüge der Bilanzpolitik und -analyse 71

4. Kapitel: Handelsrechtliche Vorschriften für alle Kaufleute 75
    I. Gesetzliche Regelungen zur Buchführungspflicht und zum Inventar 75
    II. Aufstellung und Gliederung des Jahresabschlusses für alle Kaufleute 79
    III. Ansatz von Aktiva und Passiva in der Bilanz 82
    IV. Rechnungsabgrenzungsposten 87
    V. Haftungsverhältnisse 89
    VI. Allgemeine Bewertungsgrundsätze 91
    VII. Begriff, Wesen und Ermittlung der Anschaffungskosten 95
    VIII. Begriff, Wesen und Ermittlung der Herstellungskosten 97
    IX. Aufbewahrung und Vorlage von Unterlagen 100

5. Kapitel: Bilanzierung und Bewertung der Aktiva ... 103

- I. Struktur der Bilanzierung des Anlagevermögens und Erfassung wertmäßiger Veränderungen ... 103
- II. Planmäßige Abschreibung des Anlagevermögens ... 106
- III. Außerplanmäßige Abschreibung des Anlagevermögens ... 118
- IV. Bilanzieller Ausweis und Wertansätze für das Umlaufvermögen ... 120

6. Kapitel: Bilanzierung und Bewertung der Passiva ... 129

- I. Eigenkapital ... 129
- II. Sonderposten mit Rücklageanteil ... 131
- III. Rückstellungen ... 140
- IV. Verbindlichkeiten ... 144

7. Kapitel: Aufbau von Bilanz, Gewinn- und Verlustrechnung, Anhang und Lagebericht von Kapitalgesellschaften ... 146

- I. Handelsrechtliche Vorschriften zur Bilanzierung großer, mittelgroßer und kleiner Kapitalgesellschaften ... 146
- II. Bilanz der Kapitalgesellschaft ... 151
- III. Gewinn- und Verlustrechnung der Kapitalgesellschaft ... 161
- IV. Anhang der Kapitalgesellschaft ... 166
- V. Lagebericht der Kapitalgesellschaft ... 173

8. Kapitel: Spezifische Bilanzierungsfragen des Jahresabschlusses von Kapitalgesellschaften ... 174

- I. Bilanzierungshilfe nach §§ 269, 282 HGB ... 174
- II. Besonderheiten der Bilanzierung des Anlagevermögens ... 175
- III. Bilanzierung des Eigenkapitals von Kapitalgesellschaften ... 178
- IV. Latente Steuern ... 191

9. Kapitel: Grundzüge der Konzernrechnungslegung ... 193

- I. Grundlagen der Konzernrechnungslegung ... 193
- II. Bedeutsame Grundsätze der Konzernrechnungslegung ... 197
- III. Konsolidierung der Einzelabschlüsse ... 199

1. Kapitel:
Grundlagen, Grundtatbestände und Grundfragen der Bilanzierung

I. Begriffliche Grundlagen

> **Literaturhinweis zur Vertiefung**
>
> **Wöhe,** Günter: Einführung in die Allgemeine Betriebswirtschaftslehre, 19. Auflage, München 1996, S. 963-990.

1. **Wesen, Bedeutung und Aufgaben des Rechnungswesens**
   * Rechnungswesen als zentraler Bestandteil des Informationssystems eines Unternehmens
   * Mengen-, zeit- und wertmäßige Erfassung, Dokumentation und Aufbereitung der Güter- und Geldströme
   * Abbildung der Geschäftsbeziehungen eines Unternehmens mit seiner wirtschaftlichen Umwelt (Beschaffung und Absatz von Gütern und Dienstleistungen, den Güterströmen entgegen fließende Geldströme, rein finanzwirtschaftliche Transaktionen)
   * Abbildung des innerbetrieblichen Güter- und Leistungsverzehrs und der Ausbringung
   * Periodische und fallweise Verdichtung der Informationen für unterschiedliche Analyseobjekte
   * Traditionelle Gliederung des Rechnungswesens hinsichtlich der Informationsempfänger in internes und externes Rechnungswesen

2. **Wertmäßige Abbildung des Leistungserstellungs- und -verwertungsprozesses**
   * Unternehmensführung als primärer Informationsempfänger des internen Rechnungswesens
   * Betriebsabrechnung als traditionelle Aufgabe des internen Rechnungswesens
   * Kalkulation als traditionelle Aufgabe des internen Rechnungswesens
   * Unterstützung von Entscheidungen der Unternehmensführung durch das interne Rechnungswesen
   * Auf Potentiale, Prozesse und Produkte abstellende Kosten-, Erlös- und Ergebnisrechnung als bedeutendste Bestandteile des internen Rechnungswesens

3. **Periodenbezogene Abbildung der Vermögens-, Finanz- und Ertragslage durch das externe Rechnungswesen**
   * Unternehmensexterne als Informationsempfänger (Bilanzadressaten: Anteilseigner, Belegschaft, Fiskus, Gläubiger, Lieferanten, Kunden, Behörden, Öffentlichkeit)

MÄNNEL — Grundlagen, Grundtatbestände und Grundfragen der Bilanzierung

- * Zentrale Aufgaben des externen Rechnungswesens:
    - Dokumentation
    - Information
    - Rechenschaftslegung
- * Jahresabschluß als wesentliches Instrument der externen Rechnungslegung
- * In der Finanzbuchhaltung erfaßte Daten als Basis für die Erstellung des Jahresabschlusses, daneben auch als Grundlage für die Kostenrechnung
- * Ergänzung der am Geschäftsjahr orientierten externen Rechnungslegung durch:
    - Monatsabschlüsse
    - Planbilanzen

4. Wesen und Bedeutung des Jahresabschlusses

- * Gesetzlich verbindlich vorgeschriebene Bilanz und Gewinn- und Verlustrechnung
- * Bilanz als stichtagsbezogene Gegenüberstellung von Vermögen und Kapital eines Unternehmens
- * Aktivposten der Bilanz als ==Vermögensgegenstände (selbständig bewertbar, verkehrsfähig und von wirtschaftlichem Wert)== und Bilanzierungshilfen
- * Passivposten als Fremdkapital (sichere oder wahrscheinliche selbständig bewertbare Vermögensbelastungen) und Eigenkapital
- * Gewinn- und Verlustrechnung als periodenbezogene Gegenüberstellung von Erträgen und Aufwendungen eines Unternehmens
- * Erträge als periodischer Wertezuwachs
- * Aufwendungen als periodischer Werteverzehr
- * Anhang als zusätzlich verbindlicher Bestandteil des Jahresabschlusses von Kapitalgesellschaften
- * ==Erläuterung und Ergänzung des Jahresabschlusses durch den Anhang==

5. Beziehung zwischen Buchführung und Jahresabschluß

- * Buchführung zur Aufzeichnung aller Geschäftsvorfälle in chronologischer Reihenfolge sowie nach sachlogischen Kriterien gegliedert
    - Erfassung aller Geschäftsvorfälle zwischen Gründung und Liquidation der Unternehmung
    - Abbildung der Geschäftsvorfälle auf Bestandskonten, Erfolgskonten und gemischten Konten
    - Aufzeichnung der die Höhe und/oder Zusammensetzung des Vermögens bzw. Kapitals verändernden Vorgänge
    - Dokumentation der Erfolgswirksamkeit der Geschäftsvorfälle
- * Periodischer Abschluß des Zahlenwerkes der Buchführung durch die Bilanz und die Gewinn- und Verlustrechnung unter Berücksichtigung der Inventurergebnisse

Auf spezifische Informationsempfänger ausgerichtete Teilgebiete des Rechnungswesens

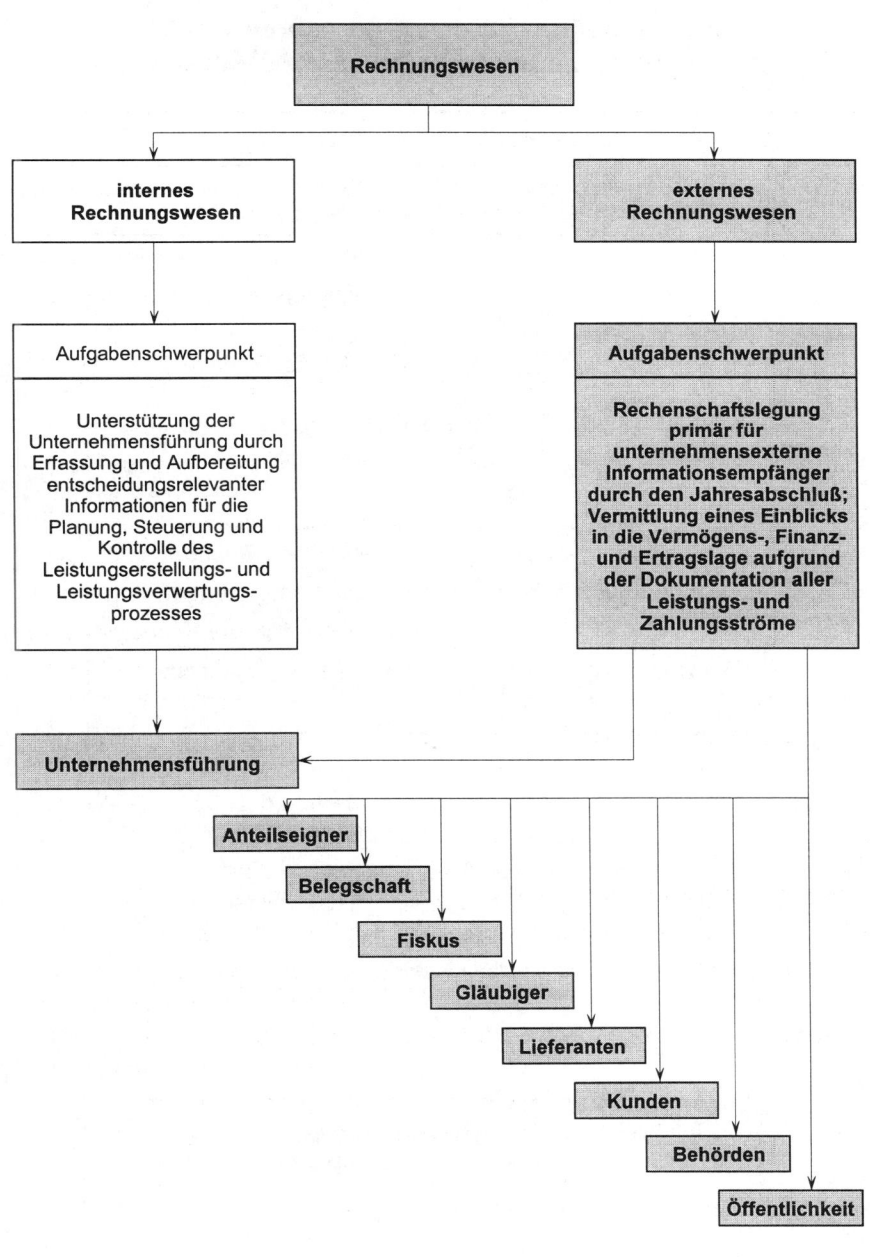

Teilgebiete und Datenfluß des betrieblichen Rechnungswesens

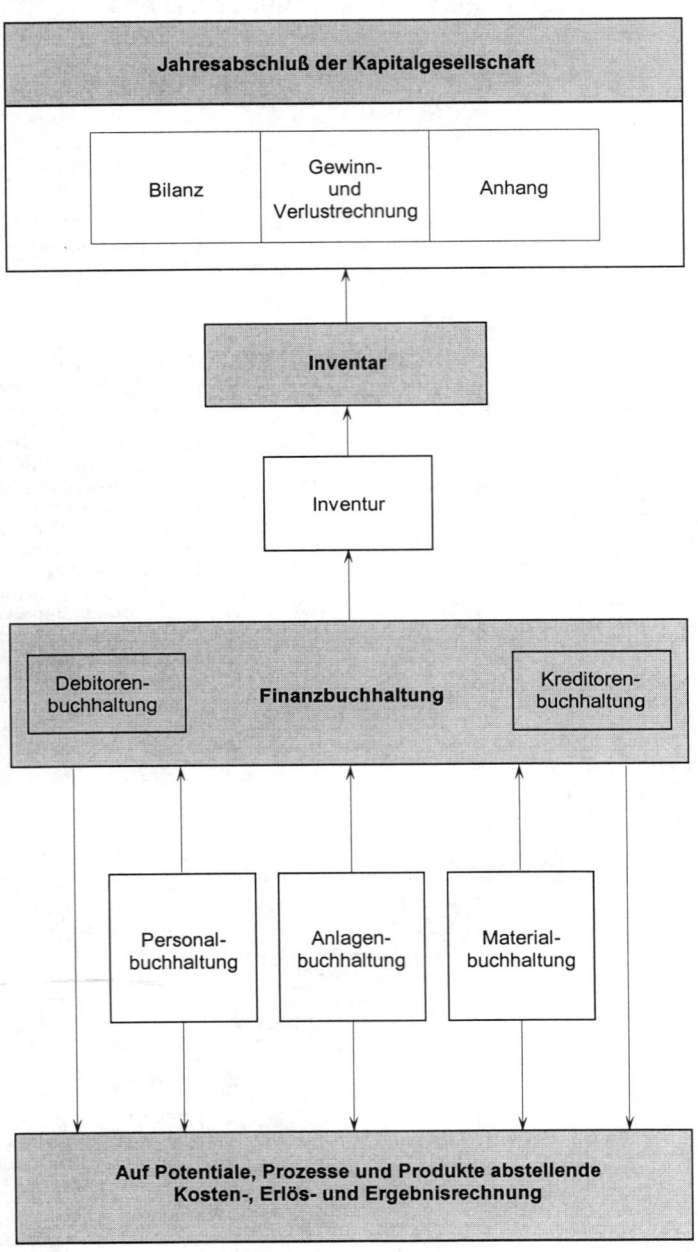

II. Stellung des Jahresabschlusses im betrieblichen Rechnungswesen

> **Literaturhinweis zur Vertiefung**
>
> Wöhe, Günter: Einführung in die Allgemeine Betriebswirtschaftslehre, 19. Auflage, München 1996, S. 991-999.

1. **Traditionelle Gliederung des Rechnungswesens**
   * Buchhaltung, Inventar, Jahresabschluß
   * Kostenrechnung (Betriebsabrechnung, Kalkulation)
   * Betriebswirtschaftliche Statistik und Vergleichsrechnungen
   * Planungsrechnungen

2. **An unterschiedlichen Kriterien ausgerichtete Gliederung des Rechnungswesens**
   * Gliederung des Rechnungswesens nach Informationsempfängern
   * Instrumentalcharakter der Rechnungen als Kriterium für die Gliederung des Rechnungswesens in Planungsrechnungen, Dokumentationsrechnungen und Kontrollrechnungen
   * Gliederung des Rechnungswesens nach erfaßten Wertekategorien in pagatorische und kalkulatorische Rechnungen
   * Auf die sachlichen Bezugsobjekte sowie auf den zeitlichen Bezugsrahmen ausgerichtete Gliederung des Rechnungswesens
   * Wiederholungscharakter der Rechnungen als Kriterium für die Gliederung in sich laufend wiederholende Rechnungen und fallweise zu erstellende Sonderrechnungen

3. **Grundlegende Wesensmerkmale des Jahresabschlusses**
   * Primär zur Information externer Dritter erstellte Rechnung
   * Gesetzlich erzwungene Dokumentationsrechnung
   * Pagatorische Rechnung
   * Gesamtunternehmensbezogene Rechnung
   * Zeitpunktbezogene Bestandsrechnung (Bilanz) und zeitraumbezogene Bewegungsrechnung (GuV)
   * Organisierte, regelmäßig zu erstellende Rechnung
   * Auskunft über die Vermögens-, Finanz- und Ertragslage unter Beachtung der Grundsätze ordnungsmäßiger Buchführung

GoB

MÄNNEL

Grundlagen, Grundtatbestände und Grundfragen der Bilanzierung

Seite 12

Auf einzelne Kriterien abstellende Einordnung des Jahresabschlusses in die Gesamtsystematik des Rechnungswesens

Ausrichtung auf Informationsempfänger							
primär extern orientierte Rechnungen				primär intern orientierte Rechnungen			
Instrumentalcharakter							
Planungsrechnungen			Dokumentationsrechnungen		Kontrollrechnungen		
Prognose-/ Simulations- rechnungen, Sensitivitäts- analyse	Entschei- dungs- und Wirtschaft- lichkeits- rechnungen	Vorgabe-, Budgetie- rungs- und Lenkungs- rechnungen	gesetzlich erzwungene Dokumenta- tionsrech- nungen	freiwillig erstellte Dokumenta- tionsrech- nungen	Dispositions- kontroll- rechnungen		Ausführungs- kontroll- rechnungen
Erfaßte Wertekategorie							
pagatorische Rechnungen						kalkulatorische Rechnungen	
Ein-/Auszahlungs- rechnungen (Liquiditätsrechnung)		Einnahmen-/ Ausgabenrechnungen (Finanzierungsrechnung)		Aufwands-/Ertrags-/ Erfolgsrechnung (GuV-Rechnung)		Kosten-, Erlös- und Ergebnisrechnung	
Geldbestands- rechnung		Forderungs-/Kredit- bestandsrechnung (Geldvermögensrechnung)		Vermögens-/Kapital- rechnung (Bilanz)		kalkulatorische Vermögens- und Kapitalrechnung	
Sachlicher Bezugsrahmen							
unternehmens- verbund- bezogene Rechnungen	gesamt- unternehmens- bezogene Rechnungen	unternehmens- bereichs- bezogene Rechnungen	abteilungs- bezogene Rechnungen		produkt- bezogene Rechnungen		stück- bezogene Rechnungen
Zeitlicher Bezugsrahmen							
zeitraumbezogene Bewegungsrechnungen						zeitpunktbezogene Bestandsrechnungen	
Mehrperiodenrechnungen			Einperioden- rechnungen				
mit Wertauf- oder -abzinsung	ohne Wertauf- oder -abzinsung						
Wiederholungscharakter							
sich wiederholende Rechnungen					einmalige Rechnungen (Sonderrechnungen)		
organisierte, laufend zu erstellende Rechnungen		fallweise zu erstellende, schwer organisierbare Rechnungen						
sich unbe- grenzt wie- derholende Rechnungen	sich begrenzt wiederho- lende Rechnungen							

III. Systematik bedeutsamer Bilanzarten

> **Literaturhinweis zur Vertiefung**
> **Wöhe**, Günter: Einführung in die Allgemeine Betriebswirtschaftslehre, 19. Auflage, München 1996, S. 999-1001.

1. **Unterscheidung von Bilanzen nach dem Adressatenkreis**
   * Primär an außerhalb des Unternehmens stehende Personen adressierte externe Bilanzen

2. **Systematisierung nach dem Bilanzierungsanlaß**
   * Regelmäßig zu erstellende, ordentliche Bilanzen
   * Fallweise zu erstellende, außerordentliche Bilanzen

3. **Systematisierung nach der Zahl der in die Bilanz einbezogenen Unternehmen**
   * Einzelbilanzen selbständiger Unternehmen und abgrenzbarer Unternehmensteile
   * Durch Zusammenfassung der Bilanzen mehrerer rechtlich selbständiger Unternehmungen entstehende Gesamtbilanzen

4. **Systematisierung nach dem Bilanzierungszeitraum**
   * Erstellung der Bilanz für die gesamte Lebensdauer der Unternehmung oder für abgegrenzte Teilperioden
   * Unterscheidung von vergangenheits- und zukunftsorientierten Bilanzen

5. **Unterscheidung von Bilanzen nach dem Bilanzinhalt**
   * Beständebilanz zum Ausweis der Höhe und Zusammensetzung des Kapitals und der Anlage des Kapitals in Vermögensgegenständen
   * Erfassung der in einer Periode erfolgten Wertbewegungen in Bewegungsbilanzen
   * Primär zum Zweck der Erfolgsermittlung aufgestellte Bilanzen

6. **Systematisierung nach dem zugrundeliegenden Gewinnbegriff**
   * Bewertung der Bilanzpositionen nach dem Nominalwertprinzip nach Handels- und Steuerrecht
   * Bilanzen auf Grundlage der Kapital- oder der Substanzerhaltungskonzeption

7. **Systematisierung nach den relevanten Rechtsnormen**
   * Gesetzlich vorgeschriebene Bilanzen
   * Aufgrund vertraglicher Verpflichtungen erstellte Bilanzen
   * Freiwillig erstellte Bilanzen zur Information der Unternehmensführung und in Einzelfällen für externe Dritte
   * Außenstehenden in der Regel nicht zugängliche interne Bilanzen

Systematisierung von Bilanzen nach unterschiedlichen Kriterien

Adressatenkreis			
externe Bilanzen		interne Bilanzen	
Bilanzierungsanlaß			
ordentliche (regelmäßige) Bilanzen (z. B. handelsrechtliche Jahresbilanzen, interne Monatsbilanzen)		außerordentliche (einmalige) Bilanzen (z. B. Sonderbilanzen wie Gründungs-, Fusions- oder Liquidationsbilanzen)	
Zahl der einzubeziehenden Unternehmen			
Einzelbilanzen		Gesamt-(General-)bilanzen	
Unternehmensbilanzen	Teilbetriebsbilanzen	Gemeinschaftsbilanzen	Konzernbilanzen
Bilanzierungszeitraum			
Totalbilanz (für die gesamte Lebensdauer eines Unternehmens)	Periodenbilanzen		
	Jahresbilanz	Quartalsbilanz	Monatsbilanz
Bilanzinhalt			
Erfolgsermittlungsbilanzen (Zeitraumbilanzen)	Beständebilanzen (Vermögens- und Kapitalbilanzen)	Bewegungsbilanzen (Bestandsdifferenzenbilanzen)	
Gewinnbegriff			
Nominalwertbilanzen		Realwertbilanzen	
Rechtsnorm			
gesetzlich vorgeschriebene Bilanzen (Handels- und Steuerbilanz)	vertraglich vereinbarte Bilanzen (z. B. für Kreditinstitute)	freiwillig erstellte Bilanzen (z. B. für betriebsinterne Zwecke)	

IV. Aufgaben der Bilanzierung

> **Literaturhinweis zur Vertiefung**
> **Wöhe**, Günter: Einführung in die Allgemeine Betriebswirtschaftslehre, 19. Auflage, München 1996, S. 1001-1004.

1. **Dokumentation**
   * Dokumentation der Auswirkungen von Geschäftsvorfällen auf das Vermögen, das Kapital und den Erfolg des Unternehmens
   * Abbildung aller wirtschaftlich relevanten Vorgänge für die Zwecke der Rekonstruktion und Kontrolle einzelner Sachverhalte

2. **Informationsbereitstellung**
   * Stichtagsbezogene Gegenüberstellung und zweckmäßige Gliederung von Vermögen und Kapital in der Bilanz
   * Zuordnung von Erträgen und Aufwendungen zu Perioden
   * Ermittlung des Unternehmenserfolges durch Gegenüberstellung von Erträgen und Aufwendungen in der Gewinn- und Verlustrechnung
   * Erfolgsermittlung durch Vergleich zweier aufeinanderfolgender Bilanzen (Mehrung/Minderung des Reinvermögens und somit des Eigenkapitals)

3. **Rechenschaftslegung**
   * Präsentation von Informationen über den Geschäftsverlauf unter Beachtung vorgegebener Grundsätze und Rechtsnormen
   * Gesetzlich vorgeschriebene Rechenschaftslegung zur Selbstinformation und zur Unterrichtung Außenstehender
   * Freiwillige Rechenschaftslegung im Hinblick auf bestimmte Zwecke

4. **Schutz der Interessen der Bilanzadressaten**
   * Normierung und Offenlegung von Informationen über die Vermögens-, Finanz- und Ertragslage kraft Gesetz
   * Berücksichtigung der Grundsätze ordnungsmäßiger Buchführung und Bilanzierung
   * Beachtung der Gliederungs-, Ansatz- und Bewertungsvorschriften

5. **Ausschüttungsbemessung**
   * Ausschüttungsbemessung im Spannungsfeld von angemessener Verzinsung des Eigenkapitals, ausreichender Innenfinanzierung und Sicherung der Liquidität
   * Festlegung der Ausschüttungshöhe auf Grundlage des ermittelten Jahresüberschusses

6. **Steuerbemessungsgrundlage**
   * Grundsätzliche Maßgeblichkeit der Handelsbilanz für die Erstellung der Steuerbilanz
   * Umgekehrte Maßgeblichkeit in Teilbereichen der handelsrechtlichen Bilanzierung
   * Grundlage insbesondere für die Bemessung von Gewerbeertragsteuer, Körperschaftsteuer und Einkommensteuer des Unternehmers

7. **Ergänzende Aufgaben der Bilanzierung**
   * Erstellung von Planbilanzen und Monatsabschlüssen
      - Planbilanzen und Plan-GuV als Vorgabegrößen für die Top-down-Planung und/oder als Ergebnis der Bottom-up-Planung
      - Monatsbilanzen als kurzfristige Kontrollinstrumente für die Unternehmensführung und für bedeutsame externe Bilanzadressaten
   * Erstellung von Konzernbilanzen (→ vgl. 9. Kapitel S. 193-210)
      - Konzernbilanzen neben den Einzelabschlüssen untergeordneter Unternehmen
      - Ausgleich von Informationsverlusten in Einzelabschlüssen als Folge übergeordneter Bilanzpolitik entsprechend konzernpolitischer Zielsetzungen
   * Erweiterung des Jahresabschlusses um Sozialbilanzen
      - Rechenschaftslegung hinsichtlich der im Hinblick auf die soziale Verantwortung der Unternehmung vollzogenen wirtschaftlichen Aktivitäten
      - besondere Meß- und Bewertungsprobleme bezogen auf die relevanten Erfolgsbestandteile

8. **Erstellung von Sonderbilanzen**

Literaturhinweis zur Vertiefung
Olfert, Klaus; **Körner**, Werner; **Langenbeck**, Jochen: Sonderbilanzen, 3. Auflage, Ludwigshafen-Kiel 1990. **Peemöller**, Volker; **März**, Thomas: Sonderbilanzen, Heidelberg - Wien 1986.

   * Aufstellung aufgrund außergewöhnlicher Anlässe
   * Speziellerer und aktuellerer Informationsgehalt im Vergleich zur Regelbilanz durch bilanzierungszweckentsprechende Gliederung und Bewertung
   * Erstellung einer Gründungsbilanz bei Unternehmensgründung
   * Umwandlungsbilanz bei Wechsel der Rechtsform
   * Fusionsbilanz bei Zusammenschluß mit anderen Unternehmen
   * Sanierungsbilanz bei Unternehmenssanierung
   * Vergleichsbilanz im Falle eines Vergleichs
   * Konkursbilanz oder Liquidationsbilanz bei Auflösung des Unternehmens

Grundlegende Aufgaben der Handelsbilanz

Dokumentation

Aufzeichnung sämtlicher Geschäftsvorfälle innerhalb einer Abrechnungsperiode
- als Nachweis bezüglich der Konsequenzen für Vermögen, Kapital und Erfolg
- für Rekonstruktions- und Kontrollzwecke

Beachtung der gültigen Rechtsnormen als Schutz vor Informationsverfälschung

Informationsbereitstellung

Sinnvoll gegliederte Gegenüberstellung der Positionen des Vermögens und des Kapitals zum Bilanzstichtag

Erfolgsausweis durch Saldierung der periodengerecht zugeordneten Aufwendungen und Erträge

Rechenschaftslegung

Rechenschaftslegung über die Verwendung des überlassenen Kapitals und den Erfolg der Geschäftstätigkeit
- zur gesetzlich geforderten Information außerhalb des Unternehmens stehender Dritter
- zur Selbstinformation über die Unternehmenslage und die Erfüllung von Unternehmenszielen
- zur Schaffung von Urkunden z.B. als Beweismittel für den Fall rechtlicher Auseinandersetzungen

Schutz der Interessen von Bilanzadressaten

Offenlegung der Vermögens-, Finanz- und Ertragslage des Unternehmens

Bewahrung der Bilanzadressaten vor Fehlinformationen durch das Erfordernis der Einhaltung von Grundsätzen und Rechtsnormen

Ausschüttungsbemessung

Ermittlung des ausschüttungsfähigen Jahresüberschusses

Beachtung der Notwendigkeit einer angemessenen Verzinsung des Eigenkapitals bei gleichzeitiger Gewährleistung ausreichender Innenfinanzierung sowie Erhaltung der Unternehmensliquidität

Steuerbemessungsgrundlage

Neben der Ausschüttungsbemessung dient der handelsrechtliche Jahresüberschuß als Basis für die Ermittlung der Ertragsteuer (Gewerbeertrag- und Körperschaftsteuer). Die Handelsbilanz dient somit als Ausgangspunkt für die Erstellung der Steuerbilanz aufgrund des Maßgeblichkeitsprinzips.

Bedeutung und wesentliche Inhalte von Sonderbilanzen

Sonderbilanz	Funktion	Gliederung und Bewertung
Gründungsbilanz	Information über Vermögens-, Kapital- und Liquiditätsverhältnisse zum Gründungszeitpunkt Ausgangspunkt für die laufende Buchführung sowie Vermögens-, Kapital- und Erfolgsvergleiche mit darauffolgenden Jahresabschlußbilanzen	Gliederung und Bewertung gemäß den handelsrechtlichen Vorschriften für den Jahresabschluß (§ 242 Abs. 1 Satz 2 HGB)
Umwandlungsbilanz	Ausweis des zwischen dem letzten Bilanzstichtag und dem Umwandlungsstichtag erwirtschafteten Erfolgs Darstellung des neubewerteten Vermögens, insbesondere unter Aufdeckung stiller Reserven	Gliederung der Bilanz nach den rechtlichen Vorschriften für die übernehmende Gesellschaft Neubewertung bei formwechselnder und übertragender Umwandlung ohne Änderung des Gesellschafterkreises nicht erforderlich Neubewertung (Tages-, Wiederbeschaffungs- oder Verkaufswerte) unter Aufdeckung stiller Reserven bei Ausscheiden oder Eintreten von Gesellschaftern erforderlich
Fusionsbilanz	Jahresbilanz der übernehmenden Gesellschaft nach der Fusion als Fusionsbilanz Darstellung der Vermögens- und Kapitalstruktur als vorrangige Aufgabe der Fusionsbilanz	Gliederung und Bewertung von Schlußbilanz und Fusionsbilanz nach handelsrechtlichen Vorschriften Bilanzwerte der Schlußbilanz der übertragenden Gesellschaft als Anschaffungskosten für die Fusionsbilanz Ansatzwahlrecht für den Verschmelzungsmehrwert (Differenz zwischen Buchwerten der übertragenden Gesellschaft und Gegenleistung), Abschreibung des Verschmelzungsmehrwertes nach § 255 Abs. 4 HGB
Sanierungsbilanz	Bereitstellung von Informationen über Sanierungsbedürftigkeit und -würdigkeit sowie über die Auswirkungen finanzieller Sanierungsvorgänge durch eine Sanierungseröffnungsbilanz, Sanierungszwischenbilanzen und die abschließende Sanierungsschlußbilanz Darstellung der finanziellen Sanierungsmaßnahmen in einem auf die Schlußbilanz abzuschließenden Sanierungskonto	Gliederung der Sanierungsbilanz entsprechend der letzten Jahresabschlußbilanz Bewertung unter Annahme der Unternehmensfortführung Auflösung stiller Reserven durch Bewertung mit fortgeschriebenen Anschaffungs- oder Herstellungskosten oder Wiederbeschaffungszeitwerten Ansatz von Liquidationswerten für zur Veräußerung bestimmte Vermögensgegenstände

Fortsetzung

Vergleichsbilanz	Einreichung von Vergleichsbilanz und Inventar (§ 4 VerglO) sowie der Bilanzen und Gewinn- und Verlustrechnungen der letzten drei Jahre (§ 5 VerglO) zusammen mit dem Vergleichsantrag bei Gericht Basis für die Beurteilung von Vergleichswürdigkeit und Vergleichsfähigkeit	Kenntlichmachung von verfügbarem und nicht verfügbarem Vermögen sowie unterschiedlichen Gläubigergruppen in der Gliederung Wertansätze der letzten Handelsbilanz für dem Geschäftsbetrieb weiterhin dienende Vermögensgegenstände Ansatz von Liquidationswerten für zur Veräußerung bestimmte Gegenstände Erfassung der erfolgsmäßigen Konsequenzen der Neubewertung und Veräußerung von Vermögensgegenständen sowie des Gläubigerverzichts auf dem Vergleichsabwicklungskonto
Konkursbilanz	Überblick über die vorhandene Konkursmasse und Ermittlung der voraussichtlichen Konkursquote durch die Verpflichtung zur Erstellung einer Vermögensübersicht, eines Inventars, einer Konkurseröffnungsbilanz und einer Schlußrechnung	Gliederung des Vermögens nach unterschiedlichen Rechten der Gläubiger Bevorrechtigte Verbindlichkeiten als Verbindlichkeiten aus noch nicht geleisteten Lohn- und Gehaltszahlungen an Arbeitnehmer, Verbindlichkeiten aus Steuern und Abgaben und Verbindlichkeiten gegenüber Kirchen, Ärzten oder Apotheken Differenzierung der Verbindlichkeiten nach Gläubigern Bewertung mit Veräußerungswerten
Liquidationsbilanz	Bericht über Fortgang der Auflösung und Realisierbarkeit der Gläubigeransprüche durch Erstellung von Eröffnungsbilanz und Eröffnungsbilanzbericht vor Beginn der Liquidation, des jährlichen Jahresabschlusses und Lageberichts während des Verfahrens und der Liquidationsschlußbilanz nach Veräußerung aller Vermögensgegenstände und Befriedigung der Gläubiger	Erfassung der Erträge und Aufwendungen im Zuge der Liquidation auf dem Liquidationsabwicklungskonto Bewertung des Anlagevermögens nach strengem Niederstwertprinzip bei zur Veräußerung anstehenden Gegenständen

V. Grundlegende Bestimmungen zum Inhalt der Bilanz und GuV

Literaturhinweis zur Vertiefung
Wöhe, Günter: Einführung in die Allgemeine Betriebswirtschaftslehre, 19. Auflage, München 1996, S. 1047-1063.

1. **Grundaufbau des Jahresabschlusses** (→ vgl. 4. Kapitel S. 79-81)
   * Bilanz und Gewinn- und Verlustrechnung als Jahresabschluß
   * Bilanz als Gegenüberstellung von Vermögen und Kapital
   * Mittelverwendung im Sinne von Investition auf der Aktivseite
   * Mittelherkunft im Sinne von Finanzierung auf der Passivseite
   * Ermittlung des Reinvermögens und somit des Eigenkapitals als Differenz zwischen Vermögen und Verbindlichkeiten
   * Gewinn- und Verlustrechnung als Gegenüberstellung von Erträgen und Aufwendungen
   * Ermittlung des Jahresüberschusses bzw. -fehlbetrages als Saldo in der Gewinn- und Verlustrechnung

2. **Bilanzinhalte** (→ vgl. 4. Kapitel S. 82-88)
   * Anlagevermögen, Umlaufvermögen, Eigenkapital, Schulden und Rechnungsabgrenzungsposten als Bilanzinhalte
   * Grobe Gliederungsstruktur für alle Kaufleute

3. **Detaillierte Gliederung für Kapitalgesellschaften nach § 266 HGB** (→ vgl. 7. Kapitel S. 151-160)
   * Detaillierte Regelung für Kapitalgesellschaften in der Bilanzgliederung nach § 266 HGB
   * Anlehnung der Bilanzgliederung von Einzelunternehmen und Personengesellschaften an diese Mindestgliederungsvorschrift
   * Gliederung nach Rechtsverhältnissen
   * Gliederung nach der Liquidität
   * Gliederung nach dem Leistungsprozeß
   * Informationen aufgrund der Gliederung über
     - Liquiditätsnähe der Aktiva
     - Fälligkeit der Passiva
     - Art der Vermögensgegenstände
     - Art des Kapitals
     - Beziehungen zu verbundenen Unternehmen

4. **Wesentliche Positionsgruppen der Aktivseite**
   * Anlagevermögen als Gesamtheit der dem Betrieb längerfristig dienenden Vermögensgegenstände
   * Umlaufvermögen als Gesamtheit der im Betrieb nur vorübergehend eingesetzten Vermögensgegenstände
   * Aktive Rechnungsabgrenzungsposten

5. **Wesentliche Positionsgruppen der Passivseite**
   * Eigenkapital als dauerhaft von den Eigentümern als Haftungsmasse zur Verfügung gestellte Mittel
   * Rücklagen als variables Eigenkapital neben dem konstanten gezeichneten Kapital bei der Kapitalgesellschaft
   * Sonderposten mit Rücklageanteil
   * Rückstellungen
   * Verbindlichkeiten als von Dritten befristet zur Verfügung gestellte Mittel
   * Passive Rechnungsabgrenzungsposten

6. **Informationsaufbereitung der Bilanz**
   * Auskunft über die Vermögensstruktur durch die nach der Liquidität gegliederten Aktiva
   * Auskunft über die Kapitalstruktur durch die nach der Fristigkeit gegliederten Passiva
   * Auskunft über die finanzielle Lage durch
     - die Liquiditätsgliederung des Vermögens
     - durch Gegenüberstellung von Vermögen und Kapital
   * Auskunft über Beziehungen zu verbundenen Unternehmen durch gesonderten Ausweis von Beteiligungen, Forderungen und Verbindlichkeiten gegenüber verbundenen Unternehmen
   * Auskunft im Anhang über finanzielle Beziehungen zu geschäftsführenden Organen und leitenden Angestellten

7. **Inhalt und Funktionen der Gewinn- und Verlustrechnung**
   * Erfolgsausweis durch Saldierung sämtlicher Erträge und Aufwendungen
   * Aufwand- und Ertrags-, nicht Ausgaben- und Einnahmenrechnung
   * Aufzeigen der Quellen des Erfolges
     - Betriebsergebnis
     - Finanzergebnis
     - außerordentliches Ergebnis
   * Detaillierte Gliederung für Kapitalgesellschaften nach § 275 HGB
     (→ vgl. 7. Kapitel S. 161-165)

MÄNNEL

Grundlagen, Grundtatbestände und Grundfragen der Bilanzierung

Grundstruktur der Handelsbilanzen gemäß der Vorschriften für Kapitalgesellschaften

Aktiva	Passiva
Immaterielle Vermögensgegenstände	Gezeichnetes Kapital
	Kapitalrücklage
Sachanlagen: - Grundstücke - technische Anlagen und Maschinen - andere Anlagen, Betriebs- und Geschäftsausstattungen - geleistete Anzahlungen und Anlagen im Bau	Gewinnrücklagen
	Gewinn-/Verlustvortrag
	Jahresüberschuß/-fehlbetrag
	Eigenkapital
Finanzanlagen: - Anteile an verbundenen Unternehmen - Beteiligungen - Wertpapiere des Anlagevermögens - Ausleihungen	Sonderposten mit Rücklageanteil
Anlagevermögen	
Vorräte: - Roh-, Hilfs- und Betriebsstoffe - unfertige Erzeugnisse, unfertige Leistungen - fertige Erzeugnisse und Leistungen - geleistete Anzahlungen	Rückstellungen
Forderungen und sonstige Vermögensgegenstände	
Wertpapiere	
Zahlungsmittel (Kassenbestand, Bundesbank- und Postgiroguthaben, Guthaben bei Kreditinstituten)	Verbindlichkeiten
Umlaufvermögen	
Aktive Rechnungsabgrenzungsposten	**Passive Rechnungsabgrenzungsposten**

Grundstruktur der Gewinn- und Verlustrechnung nach dem Gesamtkostenverfahren gemäß den Vorschriften für Kapitalgesellschaften

	Gesamtleistung: - Umsatzerlöse - Erhöhung oder Verminderung des Bestands an fertigen und unfertigen Erzeugnissen - andere aktivierte Eigenleistungen - sonstige betriebliche Erträge
	Materialaufwand: - Aufwendungen für Roh-, Hilfs- und Betriebsstoffe und für bezogene Waren - Aufwendungen für bezogene Leistungen
	Personalaufwand: - Löhne und Gehälter - soziale Abgaben und Aufwendungen für Altersversorgung und Unterstützung, davon für Altersversorgung
	Abschreibungen: - auf immaterielle Vermögensgegenstände des Anlagevermögens sowie auf aktivierte Aufwendungen für die Ingangsetzung und Erweiterung des Geschäftsbetriebs - auf Vermögensgegenstände des Umlaufvermögens, soweit diese die in der Kapitalgesellschaft üblichen Abschreibungen überschreiten
	sonstige betriebliche Aufwendungen
Betriebsergebnis	
	- Erträge aus Beteiligungen, davon aus verbundenen Unternehmen - Erträge aus anderen Wertpapieren und Ausleihungen des Finanzanlagevermögens, davon aus verbundenen Unternehmen - sonstige Zinsen und ähnliche Erträge, davon aus verbundenen Unternehmen - Abschreibungen auf Finanzanlagen und auf Wertpapiere des Umlaufvermögens - Zinsen und ähnliche Aufwendungen, davon an verbundene Unternehmen
Finanzergebnis	
Ergebnis der gewöhnlichen Geschäftstätigkeit	
	außerordentliche Erträge
	außerordentliche Aufwendungen
außerordentliches Ergebnis	
	Steuern vom Einkommen und vom Ertrag
	sonstige Steuern
Jahresüberschuß/Jahresfehlbetrag	

Bedeutsame Informationsebenen des Jahresabschlusses

Vermögensstruktur

Ordnung des Vermögens nach zunehmender Liquidierbarkeit

Gliederung des Anlagevermögens nach der Art der Vermögensgegenstände in immaterielle Vermögensgegenstände, Sachanlagen und Finanzanlagen

Gliederung des Umlaufvermögens in Vorräte, Forderungen, Wertpapiere und Zahlungsmittel; besonders tiefe Gliederung bei Forderungen und Wertpapieren

Vermögensstrukturanalyse mit teilweisem Rückgriff auf Informationen aus der Gewinn- und Verlustrechnung: Vermögensrelationen, Umsatzrelationen, Umschlagskoeffizienten

Kapitalstruktur

Ordnung des Kapitals nach abnehmender Dauer der Verfügbarkeit

Gliederung des Eigenkapitals in gezeichnetes Kapital, Kapitalrücklage und Gewinnrücklagen

Gesonderter Ausweis von Rückstellungen

Gliederung des Fremdkapitals nach seiner Fristigkeit und Art der Kreditsicherung

Kapitalstrukturanalyse durch Bildung von Kennzahlen zum Verschuldungsgrad und zur Kreditanspannung

Finanzielle Lage

Gewinnung von Aussagen über die finanzielle Stabilität aufgrund der Gliederung des Vermögens nach seiner Liquidierbarkeit und des Kapitals nach seiner Fristigkeit mit Vermerk über Restlaufzeiten

Bestandsgrößenorientierte Kennzahlen wie Anlagendeckungsgrade, Liquiditätsgrade und working capital

Kapitalflußrechnung als stromgrößenorientiertes Verfahren

Beziehungen zu verbundenen Unternehmen

Gesonderter Ausweis von Beteiligungen, Forderungen und Verbindlichkeiten gegenüber verbundenen Unternehmen

Finanzielle Beziehungen zu geschäftsführenden Organen sowie leitenden Angestellten

Gesonderter Ausweis von Forderungen aus Krediten an Organmitglieder sowie von übernommenen Haftungen im Anhang von Kapitalgesellschaften

Gewährte Vorschüsse auf Gehälter, Tantiemen und sonstige Vergütungen, explizite Kreditvereinbarungen u.ä.

2. Kapitel:
Bilanztheorien und Unternehmenserhaltungskonzeptionen

I. Beziehungen zwischen Bilanztheorien und Unternehmenserhaltungskonzeptionen

Literaturhinweis zur Vertiefung
Coenenberg, Adolf G.: Jahresabschluß und Jahresabschlußanalyse, 16. Auflage, Landsberg am Lech 1997, S. 727-728.

1. **Unterschiedliche Bilanztheorien**
   * Erklärung des Inhalts der Bilanz und der Erfolgsrechnung als Aufgabe der Bilanztheorien
   * Stichtagsbezogene Gegenüberstellung von Vermögen und Schulden in der statischen Bilanz gemäß dem Nominalwertprinzip
   * Periodenbezogene Erfolgsermittlung in der dynamischen Bilanz
   * Ergänzung der statischen Bilanz durch die Erhaltungskonzeption der Realkapitalerhaltung
   * Sicherung der Position eines Unternehmens im gesamtwirtschaftlichen Kontext nach organischer Bilanztheorie
   * Tagesneuwertbezogene Aufwandsverrechnung als Bewertungsprinzip

2. **Unternehmenserhaltungskonzeptionen**
   * Kapitalerhaltung und Substanzerhaltung als Varianten der Unternehmenserhaltung
   * Beziehung der Bilanztheorien zu den Unternehmenserhaltungskonzeptionen aufgrund der von den Bewertungsregeln abhängigen Gewinndefinition
   * Von Anschaffungs- bzw. Herstellungskosten ausgehende Bewertung als Grundprinzip der Nominalkapitalerhaltung
   * Nominale Kapitalerhaltung durch Erhaltung des (in Geldeinheiten gemessenen) investierten Eigenkapitals ohne Berücksichtigung von Kaufkraftänderungen
   * Verpflichtung zum Ausweis des Nominalgewinns im Jahresabschluß
   * Abbau der betrieblichen Leistungsfähigkeit in Zeiten der Inflation durch Besteuerung und/oder Ausschüttung
   * Reale Kapitalerhaltung durch Erhaltung des in Kaufkrafteinheiten gemessenen investierten Eigenkapitals
   * Substanzerhaltung als Erhaltung der betrieblichen Leistungsfähigkeit durch Wiederbeschaffung verbrauchter oder abgenutzter Produktionsfaktoren

Bilanztheorien im Überblick

Bilanztheorien		
Statische Bilanzauffassung und nominale Kapitalerhaltung		
Bilanztheorie	Begründer	Wesensmerkmale
Statische Bilanztheorie i.e.S. *a.D. 1922*	Heinrich Nicklisch	Darstellung der Vermögenslage als primärer, Erfolgsermittlung als sekundärer Zweck, Auskunft über den Grad der Kapitalerhaltung als Funktion der Passivseite der Bilanz. Bewertung auf Grundlage der Anschaffungskosten, Imparitätsprinzip, Erfolgsrechnung als Gegenüberstellung von eingesetztem Bestand und Produktionsergebnis
Weiterentwicklung der statischen Bilanzauffassung		
Totale Bilanztheorie	Walter Le Coutre	Spezielle Gliederung der Bilanzpositionen zur Erfüllung der unterschiedlichen, auch innerbetrieblichen Aufgaben der Bilanz.
Dynamische Bilanzauffassung und reale Kapitalerhaltung		
Bilanztheorie	Begründer	*mögl. exakt* Wesensmerkmale
Dynamische Bilanztheorie *a.D. 1919*	Eugen Schmalenbach	Erfolgsermittlung als primärer Rechnungszweck, Bilanz als „Kräftespeicher der Unternehmung" und als Hilfsrechnung der Erfolgsrechnung.

→ Bilanz i.e.S.: Kapitalvermögen rech

Weiterentwicklung der dynamischen Bilanzauffassung		
Finanzwirtschaftliche Bilanztheorie	Ernst Walb	Doppelte Erfolgsermittlung in der Bilanz durch Gegenüberstellung von Zahlungsaus- und -eingängen und in der GuV durch Gegenüberstellung von Leistungsaus- und -eingängen.
Pagatorische Bilanztheorie	Erich Kosiol	Rückführung der Bilanzpositionen auf Zahlungsvorgänge, Ableitung der Beständebilanz aus der pagatorischen Bewegungsbilanz.
Organische Bilanzauffassung und Substanzerhaltung		
Bilanztheorie	Begründer	Wesensmerkmale
Organische Bilanztheorie *a.D. 1921*	Fritz Schmidt	Relative Substanzerhaltung durch Bewertung zu Wiederbeschaffungskosten, hilfsweise zum Tageswert am Bilanzstichtag, Eliminierung aller Geldwertänderungen durch Trennung von Umsatz- und Preissteigerungen.

→ US-GAAP/IAS sind gewisse Renaissance von dyn. Bil.auff.
→ HGB ist Kombination von stat. & dyn.
→ 1919/21 rum: Zeit der Weltwirtschaftskrise (Inflation in d. orga...

MÄNNEL — Bilanztheorien und Unternehmenserhaltungskonzeption

Systematik der Konzepte der Unternehmenserhaltung

Erhaltung des Nominalkapitals

- Zeitraum zwischen Leistungserstellung und Wiederbeschaffung
- Kaufkraftverlust

Unternehmenserhaltung

Erhaltung des Realkapitals
Erhaltung der Kaufkraft des vom Unternehmer in das Unternehmen eingebrachten Eigenkapitals

Erhaltung der leistenden Substanz des Unternehmens (Substanzerhaltung)

Finanzierungskonzeption
Ersatzbeschaffung aus Aufwandsgegenwerten

Gewinnkonzeption
Gewinn = Erlös ./. Ersatzbeschaffungsaufwand

Bewertungskonzeption
Wiederbeschaffungswertorientierte Bewertung

Erhaltung des Ertragswertes
Erhaltung der Barwerte zukünftiger Einzahlungsüberschüsse als Unternehmensgesamtwert

reproduktive Substanzerhaltung
Wiederbeschaffung unveränderter Produktivgüter als Ausgangspunkt der Betrachtung

Erhaltung des Shareholder Value
Erhaltung des Marktwertes des Eigenkapitals

qualifizierte Substanzerhaltung
Berücksichtigung der technischen Entwicklung und Veränderungen am Absatzmarkt

technisch-wirtschaftlichen Fortschritt erfassende Unternehmenserhaltungskonzeption
- Kostensenkungen
- Leistungssteigerung

Wachstumsprozeß in der Volkswirtschaft oder der betreffenden Branche berücksichtigende Unternehmenserhaltungskonzeption
- Marktwachstum
- Mengenwachstum

Kompensation inflationsbedingter Kaufkraftverluste durch Realkapitalerhaltung
(Beträge in TDM)

1	**Nominelles Eigenkapital**	1.000	100%
2	Nominalgewinn (vor Steuern)	150	15%
3	Ertragsteuern	81	54%[1]
4	**Nominalgewinn (nach Steuern)**	69	6,9%
5	Inflation	30	3%
6	**Zur Kaufkrafterhaltung notwendiges Eigenkapital**	1.030	100%
7	**Realgewinn (nach Steuern)**	39	3,8% (<3,9%)

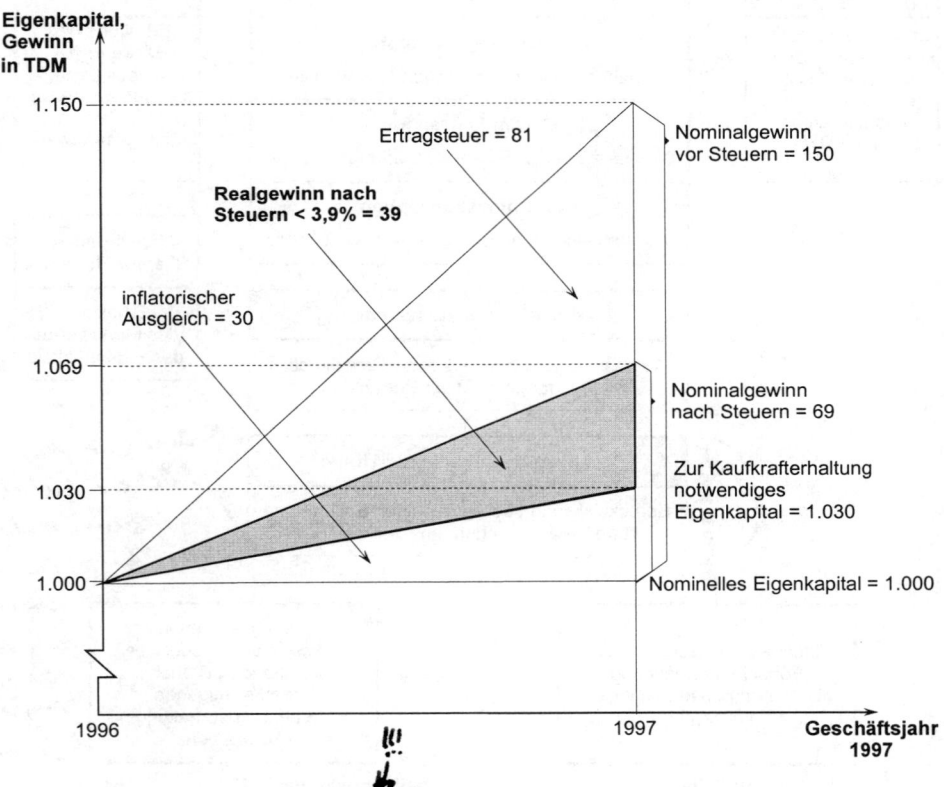

[1] Der angenommene Ertragsteuersatz von 54% berechnet sich aus dem Körperschaftsteuersatz für einbehaltene Gewinne in Höhe von 45% und der Gewerbeertragsteuer mit einer Steuermeßzahl von 5% und einem Hebesatz von 400%.

Mögliche Auswirkungen der Besteuerung von Realgewinn und Nominalgewinn auf die Unternehmenserhaltung

1	Verkaufserlöse der abgesetzten Leistungen	620.000		
2	Historische Anschaffungspreise der eingesetzten Produktionsfaktoren	440.000		
3	**Nominalgewinn (vor Steuern)**	**180.000**		
4	alternativ angenommene Steuersätze	65%	66,67%	70%
5	Ertragsteuern	117.000	120.000	126.000
6	**verfügbarer Nominalgewinn (nach Steuern)**	**63.000**	**60.000**	**54.000**
7	Wiederbeschaffungspreise für den Ersatz der eingesetzten Produktionsfaktoren	500.000		
8	Realgewinn (Zeile 1 ./. Zeile 7)	120.000		
9	zur Wiederbeschaffung der Produktionsfaktoren inflationsbedingt zusätzlich benötigtes Kapital (inflatorische Lücke)	60.000		
10	ausschüttungsfähiger Gewinn	3.000	0	-
11	Abbau der Leistungsfähigkeit	-	0	6.000

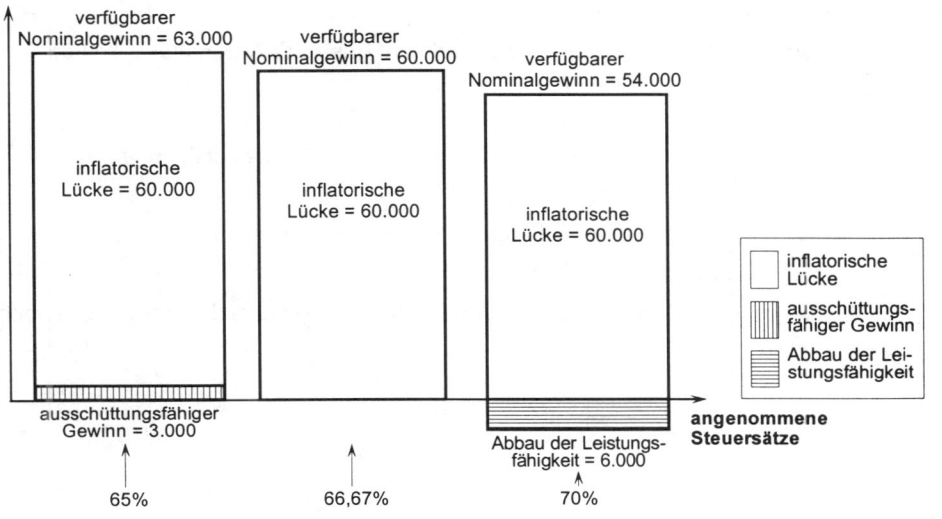

II. Theorie der statischen Bilanz

Literaturhinweis zur Vertiefung
Coenenberg, Adolf G.: Jahresabschluß und Jahresabschlußanalyse, 16. Auflage, Landsberg am Lech 1997, S. 729-730.
Baetge, Jörg: Bilanzen, 4. Auflage, Düsseldorf 1996, S.14-19.

1. **Hauptaufgaben der statischen Bilanz**
   * Rechenschaftslegung durch Ermittlung des Reinvermögens (Eigenkapitals) und Offenlegung der Vermögens- und Kapitalstruktur zu einem Stichtag
   * Zweckmäßig gegliederte Darstellung der Vermögens- und Kapitalstruktur (Gliederungslehre) als Ausfluß dieser Hauptaufgabe
   * Schwerpunktlegung auf Bilanzstruktur und deren Veränderung unter Vernachlässigung einer detaillierten Bewertungslehre
   * Deutung der Bilanz als Kapitalherkunftsrechnung und Kapitaldispositionsrechnung in Form einer Nominalwertrechnung
   * Investition (Mittelverwendung) auf der Aktivseite
   * Finanzierung (Kapitalherkunft) auf der Passivseite
   * Erfolgsermittlung als Sekundäraufgabe der Bilanz
   * Aus der Bilanz abgeleiteter Periodenerfolg als monetäre Differenz zwischen Kapitalbestand am Anfang und am Ende der betrachteten Periode
   * Nur untergeordnete Bedeutung der Gewinn- und Verlustrechnung

2. **Bewertungsgrundsätze**
   * Einzelbewertungsprinzip
   * Bewertung der Vermögensgegenstände auf Basis der Anschaffungskosten (Anschaffungswertprinzip)
   * Kein Ansatz von originären immateriellen Werten
   * Erfassung der Wertminderungen durch (passive) Wertberichtigungen
   * Indirekte Bruttomethode
   * Berücksichtigung vorhersehbarer Verluste (Imparitätsprinzip)
   * Ablehnung bewußt gelegter stiller Reserven
   • Bewertungsansätze als Grundlage der Bewertungskonzeption des Handelsrechts

3. **Statische Bilanz und nominale Kapitalerhaltung**
   * Entstehung von Erfolg aus Preisänderungen durch Fiktion eines stabilen Geldwertes
   * Erhaltung der realen Kaufkraft des Eigenkapitals nur in Zeiten stabiler Preise
   * Rückzahlung des Nominalkapitals an den Unternehmer als primärer Gesichtspunkt der nominalen Kapitalerhaltung

4. **"Totale Bilanz" von Le Coutre als Weiterentwicklung der statischen Bilanztheorie**
   * Hervorhebung der mit der Bilanzierung verfolgten, auch internen Zwecke
   * Systematische Gliederungslehre durch verstärkte Betonung einer zweckorientierten Bilanzgliederung für die Kapitalbestandsbilanz
   * Hierarchische Gliederung nach
     - Funktionen
     - Aufgaben
     - Rechtsbeziehungen
     - Risiken
     - individuellen Bedürfnissen

     zur Information hinsichtlich aller Bilanzierungszwecke
   * Kapitalbestandsbilanz im Sinne einer Kapitaldispositionsrechnung mit
     - Aktiva (Sachkapital) und
     - Passiva (Finanzkapital)

     auf der Grundlage des Anschaffungswertprinzips und des Niederstwertprinzips
   * Beständeumsatzbilanz als Dokumentation der Bestandsbewegungen im Unternehmen
   * Kapitalertragsbilanz (Leistungsbilanz) als Gegenüberstellung von
     - Kapitalverzehr (Aufwand, Kosten) und
     - Kapitalersatz (Ertrag, Erlös)

     zur Abbildung des Leistungsprozesses im Unternehmen
   * Ausweis von
     - Kapitalzuwachs (Gewinn)
     - Kapitalvernichtung (Verlust)

     in der Kapitalerfolgsbilanz zur Dokumentation des Betriebserfolges

Gliederung des Vermögens nach Nicklisch[1] *(1921/22, Sta...)*

I.	**Betriebsvermögen**
1.	Erzeugniswerte a) Fundierungsvermögen (nicht-abnutzbare Anlagegüter) b) Gebrauchsvermögen (abnutzbare Anlagegüter) c) Umlaufendes Vermögen (außer Zahlungsmitteln)
2.	Regulierungsgüter (= Zahlungsmittel)
II.	**Reservevermögen (nur mittelbar mit dem Betriebszweck verbunden)**
III.	**Überschußvermögen (nicht mit dem Betriebszweck verbunden)**

„Totale Bilanz" nach Le Coutre[2]

wollte Betriebsnotwendigkeit überprüfen

Bilanz	
Betriebsvermögen als Kapitalverwendung	**Unternehmenskapital als Kapitalherkunft**

A. Werbendes Vermögen
  I. Anlagevermögen
    a) Produktionsanlagen
    b) Verwaltungsanlagen
    c) Beteiligungen
  II. Beschäftigungsvermögen
    a) Vorräte
    b) Forderungen
    c) Zahlungsmittel
	A. Eigenkapital
	  I. Langfristig
	    a) Grundkapital
	    b) Zusatz- und Zuwachskapital
	      - Gesetzliche Rücklagen
	  II. Kurzfristig
	    - Wertberichtigungen auf Anlagen
	  III. Sofort fällig
	    - Verlustrücklagen

B. Sicherungsvermögen
  - Effekten des Reservefonds
	B. Fremdkapital
	  I. Langfristig
	    - Anleihen
	  II. Kurzfristig
	    a) Betriebsschulden
	      - Lieferantenschulden
	    b) Verwaltungsschulden
	      - Spareinlagen von Arbeitnehmern
	  III. Sofort fällig
	    - unbezahlte Löhne

C. Verwaltungsvermögen - Anlage von Arbeitnehmerersparnissen	
D. Überschußvermögen - betrieblich nicht genutzte Grundstücke	
E. Sozialvermögen - Werkswohnungen	
F. Posten der Rechnungsabgrenzung	**C. Posten der Rechnungsabgrenzung**

Bericht über Vermögens- und Kapitalstruktur und ihre Veränderung, mit Werten an den Stichtagen

---

[1] Vgl. Wöhe, Günter: Einführung in die allgemeine Betriebswirtschaftslehre, 15. Aufl., München 1984, S. 1110 ff.
[2] Vgl. Le Coutre, Walter: Grundzüge der Bilanzkunde, eine totale Bilanzlehre, Teil 1, 4. Aufl., Wolfenbüttel 1949.

→ *Schmalenbach-Modell zur Abschreib.*

III. Theorie der dynamischen Bilanz

Literaturhinweis zur Vertiefung

Coenenberg, Adolf G.: Jahresabschluß und Jahresabschlußanalyse, 16. Auflage, Landsberg am Lech 1997, S. 730-735.
Baetge, Jörg: Bilanzen, 4. Auflage, Düsseldorf 1996, S.19-25.

1. **Hauptaufgabe der dynamischen Bilanz**
   * Erfolgsermittlung als Hauptaufgabe der Bilanzierung
   * Erfolg als Differenz von aus Leistungserstellung und Leistungsverwertung hervorgegangenen Erträgen und den dafür notwendigen Aufwendungen
   * Bilanz im Sinne einer Abgrenzungsrechnung als Hilfsmittel der vorrangigen Erfolgsermittlung

2. **Bilanzierung für Teilperioden der gesamten Lebensdauer eines Unternehmens**
   * Totalerfolgsrechnung als reine Einnahmen- und Ausgabenrechnung möglich
   * Teilperiodenbezogene Erfolgsermittlung basierend auf einer Ertrags- und Aufwandsrechnung
   * Zeitliche Differenzen zwischen Ausgaben und Aufwendungen sowie zwischen Einnahmen und Erträgen

3. **Bilanzierung "schwebender Geschäfte" neben Kapital und liquiden Mitteln**
   * Vereinfachende Gleichsetzung von Ausgaben und Auszahlungen und Einnahmen und Einzahlungen
   * Abgrenzung zwischen Einnahmen und Ausgaben sowie periodenbezogenen Erträgen und Aufwendungen durch die Bilanz
   * Bilanz als Speicher für in der Periode nicht erfolgswirksame Einnahmen und Ausgaben
   * Bilanz als "Kräftespeicher der Unternehmung"
     - Bilanzierung aktiver Kräfte: Aktiva als "schwebende" Posten im Sinne von Nutzenbündeln
     - Bilanzierung passiver Verpflichtungen: Passiva als "schwebende" Posten im Sinne von (Zahlungs-)Verpflichtungen
   * Bilanzpositionen als noch nicht erfolgte Umsätze

4. **Bewertungsgrundsätze**
   * Trotz prinzipiell anschaffungspreisorientierter Bewertung bei Geldwertschwankungen Bewertung zum Zeitwert
   * Verminderung der Anschaffungswerte von Anlagen um verbrauchsbedingte Abschreibungen
   * Festwert für den "eisernen Bestand" im Umlaufvermögen zur Eliminierung kurzfristiger Erfolgsveränderungen durch Preisschwankungen

5. Dynamische Bilanz und reale Kapitalerhaltung

* Ausweis des nominellen Eigenkapitals
* Umrechnung des nominellen Eigenkapitals in von Periode zu Periode gleiche Kaufkrafteinheiten auf Grundlage eines den Preisanstieg verdeutlichenden Index
* Festlegung des Preisindex unter Berücksichtigung der Preisentwicklung der vom Unternehmen alternativ zu realisierenden (externen) Investitionsmöglichkeit

6. Finanzwirtschaftliche Bilanz von Ernst Walb

* Weiterentwicklung der dynamischen Bilanz durch Umdeutung der Schmalenbach'schen Kategorien "Ausgabe und Einnahme" und "Aufwand und Ertrag" in Zahlungen und Leistungen

> **Literaturhinweis zur Vertiefung**
>
> **Wöhe,** Günter: Einführung in die Allgemeine Betriebswirtschaftslehre, 19. Auflage, München 1996, S. 1105.

* Erfassung des Zahlungsstroms auf den Konten der Zahlungsreihe (Kasse, Debitoren, Kapital, etc.), Abschluß dieser Konten in der Bilanz
* Aktivposten der Bilanz als zukünftige Einzahlungen und zurückverrechnete Auszahlungen
* Passivposten der Bilanz als zukünftige Auszahlungen und zurückverrechnete Einzahlungen
* Erfassung des Leistungsstroms auf den Konten der Leistungsreihe (Sachgüterkonten)
* Abschluß der noch nicht erfolgswirksamen Aus- und Einzahlungen in der Bilanz
* Ermittlung des Periodenerfolgs durch Abschluß der erfolgswirksamen Ein- und Auszahlungen in der Gewinn- und Verlustrechnung

7. Pagatorische Bilanz von Erich Kosiol

* Weiterentwicklung der finanzwirtschaftlichen Bilanz durch Interpretation der Geschäftsvorfälle auf Basis rein pagatorischer Größen

> **Literaturhinweis zur Vertiefung**
>
> **Wöhe,** Günter: Einführung in die Allgemeine Betriebswirtschaftslehre, 19. Auflage, München 1996, S. 1106.

* Keine Unterscheidung von Zahlungs- und Leistungsströmen
* Verbuchung von Verrechnungszahlungen als Zahlungen früherer und späterer Perioden
* Ermittlung des Periodenerfolgs in der pagatorischen Bewegungsbilanz

Beziehung zwischen Bilanz und Gewinn- und Verlustrechnung nach der Theorie der dynamischen Bilanz

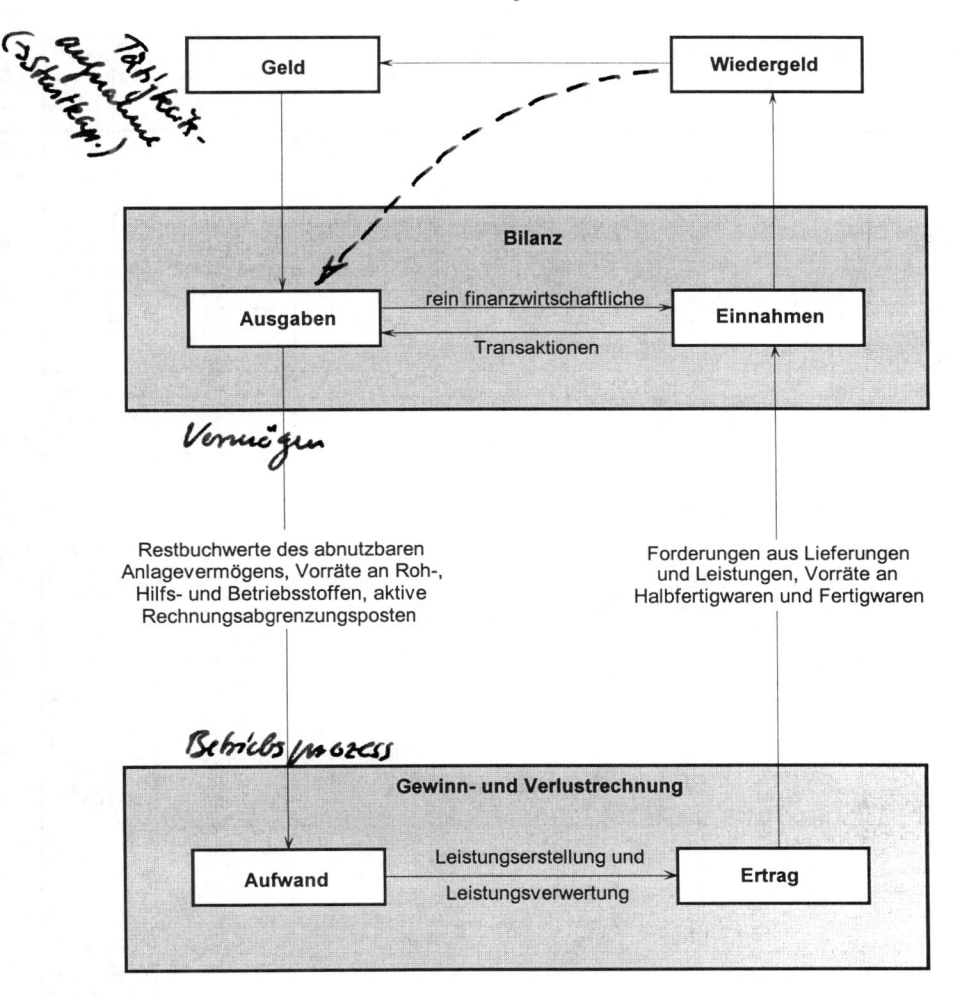

```
        Geld  ←─────────────  Wiedergeld
         │                        ▲
         │                        │
   ┌─────┼────────────────────────┼─────┐
   │                 Bilanz             │
   │     ▼    rein finanzwirtschaftliche│
   │  Ausgaben  ←──────────────  Einnahmen
   │            Transaktionen           │
   └─────┼────────────────────────┼─────┘
         │                        │
```

Vermögen (handschriftlich)

Restbuchwerte des abnutzbaren Anlagevermögens, Vorräte an Roh-, Hilfs- und Betriebsstoffen, aktive Rechnungsabgrenzungsposten | Forderungen aus Lieferungen und Leistungen, Vorräte an Halbfertigwaren und Fertigwaren

Betriebsprozess (handschriftlich)

```
   ┌─────┼────────────────────────┼─────┐
   │       Gewinn- und Verlustrechnung  │
   │     ▼  Leistungserstellung und     │
   │  Aufwand ─────────────────→  Ertrag│
   │        Leistungsverwertung         │
   └────────────────────────────────────┘
```

Geld-Güter-Kreislauf (handschriftlich)

Handschriftliche Notizen am linken Rand: *Tätigkeit – aufnahme (2 Stufen)*

Bezeichnung bedeutsamer Bilanzpositionen im Sinne der Theorie der dynamischen Bilanz

Phase	Bilanz		Gewinn- und Verlustrechnung		Stationen des Werteflusses	Bilanzpositionen
1. Ausgangslage	A Liquide Mittel 1000	P Eigen- kapital 1000			Bestand an Zahlungsmitteln	Liquide Mittel 1000
2. Kauf einer maschinellen Anlage auf Ziel	A Maschinelle Anlagen 500 Liquide Mittel 1000	P Eigen- kapital 1000 Fremd- kapital 500			Noch nicht verzehrtes Anlagevermögen	Ausgabe, noch nicht Aufwand 500
3. Bareinkauf von Rohstoffen	A Maschinelle Anlagen 500 Rohstoffe 600 Liquide Mittel 400	P Eigen- kapital 1000 Fremd- kapital 500			Noch nicht verzehrtes Umlaufvermögen	Ausgabe, noch nicht Aufwand 600
4. Aktivierung einer eigengefertigten maschinellen Anlage	A Maschinelle Anlagen 700 Rohstoffe 600 Liquide Mittel 200	P Eigen- kapital 1000 Fremd- kapital 500	A Materialauf- wand 100 Fertigungs- aufwand 100	E andere aktivierte Eigenleist- ungen 200	Aus dem Produktionsprozeß hervorgegangenes Anlagevermögen	Ertrag, noch nicht Einnahme 200
5. Erstellung von Produkten; zugleich Zahlung von Löhnen	A Maschinelle Anlagen 700 Vorräte an Fertig- waren 700 Liquide Mittel 100	P Eigen- kapital 1000 Fremd- kapital 500	A Löhne 100 Roh- stoffe 600	E Umsatz- erlöse 700	Aus dem Produktionsprozeß hervorgegangenes Vorratsvermögen	Ertrag, noch nicht Einnahme 700
6. Verkauf auf Vorrat produzierter Fertigwaren	A Maschinelle Anlagen 700 Ford. 900 Liquide Mittel 100	P Eigen- kapital 1200 Fremd- kapital 500	A Aufwand 700 Gewinn 200	E Umsatz- erlöse 900	Aus der Vermarktung hervorgegangenes Vermögen	Ertrag, noch nicht Einnahme 200
7. Bezahlung der verkauften Fertigwaren	A Maschinelle Anlagen 700 Liquide Mittel 1000	P Eigen- kapital 1200 Fremd- kapital 500			Bestand an Zahlungsmitteln	Liquide Mittel 1200

Erklärung der Bilanz- und Gewinn- und Verlustrechnungsinhalte nach der Theorie der dynamischen Bilanz

Bilanz	
Aktiva	**Passiva**
Liquide Mittel	**Kapital**
- Schecks	- Nominalkapital
- Bank	
- Kasse	
Ausgabe, noch nicht Einnahme	**Einnahme, noch nicht Ausgabe**
- Anlagen, die keiner Abschreibung bedürftig sind	- zinslos erhaltenes Darlehen
- Ausgaben für Forschungsarbeiten, Versuchsarbeiten, die spätere Erträge erwarten lassen	
- Beteiligungen	
- Forderung für zinslos gewährtes Darlehen	
Ausgabe, noch nicht Aufwand	**Einnahme, noch nicht Ertrag**
- Restbuchwert der Anlagen	- Kundenanzahlungen
- Materialbestände	- erhaltene Mietvorauszahlungen
- geleistete Anzahlungen	
Erträge, noch nicht wieder Aufwand	**Aufwand, noch nicht Ausgabe**
- Restbuchwerte aktivierter selbsterstellter Anlagen	- Rückstellungen
- Halbfertigerzeugnisse	- Schulden an Lieferanten und Darlehensgeber
Erträge, noch nicht Einnahme	**Aufwand, noch nicht Ertrag**
- Fertigerzeugnisse	- bereits verursachte, aber noch zu erbringende Instandhaltung durch eigene Werkstätte
- Forderungen aus Warenlieferungen	

Gewinn- und Verlustrechnung	
1. **Aufwand jetzt, Ausgabe jetzt** (Kauf und Verbrauch von Rohstoffen)	1. **Ertrag jetzt, Einnahme jetzt** (Verkauf von in der Periode prod. Produkten)
2. **Aufwand jetzt, Ausgabe früher** (Abschreibungen von Anlagen)	2. **Ertrag jetzt, Einnahme früher** (Auslieferung von bereits bezahlten Produkten)
3. **Aufwand jetzt, Ausgabe später** (Verbrauch von auf Kredit gekauften Rohstoffen)	3. **Ertrag jetzt, Einnahme später** (Produktion auf Lager, Verkauf auf Ziel)

Bildung einer Geldentwertungsrücklage zur Realkapitalerhaltung
(Erhaltung der Kaufkraft)

→ Nicht das Ausschlaggebende, eher ein Anhängsel der dyn.

Ausgangswerte

Bilanz t_0

Gebäude	200	Eigenkapital	1000
Maschinen	400	Verbindlichkeiten	400
Rohstoffe	400		
Liquide Mittel	400		
	1.400		1400

Für die Bilanzierung nach Handelsrecht relevante Sachverhalte des Geschäftsjahres

Abschreibungen werden in Höhe von 10% der Anschaffungskosten verrechnet. Die Rohstoffe werden einmal umgeschlagen. Sie werden Ende des Jahres in bar wiederbeschafft und unterliegen einer Preissteigerung von 5%. Die Umsatzerlöse betragen 2.300,- DM und der Lohnaufwand 1.500,- DM.

Bilanz t_1

Gebäude	180	Eigenkapital	1.000
Maschinen	360	Verbindlichkeiten	400
Rohstoffe	420	Nominaler Jahresüberschuß	340
Liquide Mittel	780		
	1.740		1.740

Gegenüberstellung der Erfolgsermittlung nach Handelsrecht und der Erfolgsermittlung nach der Konzeption der Realkapitalerhaltung

Das Eigenkapital hat in t_0 einen Kaufkraftverlust erlitten, so daß zur Erhaltung der Kaufkraft nominelles Eigenkapital in Höhe von 1.030 benötigt wird. *→ 3% Inflation!*

Nominaler Jahresüberschuß nach Handelsrecht		Jahresüberschuß nach der Konzeption der Realkapitalerhaltung	
Umsatzerlöse	2.300	Umsatzerlöse	2.300
Materialaufwand	400	Materialaufwand	400
Lohnaufwand	1.500	Lohnaufwand	1.500
Abschreibungen	60	Abschreibungen	60
Nominaler Jahresüberschuß	**340**	Nominaler Jahresüberschuß	340
		Einstellung in die Geldentwertungsrücklage	30
		Realer Jahresüberschuß	**310**

vor St.!

Bilanz am Ende des Geschäftsjahres unter Berücksichtigung der Realkapitalerhaltung

Bilanz t_1

Gebäude	180	Eigenkapital	1.000
Maschinen	360	Geldentwertungsrücklage	30
Rohstoffe	420	Realer Jahresüberschuß	310
Liquide Mittel	780	Verbindlichkeiten	400
	1.740		1.740

IV. Theorie der organischen Bilanz

Organische Tageswertbilanz (Schmidt)

Literaturhinweis zur Vertiefung

Baetge, Jörg: Bilanzen, 4. Auflage, Düsseldorf 1996, S.26-28.

1. **Wesentliche Merkmale**
   * Vermögensermittlung und Erfolgsermittlung als gleichrangige Rechnungsziele der organischen Bilanz
   * Bilanz als eine in Geldeinheiten ausgedrückte und der Substanzerhaltung dienende Güterrechnung
   * Interpretation der Bilanz als „Rechnung der unvollendeten Umsätze" in Anlehnung an die dynamische Bilanztheorie
   * Interpretation der Erfolgsrechnung als „Zusammenfassung der vollendeten Umsätze" in Anlehnung an die dynamische Bilanztheorie
   * Bewertung der Bilanzpositionen unter Berücksichtigung des "organischen Zusammenhangs" zwischen Unternehmung und volkswirtschaftlicher Entwicklung
   * Bewertung mit Tagesneuwerten im Sinne der Substanzerhaltung ("Organische Tageswertbilanz")
   * Tagesneuwert als „Reproduktionswert des Bilanzstichtages" und „Bilanzwert der lebenden Unternehmung"

2. **Organische Bilanz und Substanzerhaltung**
   * Substanzerhaltung im Unternehmen als primäre Zwecksetzung der Bilanz
   * Kapital als in Geldeinheiten ausgedrückte „Realwerte der Umsatzgüter und Realwerte der Anlagegüter", somit als Anteil am Leistungspotential der Gesamtwirtschaft
   * Gewährleistung der reproduktiven Substanzerhaltung im Fall der Erhaltung der leistenden Substanz im Unternehmen
   * Gewährleistung der qualifizierten Substanzerhaltung im Fall der Entwicklung des betrieblichen Leistungspotentials proportional zum gesamtwirtschaftlichen Leistungspotential als Kern der organischen Bilanztheorie
   * Gewinn als der nicht für die Erhaltung oder Entwicklung der leistenden Substanz im Unternehmen benötigte Überschuß der Erträge über die Aufwendungen
   * Erfolgsermittlung durch Trennung in Umsatzerfolg und Erfolg durch Wertänderung am ruhenden Vermögen (Scheinerfolg)

3. **Bewertungsgrundsätze**
   * Anwendung des Tageswertprinzips
   * Wiederbeschaffungswert bzw. Wiederherstellungswert für Gegenstände des Anlagevermögens sowie des Umlaufvermögens
   * Nominalwert für Geldvermögen

4. **Kalkulation**
   * Wahrung des Substanzerhaltungsprinzips bereits in der Produktkalkulation
   * Bewertung der Einsatzfaktoren mit Wiederbeschaffungspreisen

5. **Preispolitik**
   * Antizipation des Abflusses von Scheingewinnen im Rahmen der Preisfindung
   * Erhöhung des kalkulierten Preises um die aufgrund Besteuerung und Ausschüttung abfließenden Teile des Nominalgewinns

6. **Aufwandsbewertung**
   * Möglichst hohe Bewertung der Aufwendungen
   * Kein Gebrauch von Aktivierungswahlrechten
   * Niedrigere Bewertung der Vermögensgegenstände z.B. durch
     - degressive Abschreibungsverfahren
     - Anwendung der LIFO-Methode
   * Erreichung eines hohen Schuldenausweises durch Ausnutzung von
     - Bilanzierungswahlrechten
     - Bewertungswahlrechten

7. **Rücklagenpolitik**
   * Zuführung der Differenz von wiederbeschaffungswertorientierten und anschaffungskostenorientierten Aufwendungen zu den Gewinnrücklagen
   * Ermittlung der Realgewinne in Nebenrechnungen durch
     - wiederbeschaffungsorientierte Bewertung des Aufwandes
     - vorsichtige Bewertung der Erträge
   * Berücksichtigung der Nominalgewinnbesteuerung bei der Ermittlung der Realgewinne
   * Realgewinn nach Steuern als der höchstens für die Ausschüttung bereitstehende Betrag

Substanzerhaltung durch Zusammenwirken von Preiskalkulation, Aufwandsbewertung und Rücklagenpolitik

Kalkulation

Bewertung der Einsatzfaktoren mit Wiederbeschaffungspreisen

Preispolitik

Durchsetzung substanzerhaltungsorientierter Preise am Markt und Erzielung von Aufwandsgegenwerten;
Berücksichtigung eines substanzerhaltungsorientierten Gewinnzuschlags, der den Liquiditätsabfluß aus der Gewinnbesteuerung kompensiert

Aufwandsbewertung

Unzulässigkeit einer wiederbeschaffungswertorientierten Aufwandsverrechnung bei der steuerlichen Gewinnermittlung;
Verrechnung von möglichst hohen Aufwendungen durch entsprechende Nutzung von steuerrechtlichen Bewertungswahlrechten

Rücklagenpolitik

Substanzerhaltung nur durch Bildung von Gewinnrücklagen aus dem Ergebnis nach Steuern

Einbehaltung der am Markt erzielten Gegenwerte in Höhe der wiederbeschaffungswertorientierten Aufwendungen

Einbehaltung der Gegenwerte der anschaffungskostenorientierten Aufwendungen	Zuführung der Differenz von wiederbeschaffungswertorientierten und anschaffungskostenorientierten Aufwendungen zu den Gewinnrücklagen

Bildung einer Substanzerhaltungsrücklage in der „Organischen Tageswertbilanz" (ohne Ertragssteuern!)

Ausgangsposition

Bilanz t_0

Gebäude	200	Eigenkapital	1000
Maschinen	400	Verbindlichkeiten	400
Rohstoffe	400		
Liquide Mittel	400		
	1.400		1.400

Für die Bilanzierung nach Handelsrecht relevante Sachverhalte des Geschäftsjahres

Abschreibungen werden in Höhe von 10% der Anschaffungskosten auf die Gebäude und die Maschinen verrechnet. Die Rohstoffe werden einmal umgeschlagen und Ende des Jahres in bar wiederbeschafft. Die Umsatzerlöse betragen 2.300,- DM und der Lohnaufwand 1.500 DM.

Bilanz t_1

Gebäude	180	Eigenkapital	1.000
Maschinen	360	Verbindlichkeiten	400
Rohstoffe	420	Nominaler Jahresüberschuß	340
Liquide Mittel	780		
	1.740		1.740

Erfolgsermittlung nach Handelsrecht und nach der Konzeption der Substanzerhaltung

Die Gebäude unterlagen einer **Preissteigerung** von **5% auf 210 TDM**
Die Maschinen unterlagen einer **Preissteigerung** von **2,5% auf 410 TDM**
Die Rohstoffe unterlagen einer **Preissteigerung** von **5% auf 420 TDM**
Abschreibungen werden in Höhe von 10% des Wiederbeschaffungswertes berechnet.

Jahresüberschuß nach Handelsrecht		Jahresüberschuß in der organischen Tageswertbilanz	
Umsatzerlöse	2.300	Umsatzerlöse	2.300
Materialaufwand	400	Materialaufwand	420
Abschreibungen auf Gebäude	20	Abschreibungen auf Gebäude	21
Abschreibungen auf Maschinen	40	Abschreibungen auf Maschinen	41
Lohnaufwand	1.500	Lohnaufwand	1.500
Nominaler Jahresüberschuß	**340**	**Realer Jahresüberschuß**	**318**

Organische Tageswertbilanz am Ende des Geschäftsjahres

Bilanz t_1

Gebäude	189	Eigenkapital	1.000
Maschinen	369	Werterhöhungen am ruhenden Vermögen	
Rohstoffe	420	- Preissteigerung Gebäude	9
Liquide Mittel	780	- Preissteigerung Maschinen	9
		Substanzerhaltungsrücklage	
		- aus Preissteigerung der Gebäude	1
		- aus Preissteigerung der Maschinen	1
		- aus Preissteigerungen der Rohstoffe	20
		Realer Jahresüberschuß	318
		Verbindlichkeiten	400
	1.758		1.758

Wiederbeschaffungspreisorientierte Zinseszinsabschreibungen als Annuität des Wiederbeschaffungsbarwertes unter Berücksichtigung von Gewinnsteuern

→ zur Substanzerhaltung

Ausgangsdaten							
Inflation: 4% T = Ertragssteuer: 60% EKR = Eigenkapitalrendite: 3% A_{NKE} = Nominalabschreibung A_{WBP} = Abschreibungsbeträge AP = Anschaffungspreis $G_{(vt)}$ = Gewinn vor Steuern $G_{(nt)}$ = Gewinn nach Steuern R = Rentabilitätseffekt der Abschreibungsgegenwerte WBP = Wiederbeschaffungspreis							

x	Teilperioden der Nutzungsdauer	1. Jahr	2. Jahr	3. Jahr	4. Jahr	5. Jahr	Σ
1	AP Anschaffungspreis	100.000					
2	A_{NKE} Nominalabschreibung	20.000	20.000	20.000	20.000	20.000	100.000
3	TNW Entwicklung des Tagesneuwertes	AP*1,04 = 104.000	AP*1,04² = 108.160	AP*1,04³ = 112.486	AP*1,04⁴ = 116.986	AP*1,04⁵ = 121.665	
4	WBP Wiederbeschaffungspreis (Endwert)						121.665
5	Barwert Annuität: $A_{bar} = WBP \cdot \frac{q-1}{q^n - 1}$, bei: q = 1+EKR						22.916
6	zu antizipierender Gewinnanteil vor Steuern: $G_{(vt)} = (A_{bar} - A_{NKE}) = 2.916$						
7	zu antizipierender Gewinnanteil nach Steuern: $G_{(nt)} = \frac{G_{(vt)}}{1-T} = 7.290$						
8	Periodische Abschreibung (wiederbeschaffungspreisorientierter Abschreibungsbetrag vor Gewinnsteuern): $A_{WBP(vt)} = A_{NKE} + \frac{G_{(vt)}}{1-T}$						27.290
9	T Gewinnsteuer (**60%**) auf die Mehrabschreibung	4.374	4.374	4.374	4.374	4.374	21.870
10	$(A_{WBP(nt)})$ wiederbeschaffungspreisorientierte Abschreibung nach Gewinnsteuern	22.916	22.916	22.916	22.916	22.916	114.580
11	rf_x Rentabilitätsfaktor der Teilperiode x	1,03⁴ = 1,1255	1,03³ = 1,0927	1,03² = 1,0609	1,03¹ = 1,0300	1,03⁰ = 1,0000	
12	R_x Rentabilitätseffekt (Zinseszinsertrag) der Teilperiode x	2.876	2.125	1.396	688	0	7.085
13	$(A_{WBP(nt)} + R_x)$ wiederbeschaffungspreisorientierte Abschreibung nach Gewinnsteuern + zinseszinsrechnerischer Rentabilitätseffekt	25.792	25.041	24.312	23.604	22.916	121.665

Fortsetzung

Bilanztheorien und Unternehmenserhaltungskonzeption — Seite 44

Handschriftliche Grafik (TDM über Nutzungsdauer in Jahren 1–5):

- Wiederbeschaffungs-R-Preis
- 136.450 — ② "überhöhte AfA müsste verst... werden" T=21.870
- Wiederbeschaffungspreis
- 121.665 — ④
- 114.580 — ③ } inflat. Lücke
- 100.000 — ① Anschr.-Preis
- Inflation

k" = Zinseszins-zuschlägl. Anlage der AfA-Gegenwerte

①: steuerliche Belastung
27.290
Δ 7.290
Δ SF 4.770

durch steuerliche Belastg. entgangenes

22.916 AfA-Gegenwerte
5 × = 114.580
+ 7.085 Zinseszinserträge
= 121.665

Legende
① Nominalabschreibungen (A_{NKE})
② wiederbeschaffungspreisorientierte Abschreibung vor Gewinnsteuern ($A_{WBP\,(vt)}$)
③ wiederbeschaffungspreisorientierte Abschreibung nach Gewinnsteuern ($A_{WBP\,(nt)}$)
④ wiederbeschaffungspreisorientierte Abschreibung nach Gewinnsteuern
  + zinseszinsrechnerischer Rentabilitätseffekt ($A_{WBP\,(nt)} + R_x$)

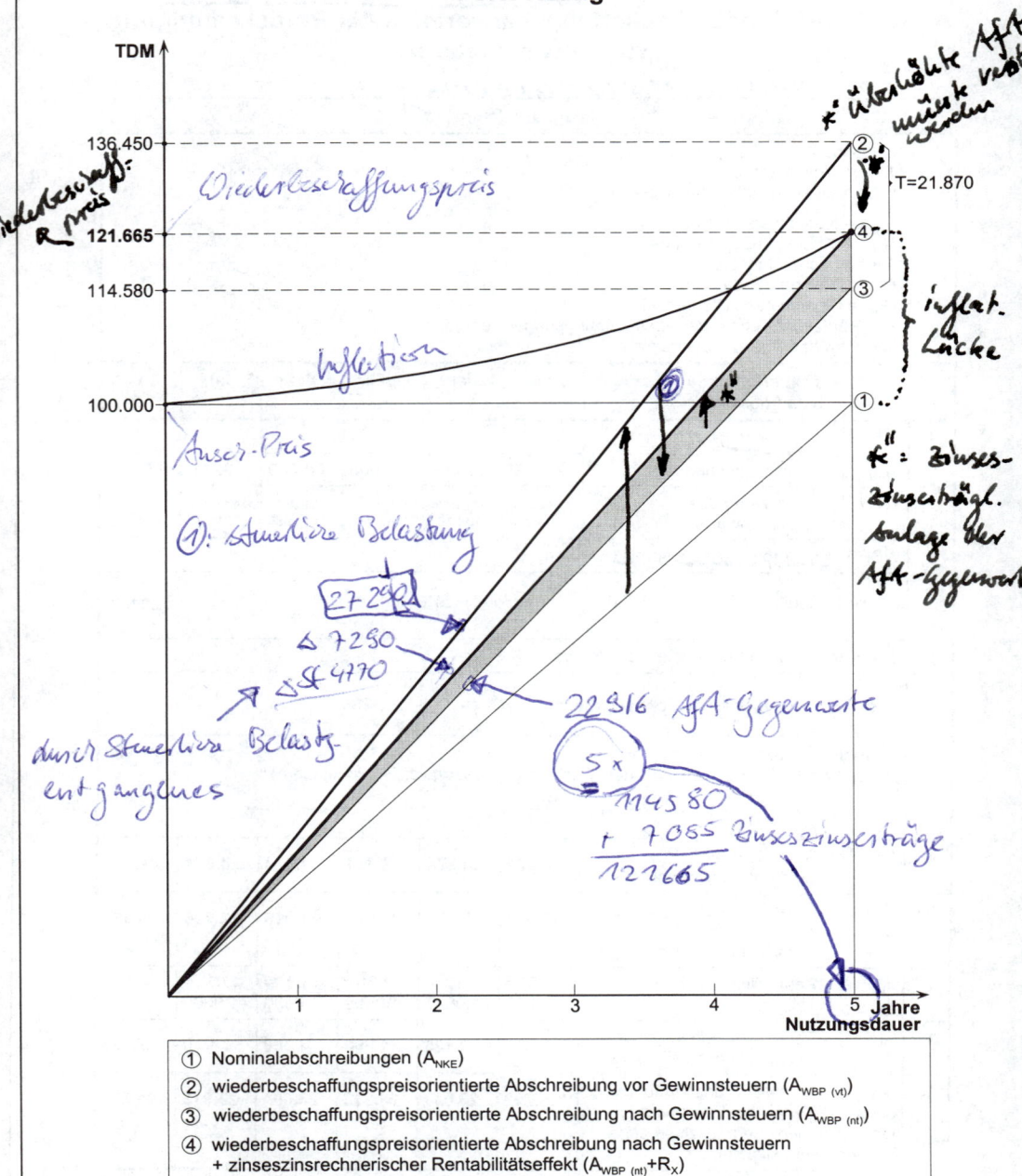

hier Tageswert-AfA; unter der Bedingung eines konstant reinvestierenden Unternehmens

Bedeutung des Zusammenwirkens von technischem Fortschritt und Inflation für die Ermittlung von Abschreibungen

Kapazitätserhaltung & techn. Fortschritt

Es stehen 5 Anlagen vom Typ I mit je 100 Mengeneinheiten (ME) Kapazität/Jahr zur Verfügung, deren Anschaffungskosten jeweils 100 Geldeinheiten (GE) betrugen.
Zur Erhaltung der Kapazität sind nach Ablauf der Nutzungsdauer von 5 Jahren aufgrund der technischen Weiterentwicklung nunmehr 4 Anlagen vom Typ II notwendig, deren Anschaffungspreis bzw. Wiederbeschaffungspreis 150 GE/Anlage betragen werden und die eine Kapazität von 125 ME/Anlage aufweisen.
Die nachfolgende Abbildung zeigt, wie man die Abschreibungsbeträge ermittelt, wenn die Kapazität erhalten werden soll.

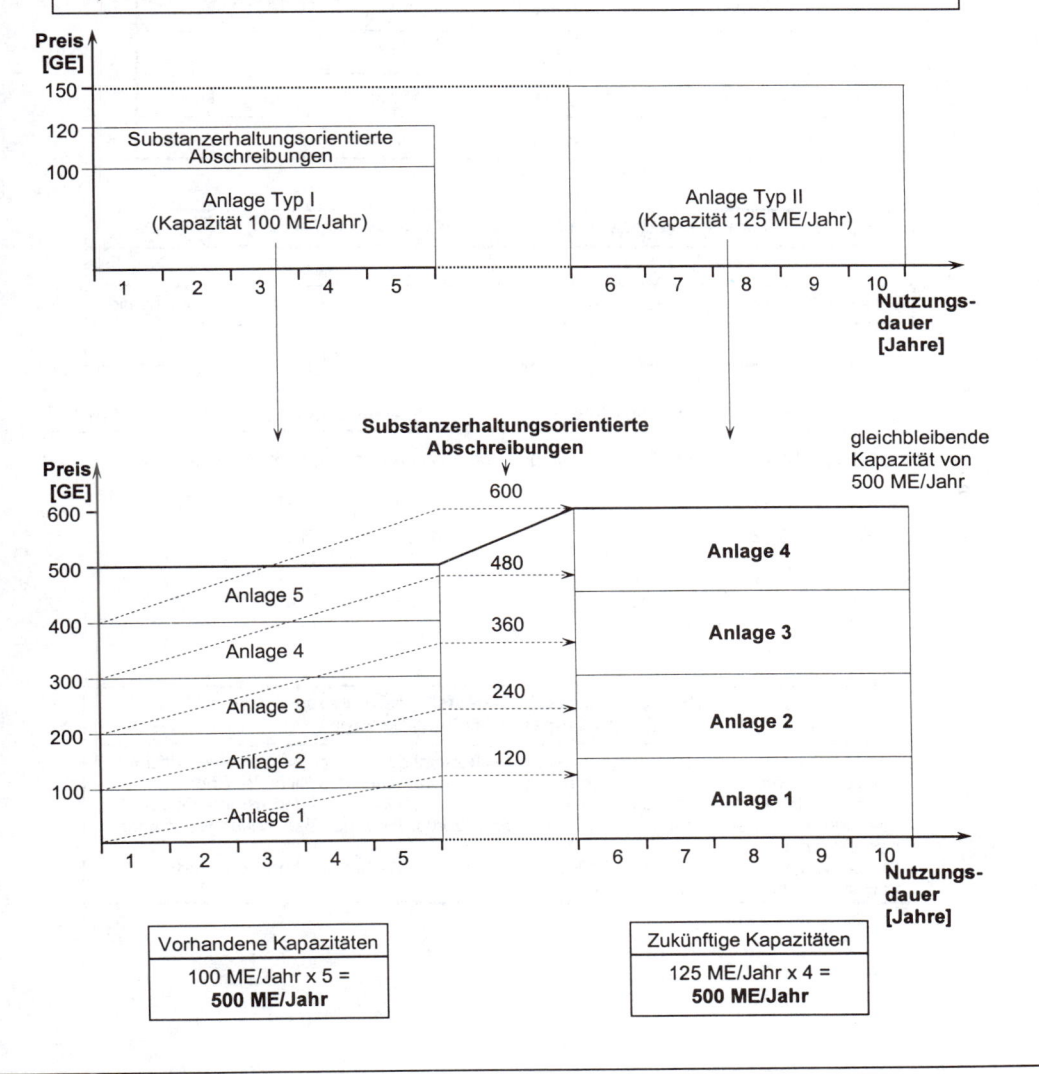

Substanzerhaltungsorientierte Abschreibungen

Anlage Typ I (Kapazität 100 ME/Jahr)
Anlage Typ II (Kapazität 125 ME/Jahr)

Substanzerhaltungsorientierte Abschreibungen

gleichbleibende Kapazität von 500 ME/Jahr

Vorhandene Kapazitäten	Zukünftige Kapazitäten
100 ME/Jahr x 5 = **500 ME/Jahr**	125 ME/Jahr x 4 = **500 ME/Jahr**

Substanzerhaltungsorientierte Bewertung von Vorräten

Ausgangsdaten des Fallbeispiels			
01.01.98	Anfangsbestand	40 kg	60 DM/kg
10.01.98	Zugang	20 kg	62 DM/kg
22.02.98	Zugang	10 kg	64 DM/kg
04.04.98	Abgang	50 kg	
04.07.98	Zugang	20 kg	66 DM/kg
18.09.98	Abgang	20 kg	
31.12.98	Zugang	70 kg	68 DM/kg
	Endbestand	90 kg	

Bewertung der Verbräuche und Bestände nach FiFo/LiFo			
FiFo		LiFo	
Lagerendbestand	Materialaufwand	Lagerendbestand	Materialaufwand
6.080	4.280	5.600	4.760

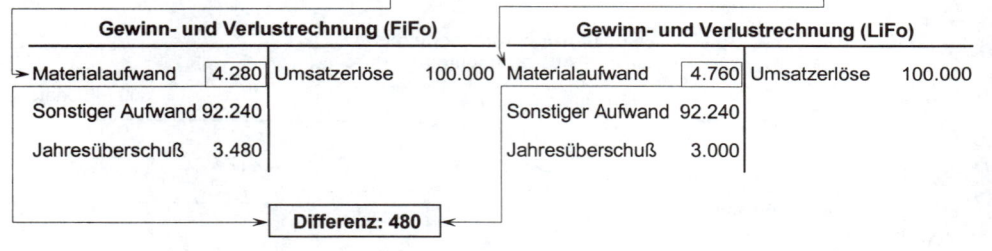

Gewinn- und Verlustrechnung (FiFo)

Materialaufwand	4.280	Umsatzerlöse	100.000
Sonstiger Aufwand	92.240		
Jahresüberschuß	3.480		

Gewinn- und Verlustrechnung (LiFo)

Materialaufwand	4.760	Umsatzerlöse	100.000
Sonstiger Aufwand	92.240		
Jahresüberschuß	3.000		

Differenz: 480

Auswahl eines Verfahrens der Sammelbewertung von Vorräten, das zur Substanzerhaltung beiträgt

Das LiFo-Verfahren berücksichtigt in diesem Fallbeispiel das strenge Niederstwertprinzip und erweist sich darüber hinaus - in Zeiten steigender Preise - auch aus Sicht der Substanzerhaltung als zweckmäßig, da der am Periodenende verbleibende Lagerbestand mit den (niedrigen) Anschaffungskosten des am weitesten zurückliegenden Beschaffungsvorgangs bewertet wird.
Die Gewinne - und damit auch die Scheingewinne darstellenden Anteile - werden vergleichsweise niedrig gehalten.

V. Theorie des ökonomischen Gewinns

> **Literaturhinweis zur Vertiefung**
>
> **Wöhe,** Günter: Einführung in die Allgemeine Betriebswirtschaftslehre, 19. Auflage, München 1996, S. 1210-1212.

1. **Maßstab der Ertragswerterhaltung**
   * Erhaltung der Höhe der Ausschüttungs- und Steuerzahlungen
   * Bestimmung des ökonomischen Gewinns
   * Vergleich des Ertragswertes eines Unternehmens am Ende einer Periode mit dem Wert am Anfang der Periode
   * Nähe zum Shareholder Value Konzept, das den Marktwert des Eigenkapitals (Shareholder Value) als Differenz aus dem Unternehmensbarwert und dem Marktwert des Fremdkapitals ermittelt

2. **Ermittlung des ökonomischen Gewinns**
   * Ökonomischer Gewinn als der dem Betrieb maximal entziehbare Betrag ohne Beeinträchtigung der in der Zukunft das gleiche Einkommen sicherstellenden Investitions- und Finanzierungsvorhaben
   * Interpretation als der noch zu erwartende auf den Bilanzstichtag diskontierte Totalgewinn im Sinne der Investitionsrechnung
   * Abzinsung der erwarteten Überschüsse der Einzahlungen über die Auszahlungen auf den Periodenanfang
     - Verwendung eines kapitalmarktgerechten Kalkulationszinsfußes
     - Unterstellung des Anfalls der Zahlungen am Periodenende
   * Analoge Bestimmung des Ertragswertes am Periodenende
   * Ökonomischer Gewinn als Differenz der beiden so ermittelten Ertragswerte
   * Ertragswerterhaltung durch Begrenzung der Entnahmen auf den ökonomischen Gewinn

3. **Aufbau von Sonderrechnungen**
   * Vergangenheitsorientierte Werte im Jahresabschluß
   * Notwendigkeit einer zukunftsorientierten Betrachtung von Zahlungsströmen
   * Aufbau von Sonderrechnungen zur Ermittlung zukünftig zu erwartender Einzahlungs- und Auszahlungsströme

Ertragswertermittlung für den Fall eines stetig steigenden Zahlungssaldos

Schätzung des Ertragswertes für die Perioden 1 - 5 am Anfang der 1. Periode

Jahre	1	2	3	4	5
Einzahlungen	1.000	1.050	1.100	1.160	1.300
Auszahlungen	900	940	975	1.000	1.100
Cash Flow (E - A)	100	110	125	160	200
Abzinsungs-faktor für 8% $(1+i/100)^{-t}$	0,9259	0,8573	0,7938	0,7350	0,6806
Barwerte	92,59	94,30	99,23	117,60	136,12
Ertragswert	539,84				

Schätzung des Ertragswertes für die Perioden 2 - 6 am Anfang der 2. Periode

Jahre	2	3	4	5	6
Einzahlungen	1.040	1.095	1.160	1.280	1.430
Auszahlungen	930	965	990	1.080	1.210
Zahlungs-saldo (E - A)	110	130	170	200	220
Abzinsungs-faktor für 8% $(1+i/100)^{-t}$	0,9259	0,8573	0,7938	0,7350	0,6806
Barwerte	101,85	111,45	134,95	147,00	149,73
Ertragswert	644,98				

Entwicklung des Ertragswertes (EW)

EW (B)	644,98	- EW (A)	539,84	= Erfolg	105,14

Konzeptionelle Grundlagen des Shareholder Value-Ansatzes[1]

Shareholder Value

Shareholder Value = Unternehmenswert ./. Fremdkapital

Unternehmenswert

Unternehmenswert = Gegenwartswert der betrieblichen Cash Flows während der Prognoseperiode + Residualwert + Marktwert börsenfähiger Wertpapiere

Cash Flow

Cash Flow = Einzahlungen ./. Auszahlungen
= [(Umsatz des Vorjahres) x (1 + Wachstumsrate des Umsatzes) x (betriebliche Gewinnmarge) x (1 ./. Cash-Gewinnsteuersatz)] ./. (Zusatzinvestitionen ins Anlage- und Umlaufvermögen)

Residualwert

Residualwert: Liquidationswert

Fortführungswert: Residualwert = $\dfrac{\text{Ewiger Cash Flow}}{\text{Kapitalkostensatz}}$

Gewichtete Kapitalkosten (Diskontierungssatz)

Gewichtete Kapitalkosten = Eigenkapitalkosten x Eigenkapitalanteil + Fremdkapitalkosten x Fremdkapitalanteil

Eigenkapitalkosten (nach dem Capital Asset Pricing Model (CAPM))

Eigenkapitalkosten (CAPM) = Risikofreier Zinssatz + Risikoprämie des Eigenkapitals
= („realer" Zinssatz + erwartete Inflationsrate) + [Beta x (erwartete Marktrendite ./. risikofreier Zinssatz)]

Mathematische Definition des Shareholder Value

$$SHV = \sum_{t=0}^{T}(E_t - A_t) \times (1+i_{SHV})^{-t} + Re_T \times (1+i_{SHV})^{-T} + WP - FK$$

- SHV: Shareholder Value
- E_t: Einzahlungen zum Zeitpunkt t
- A_t: Auszahlungen zum Zeitpunkt t
- Re_T: Residualwert zum Zeitpunkt T
- i_{SHV}: Kapitalkostensatz
- WP: Marktwert börsenfähiger Wertpapiere
- FK: Fremdkapital

---

[1] Vgl. Rappaport, Alfred: Shareholder Value: Wertsteigerung als Maß-Stab für die Unternehmensführung, Stuttgart 1995, S. 54ff.

3. Kapitel:
Rechtlicher Rahmen der Bilanzierung und Bilanzpolitik

I. Aufbau und Inhalt der Rechnungslegungsvorschriften des Handelsgesetzbuches

Literaturhinweis zur Vertiefung
Coenenberg, Adolf G.: Jahresabschluß und Jahresabschlußanalyse, 16. Auflage, Landsberg am Lech 1997, S. 16-24.
Baetge, Jörg: Bilanzen, 4. Auflage, Düsseldorf 1996, S. 30-46.

1. **Aufbau des Handelsgesetzbuches nach der Überführung der EG-Richtlinien in deutsches Recht zur Vereinheitlichung der Rechnungslegung**
   * Umsetzung der 4. EG-Richtlinie (Bilanzrichtlinie) vom 25.07.1978
   * Schaffung eines neuen Kapitels im HGB "Drittes Buch: Handelsbücher"
   * Aufhebung der §§ 38 bis 47 b im ersten Buch
   * Unterteilung des dritten Buches in drei Abschnitte
     - Erster Abschnitt gültig für alle Kaufleute (§§ 238 bis 263 HGB)
     - ergänzende und detaillierende Bestimmungen für Kapitalgesellschaften im zweiten Abschnitt (§§ 264 bis 335 HGB)
     - spezifische Regelungen für Genossenschaften im dritten Abschnitt (§§ 336 bis 339 HGB)

2. **Buchführungspflicht und Führung der Handelsbücher nach §§ 238, 239 HGB**
   * Dokumentation der Handelsgeschäfte und der Vermögenslage in Büchern unter Berücksichtigung der Grundsätze ordnungsmäßiger Buchführung

§ 238 HGB[1]
(1) **Jeder Kaufmann** ist verpflichtet, **Bücher zu führen** und in diesen seine Handelsgeschäfte und die Lage seines Vermögens nach den Grundsätzen ordnungsmäßiger Buchführung ersichtlich zu machen. Die Buchführung muß so beschaffen sein, daß sie einem sachverständigen Dritten innerhalb angemessener Zeit einen Überblick über die Geschäftsvorfälle und über die Lage des Unternehmens vermitteln kann. Die Geschäftsvorfälle müssen sich in ihrer Entstehung und Abwicklung verfolgen lassen.
(2) Der Kaufmann ist verpflichtet, eine mit der Urschrift übereinstimmende **Wiedergabe der abgesandten Handelsbriefe** (Kopie, Abdruck, Abschrift oder sonstige Wiedergabe des Wortlauts auf einem Schrift-, Bild- oder anderen Datenträger) zurückzubehalten.

[1] im Original des Gesetzestextes keine Hervorhebungen

> **§ 239 Abs. 2 u. 4 HGB**[1]
>
> (2) Die Eintragungen in Büchern und die sonst erforderlichen Aufzeichnungen müssen **vollständig, richtig, zeitgerecht und geordnet** vorgenommen werden.
>
> (4) Die Handelsbücher und die sonst erforderlichen Aufzeichnungen können auch in der **geordneten Ablage von Belegen** bestehen oder auf **Datenträgern** geführt werden, soweit diese Formen der Buchführung einschließlich des dabei angewandten Verfahrens den Grundsätzen ordnungsmäßiger Buchführung entsprechen. (...)

[1] im Original des Gesetzestextes keine Hervorhebungen

* Vollständige, richtige, zeitgerechte und geordnete Aufzeichnungen
* Führung der Handelsbücher auch als geordnete Belegablage oder auf Datenträgern

Aufbau und Inhalt des dritten Buches des Handelsgesetzbuches (HGB) im Überblick

Erster Abschnitt: Vorschriften für alle Kaufleute - §§ 238-263

Erster Unterabschnitt: **Buchführung, Inventar** - §§ 238-241
- Buchführungspflicht § 238 - Führung der Handelsbücher § 239 - Inventar § 240 - Inventurvereinfachungsverfahren § 241

Zweiter Unterabschnitt: **Eröffnungsbilanz, Jahresabschluß** - §§ 242-256

Erster Titel: **Allgemeine Vorschriften** - §§ 242-245
    - Pflicht zur Aufstellung § 242
    - Aufstellungsgrundsatz § 243
Zweiter Titel: **Ansatzvorschriften** - §§ 246-251
    - Inhalt der Bilanz § 247
Dritter Titel: **Bewertungsvorschriften** - §§ 252-256

Dritter Unterabschnitt: **Aufbewahrung und Vorlage** - §§ 257-261

Vierter Unterabschnitt: **Landesrecht** - § 263

Zweiter Abschnitt: Kapitalgesellschaften - §§ 264-335

Erster Unterabschnitt: Jahresabschluß und Lagebericht - §§ 264-289

Zweiter Unterabschnitt: Konzernabschluß und Konzernlagebericht - §§ 290-315

Dritter Unterabschnitt: Prüfungspflicht - §§ 316-324

Vierter Unterabschnitt: Offenlegung - §§ 325-329

Fünfter Unterabschnitt: Formblätter - § 330

Sechster Unterabschnitt: Straf- und Bußgeldvorschriften, Zwangsgelder - §§ 331-335

Dritter Abschnitt: Eingetragene Genossenschaften - §§ 336-339

II. Grundsätze ordnungsmäßiger Buchführung und Bilanzierung

siehe S. 59

> **Literaturhinweis zur Vertiefung**
>
> **Coenenberg**, Adolf G.: Jahresabschluß und Jahresabschlußanalyse, 16. Auflage, Landsberg am Lech 1997, S. 34-45.
>
> **Baetge**, Jörg: Bilanzen, 4. Auflage, Düsseldorf 1996, S. 65-94.

1. **Begriff und Wesen der Grundsätze ordnungsmäßiger Buchführung und Bilanzierung**
   * Grundlegende und bindende Ordnungsvorschriften für die Bilanzierung und Bewertung
   * Unbestimmter Rechtsbegriff ohne Definition im Gesetz
   * Inhalt geprägt durch kaufmännische Gepflogenheiten, Gesetzgebung, Rechtssprechung und wissenschaftliche Diskussion
   * Laufende Anpassung an veränderte wirtschaftliche Verhältnisse
   * Gültigkeit für alle Unternehmensrechtsformen

2. **Entstehung der Grundsätze ordnungsmäßiger Buchführung und Bilanzierung**
   * Übernahme der Ansichten und praktischen Übung ordentlicher Kaufleute (induktive Methode)
   * Ableitung aus den Zwecken des Jahresabschlusses (deduktive Methode) → *hat sich durchgesetzt*

3. **Deduktive Herleitung der Grundsätze**
   * Ableitung oberer Grundsätze (Rahmengrundsätze und ergänzende Grundsätze)
   * Ableitung unterer Grundsätze wie das Prinzip der Einzelbewertung, das Saldierungsverbot und das Stichtagsprinzip

4. **Grundsätze ordnungsmäßiger Buchführung und Bilanzierung als Basis für die spezifischen Regeln des HGB**
   * Ergänzung des schriftlich fixierten Gesetzes und Grundlage für die Auslegung
   * Kodifizierung einzelner Grundsätze im Gesetz:
     - Grundsatz der Vollständigkeit (§§ 239 Abs. 2, 246 Abs. 1 S. 1 HGB)
     - Grundsatz der Richtigkeit und Willkürfreiheit (§ 239 Abs. 2 HGB)
     - Grundsatz der Klarheit und Übersichtlichkeit (§§ 238 Abs. 1, 243 Abs. 2 HGB)
     - Saldierungsverbot (§ 246 Abs. 2 HGB)
     - Allgemeine Bewertungsgrundsätze (§ 252 Abs. 1 HGB):
       - Einzelbewertung
       - Vorsichtsprinzip
       - Bewertungsstetigkeit

5. **Grundsatz der Vollständigkeit nach §§ 239 Abs. 2, 246 Abs. 1 S. 1 HGB**
   * Sämtliche Vermögensgegenstände, Eigenkapital, Schulden und Rechnungsabgrenzungsposten als zwingende Bestandteile der Bilanz

§ 239 Abs. 2 HGB[1]
(2) Die Eintragungen in Büchern und die sonst erforderlichen Aufzeichnungen müssen **vollständig**, richtig, zeitgerecht und geordnet vorgenommen werden.
§ 246 Abs. 1 S. 1 HGB[1]
(1) Der Jahresabschluß hat **sämtliche** Vermögensgegenstände, Schulden, Rechnungsabgrenzungsposten, Aufwendungen und Erträge zu enthalten, soweit gesetzlich nichts anderes bestimmt ist.

   [1] im Original des Gesetzestextes keine Hervorhebungen

   * Erfassung aller Erträge und Aufwendungen der Periode in der Gewinn- und Verlustrechnung
   * Grundsätzliche Bilanzierungspflicht bei Bilanzierungsfähigkeit
     - wirtschaftlicher Wert, selbständige Bewertbarkeit und Verkehrsfähigkeit als Merkmale eines Vermögensgegenstandes
     - Relevanz des wirtschaftlichen Eigentums im Gegensatz zum juristischen Eigentum
     - sichere oder hinreichend wahrscheinliche, aufgrund einer Leistungsverpflichtung entstandene Belastung und deren selbständige Bewertbarkeit als Merkmale von Schulden
   * Beachtung spezieller Vorschriften zu Bilanzierungswahlrechten und Bilanzierungsverboten sowie Bilanzierungshilfen
   * Ordnungsmäßige Buchführung, Inventur und Grundsatz der Bilanzidentität als wesentliche Voraussetzungen für eine vollständige Bilanzierung

6. **Grundsatz der Richtigkeit und Willkürfreiheit nach § 239 Abs. 2 HGB**
   * Richtigkeit und Willkürfreiheit als umfassendster Bestandteil der GoB

§ 239 Abs. 2 HGB[1]
(2) Die Eintragungen in Büchern und die sonst erforderlichen Aufzeichnungen müssen vollständig, **richtig**, **zeitgerecht** und **geordnet** vorgenommen werden.

   [1] im Original des Gesetzestextes keine Hervorhebungen

   * Ableitung der Bilanzansätze aus:
     - ordnungsgemäßen Belegen
     - ordentlich geführten Büchern
     - dem Inventar

     entsprechend den Abbildungsregeln (z.B. rechnerische Zusammenfassung zu größeren Gruppen, Vernachlässigung von Mengenangaben)

- Rechnerisch richtige Ermittlung der Bilanzpositionen aus den zugrundeliegenden Geschäftsvorfällen
- Bewertung der zugrundeliegenden Vermögensgegenstände und Schulden nach dem Einzelbewertungsprinzip und den sonstigen Bewertungsvorschriften des HGB
- Zugrundelegung der jeweils wahrscheinlichsten Annahme bei Bilanzierungs- und Bewertungsspielräumen
- Grundsätzliche Annahme der (gesetzlichen) Richtigkeit des Jahresabschlusses im Fall der Einhaltung der Rechnungslegungsvorschriften
- Möglicher Konflikt der Einhaltung der gesetzlichen Einzelvorschriften mit der Zielsetzung eines Überblicks über die Vermögens-, Finanz- und Ertragslage

7. Grundsatz der Klarheit und Übersichtlichkeit nach §§ 238 Abs. 1, 243 Abs. 2 HGB

- Der Jahresabschluß muß klar und übersichtlich sein

§ 238 Abs. 1 HGB[1]
(1) Jeder Kaufmann ist verpflichtet, Bücher zu führen und in diesen seine Handelsgeschäfte und die Lage seines Vermögens nach den Grundsätzen ordnungsmäßiger Buchführung ersichtlich zu machen. Die Buchführung muß so beschaffen sein, daß sie einem **sachverständigen Dritten innerhalb angemessener Zeit einen Überblick über die Geschäftsvorfälle und über die Lage** des Unternehmens vermitteln kann. Die Geschäftsvorfälle müssen sich in ihrer Entstehung und Abwicklung verfolgen lassen.

§ 243 Abs. 2 HGB[1]
(2) Er muß **klar und übersichtlich** sein.

[1] im Original des Gesetzestextes keine Hervorhebungen

- Klare Bezeichnung der Positionen
  - Verwendung sachlich zutreffender Bezeichnungen mit allgemein anerkannter inhaltlicher Bestimmtheit
  - Verwendung gleicher Bezeichnungen für gleiche Sachverhalte innerhalb eines Jahresabschlusses und in aufeinanderfolgenden Jahresabschlüssen
  - Verwendung verschiedener Bezeichnungen für verschiedene Sachverhalte
- Grundsatz der Klarheit bestimmt Ober- und Untergrenze der Bilanzgliederung
  - § 266 HGB als Leitlinie für die Obergrenze der Bilanzgliederung
  - verkürzte Bilanz im Sinne des § 266 Abs. 1 HGB als Untergrenze auch für Nicht-Kapitalgesellschaften unter Vernachlässigung eines differenzierten Eigenkapitalausweises
  - weitergehende Zusammenfassung im Widerspruch zum Grundsatz der Klarheit

- Formale Darstellung der Bilanz
  - Gewährleistung einer höheren Übersichtlichkeit durch Kontoform im Vergleich zur Staffelform
  - Hervorhebung von für die Übersicht wichtigen Positionen, z.B. durch Fettdruck

8. **Grundsatz der Vorsicht nach § 252 Abs. 1 Nr. 4, 1. Halbsatz HGB**
   - Vorsichtige Darstellung der Lage der Unternehmung durch tendenzielle Unterbewertung des Vermögens (Niederstwertprinzip) und Überbewertung der Schulden (Höchstwertprinzip)

   § 252 Abs. 1 Nr. 4, 1. Halbsatz HGB[1]

   (1) Es ist **vorsichtig** zu bewerten, (...).

   [1] im Original des Gesetzestextes keine Hervorhebung

   - Ausprägungen des Grundsatzes der Vorsicht:
     - Realisationsprinzip — Gewinne erst wenn realisiert
     - Imparitätsprinzip — Gewinn & Verlust unterschiedl (Verl. schon wenn absehbar)
     - Niederstwertprinzip — Vermögen
     - Höchstwertprinzip — Schulden
   - Konflikt einer zu vorsichtigen Bewertung mit der Forderung nach Darstellung der tatsächlichen Lage der Unternehmung (Verfälschung des Jahresabschlusses)

9. **Grundsatz richtiger Abgrenzung nach §§ 252 Abs. 1 Nr. 4 u. 5, 253 Abs. 1 HGB**
   - Nominalwertprinzip, Realisationsprinzip, Imparitätsprinzip, Höchstwertprinzip, sowie sachliche und zeitliche Abgrenzung als Konkretisierungen des Grundsatzes der richtigen Periodenabgrenzung
   - Nominalwertprinzip

   § 253 Abs. 1 HGB[1]

   (1) Vermögensgegenstände sind **höchstens mit den Anschaffungs- oder Herstellungskosten**, vermindert um Abschreibungen anzusetzen. (...)

   [1] im Original des Gesetzestextes keine Hervorhebungen

     - Anschaffungs- oder Herstellungskosten als Obergrenze der Bewertung
     - Zuschreibungen bis maximal zu den Anschaffung- bzw. Herstellungskosten
   - Realisationsprinzip

   § 252 Abs. 1 Nr. 4 HGB[1]

   (1) Gewinne sind nur zu berücksichtigen, wenn sie am Abschlußstichtag **realisiert** sind. (...)

   [1] im Original des Gesetzestextes keine Hervorhebungen

- Bewertung der Güter und Leistungen höchstens zu Anschaffungs-oder Herstellungskosten vor Realisation von Gewinnen oder Verlusten
- Ansatz in Höhe der Verkaufserlöse nach dem Absatzzeitpunkt
- Einschränkung des Realisationsprinzips bei langfristiger Fertigung durch Teilgewinnrealisierung (Teilabnahmeprinzip)

* Imparitätsprinzip

§ 252 Abs. 1 Nr. 4 HGB[1]

(1) Es ist vorsichtig zu bewerten, namentlich sind alle **vorhersehbaren Risiken und Verluste,** die bis zum Abschlußstichtag entstanden sind, zu berücksichtigen, selbst wenn diese erst zwischen dem Abschlußstichtag und dem Tag der Aufstellung des Jahresabschlusses bekanntgeworden sind; (...).

[1] im Original des Gesetzestextes keine Hervorhebungen

- Berücksichtigung von mit hoher Wahrscheinlichkeit eintretenden Verlusten oder Wertminderungen bereits vor Abschluß der zugrundeliegenden Geschäfte (Verlustantizipation am Bilanzstichtag)
- Herabsetzung der Buchwerte von Vermögensgegenständen oder Berücksichtigung von Verlusten durch Bildung einer Rückstellung

* Höchstwertprinzip

§ 253 Abs. 1 Satz 2 HGB[1]

(1) Verbindlichkeiten sind zu ihrem **Rückzahlungsbetrag** (...) anzusetzen (...).

[1] im Original des Gesetzestextes keine Hervorhebungen

- Bewertung von Verbindlichkeiten zum gegenüber der Auszahlung höheren Rückzahlungsbetrag
- Erfassung des Disagios als Aufwand (vorweggenommener Zins) in der Auszahlungsperiode
- Wahlrecht zur Einstellung des Disagios in den aktiven Rechnungsabgrenzungsposten und Abschreibung dieses Betrages über die Laufzeit des Darlehens
- Von mehreren möglichen Wertansätzen für Verbindlichkeiten (z.B. aufgrund von Wechselkursschwankungen) ist stets der höhere zu wählen

* Sachliche und zeitliche Abgrenzung

§ 252 Abs. 1 Nr. 5 HGB[1]

(1) Aufwendungen und Erträge des Geschäftsjahrs sind **unabhängig von den Zeitpunkten der entsprechenden Zahlungen** im Jahresabschluß zu berücksichtigen.

[1] im Original des Gesetzestextes keine Hervorhebungen

- Zuordnung von Aufwendungen zu der Periode, der die sachlich zugehörigen Erträge zugerechnet werden
- Zeitproportionale Periodisierung von Eigenkapitaländerungen (Aufwendungen und Erträge) unabhängig vom Zeitpunkt der Zahlung

10. **Grundsatz der Stetigkeit nach § 252 Abs. 1 Nr. 6 HGB**
    * Beibehaltung der Bewertungsmethoden für Vermögensgegenstände als materielle Stetigkeit

    > **§ 252 Abs. 1 Nr. 6 HGB[1]**
    >
    > (1) Die auf den vorhergehenden Jahresabschluß angewandten **Bewertungsmethoden** sollen **beibehalten** werden.

    [1] im Original des Gesetzestextes keine Hervorhebungen

    - Bewertungsstetigkeit als legalkodifizierter Grundsatz
    - Gliederungsstetigkeit als daraus abgeleiteter Grundsatz
    - Verwendung gleicher Gliederungsbegriffe und Gliederungsschemata in aufeinanderfolgenden Bilanzen zur Gewährleistung der Gliederungsstetigkeit

11. **Beziehung zwischen "true and fair view" nach § 264 Abs. 2 HGB und den Grundsätzen ordnungsmäßiger Buchführung und Bilanzierung**
    * Vermittlung eines den tatsächlichen Verhältnissen entsprechenden Bildes der
        - Vermögenslage
        - Finanzlage
        - Ertragslage

      unter Beachtung der GoB als Generalnorm

    > **§ 264 Abs. 2 HGB[1]**
    >
    > (2) Der Jahresabschluß der Kapitalgesellschaft hat unter Beachtung der Grundsätze ordnungsmäßiger Buchführung ein den tatsächlichen Verhältnissen entsprechendes Bild der Vermögens-, Finanz- und Ertragslage der Kapitalgesellschaft zu vermitteln. Führen **besondere Umstände** dazu, daß der Jahresabschluß ein den tatsächliche Verhältnissen entsprechendes Bild im Sinne des Satzes 1 nicht vermittelt, so sind im **Anhang zusätzliche Angaben** zu machen.

    [1] im Original des Gesetzestextes keine Hervorhebungen

    - Gültigkeit nur für Kapitalgesellschaften
    - Subsidiärfunktion der Generalnorm, d.h. Einzelvorschriften und GoB gehen der Generalnorm vor
    - Heranziehen der Generalnorm zur Auslegung von Vorschriften und zur Füllung von Gesetzeslücken
    - Zusätzliche Pflichtangaben im Anhang bei besonderen Umständen zur Erfüllung des true and fair view Prinzips

MÄNNEL — Rechtlicher Rahmen der Bilanzierung und Bilanzpolitik — Seite 59

Ableitung der Grundsätze ordnungsmäßiger Buchführung und Bilanzierung nach Leffson *(keiner von Baetge)*

```
             Aufgaben der Buchführung und Bilanzierung
                              ↓
           Oberste Grundsätze ordnungsmäßiger
                Buchführung und Bilanzierung
                         ↙        ↘
           Rahmengrundsätze ←(+)→ Ergänzende Grundsätze
```

Handschriftliche Anmerkung: eigentlich substantielle bzw. materielle bzw. konzeptionelle bzw. inhaltliche Grundsätze

① Vollständigkeit
- Bilanzierung aller Vermögensgegenstände, Eigenkapital, Schulden und Rechnungsabgrenzungsposten
- Beachtung der Regelungen zu Bilanzierungsfähigkeit, -pflicht, -wahlrechten, -verboten und -hilfen
- Erfassung aller Erträge und Aufwendungen in der GuV
- Ordnungsmäßige Buchhaltung und Inventur sowie Bilanzidentität als Voraussetzung

§ 239 Abs. 2, § 246 Abs. 1 Satz 1 HGB

② Richtigkeit und Willkürfreiheit
- Rechnerisch richtige Wertermittlung aus ordnungsgemäß verbuchten Geschäftsvorfällen
- Einhaltung der handelsrechtlichen Rechnungslegungsvorschriften
- Ansatz des wahrscheinlichsten Wertes beim Vorliegen von Ansatz- und Bewertungsspielräumen

§ 239 Abs. 2 HGB

③ Klarheit
- Übereinstimmung von Inhalt und (eindeutiger) Bezeichnung der Positionen
- § 266 HGB: Leitlinie für die Bilanzgliederung nach den maßgeblichen Kriterien
- Klare formale Darstellung

§ 238 Abs. 1, § 243 Abs. 2 HGB

Vorsicht
- Tendenzielle Unterbewertung des Vermögens und Überbewertung der Schulden
- Realisationsprinzip, Imparitätsprinzip sowie handelsrechtliche Bewertungsvorschriften als Ausfluß des **Vorsichtsprinzips**
- Möglicher Konflikt mit Darstellung der tatsächlichen Lage der Unternehmung

§ 252 Abs. 1 Nr. 4, 1. Halbsatz HGB

Abgrenzung
- **Periodisierung und sachliche Zurechnung** von Aufwendungen und Erträgen § 252 Abs. 1
- Regelung der Gewinnrealisierung durch das **Realisationsprinzip** (teilweise Durchbrechung bei langfristiger Fertigung) § 252 Abs.1 Nr. 4, 2. Halbsatz HGB
- Verlustantizipation auf Grundlage des **Imparitätsprinzips**

§ 252 Abs. 1 Nr. 4, 1. Halbsatz HGB

Stetigkeit
- Vergleichbarkeit und Übersichtlichkeit durch Verwendung gleicher Gliederungsschemata in aufeinanderfolgenden Bilanzen
- Beibehaltung von Bewertungsmethoden

§ 252 Abs. 1 Nr. 6 HGB

Unterste Grundsätze ordnungsmäßiger Buchführung und Bilanzierung
(Ableitung konkreter Vorschriften aus allgemeinen Grundsätzen für Buchführung, Inventar und Jahresabschluß sowie Anwendung für die Behandlung einzelner Geschäftsvorfälle)

III. Einordnung des Handelsgesetzbuches in die internationale Rechnungslegung

Literaturhinweis zur Vertiefung
Ballwieser, Wolfgang (Hrsg.): US-amerikanische Rechnungslegung, 3. Auflage, Stuttgart 1998

1. **Beziehungen zwischen International Accounting Standards (IAS), US-amerikanischen Generally Accepted Accounting Principles (US-GAAP) und HGB**
   * Orientierung der handelsrechtlichen Rechnungslegungsgrundsätze an IAS und US-GAAP im Rahmen der internationalen Harmonisierung der Rechnungslegung
   * Ausrichtung der IAS an den US-GAAP

2. **Bedeutsame Institutionen im internationalen Harmonisierungsprozeß der Rechnungslegung**
   * International Accounting Standards Committee (IASC) als Zusammenschluß der Berufsorganisationen der Wirtschaftsprüfer
   * Satzungsmäßiges Ziel des IASC: Erarbeitung von weltweit anerkannten Rechnungslegungsstandards, den International Accounting Standards (IAS)
   * International Organisation of Securities Commission (IOSCO) als internationale Börsenaufsichtsbehörde
   * Orientierung der IOSCO an der Securities and Exchange Commission (SEC), Börsenaufsichtsbehörde der USA
   * Beobachterstatus der Europäischen Union (EU) im Board des IASC
     - die EU schließt eine Änderung ihrer Richtlinien zur Ausräumung von Unvereinbarkeiten mit den IAS nicht aus
     - im Gegenzug Prüfung der bisher erlassenen IAS hinsichtlich ihrer Vereinbarkeit mit den EU-Richtlinien durch das IASC

International Accounting Standards Committee (IASC)
Das IASC wurde **1973** als Zusammenschluß von Berufsorganisationen der Wirtschaftsprüfer gegründet. Die **Initiative zur Gründung** dieses internationalen Gremiums zur Vereinheitlichung der Rechnungslegung ging von **Großbritannien** in enger Abstimmung mit den USA und Kanada aus. Sitz des Generalsekretariats des IASC ist **London**. Dem IASC gehören 120 Mitglieder aus 89 Ländern an. Die **Geschäftsführung im Board des IASC** wird durch die **Delegierten von 13 Ländern** (Australien, Kanada, Frankreich, Deutschland, Indien incl. Sri Lanka, Japan, Malaysia, Mexiko, Niederlande, Nordic Federation, Südafrika, Großbritannien, USA) und **3 internationalen Organisationen** (International Coordinating Committee of Financial Analysts, Federation of Swiss Industrial Holding Companies, International Association of Financial Executives Institute) ausgeführt.

International Organisation of Securities Commission (IOSCO)

Die IOSCO wurde als **weltweiter Zusammenschluß nationaler Börsenaufsichtsorgane 1974** gegründet und umfaßt weltweit 115 Mitglieder. Sie wird maßgeblich von der SEC beinflußt und folgt deren **kapitalmarktorientierten Rechnungslegungsphilosophie**. Als Mitglied der Consultative Group des IASC prägt die IOSCO die investororientierte Ausrichtung der **International Accounting Standards (IAS)**.

Securities and Exchange Commission (SEC)

Die SEC wurde **1934** vom amerikanischen Kongreß als **US-amerikanische Börsenaufsichtsbehörde** gegründet. Die **Zentrale in Washington** wird von vier hauptberuflich tätigen Kommissaren und einem Vorsitzenden geleitet, die vom amerikanischen Präsidenten für eine maximale Amtszeit von fünf Jahren ernannt werden. Sie ist zum Erlaß von US-GAAP mit Gesetzeskraft bevollmächtigt, überläßt deren Erarbeitung jedoch fast ausschließlich dem **FASB**, mit dem sie in engem Kontakt steht. Ihre Aufgabe ist die **Vertretung der Interessen der Kapitalanleger**.

Financial Accounting Standards Board (FASB)

Das **1973** gegründete FASB hat die Aufgabe US-GAAP als **Financial Accounting Standards** zu erarbeiten und zu veröffentlichen. Sitz des Generalsekretariats ist **Norwalk, Connecticut (USA)**. Es setzt sich aus sieben hauptberuflich tätigen Mitarbeitern zusammen. Seine Funktion wurde der privaten Organisation von der staatlichen SEC zugewiesen, dadurch erlangen die verabschiedeten US-GAAP Rechtsverbindlichkeit. Die SEC übt gegenüber dem FASB eine Überwachungsfunktion aus und prägt somit den materiellen Inhalt der Rechnungslegungsvorschriften.

3. **Bedeutsame internationale Rechnungslegungsgrundsätze**
   * US-Generally Accepted Accounting Principles (US-GAAP)
   * International Accounting Standards (IAS)
   * Zentrale Rechnungslegungsgrundsätze der US-GAAP und IAS: Accrual Principle (Prinzip der Periodenabgrenzung) und Kapitalmarktorientierung

US-Generally Accepted Accounting Principles (US-GAAP)

Die US-GAAP regeln als **quasi rechtliche Normen** den gesamten Bereich der US-amerikanischen Rechnungslegung. Sie werden entweder als **formelle (promulgated) US-GAAP** von der **Securities and Exchange Commission (SEC)** und dem **Financial Accounting Standards Board (FASB)** in enger Zusammenarbeit entwickelt oder als **informelle (non promulgated) US-GAAP** allgemein anerkannt. Das dominante Rechnungslegungsprinzip ist das **Accrual Principle (Prinzip der Periodenabgrenzung)**, das auf eine investororientierte Darstellung der Unternehmen abzielt.

International Accounting Standards (IAS)

Die IAS dienen als **weltweit anerkannte Rechnungslegungsstandards** zur globalen Harmonisierung von Vorschriften und Grundsätzen nach denen Unternehmen Jahresabschlüsse erstellen und publizieren. Sie werden vom **International Accounting Standards Committee (IASC)** verabschiedet und stellen **Empfehlungen** dar, die zur Erlangung rechtlicher Verbindlichkeit der Umsetzung durch die normgebenden Institutionen der einzelnen Staaten bedürfen. Wie die US-GAAP zielen die IAS vorrangig auf eine **periodengerechte Erfolgsermittlung** und dementsprechend investororientierte Darstellung der Unternehmen ab.

4. **Wesentliche Bilanzierungsvorschriften nach IAS**
   * Konkretisierung des Prinzips der Periodenabgrenzung durch einzelne Bilanzierungsvorschriften
   * Vermögensgegenstandseigenschaft konkretisiert durch das Vorliegen eines zukünftigen Nutzenpotentials („future benefits")
   * Aktivierungspflicht für selbsterstellte immaterielle Vermögensgegenstände des Anlagevermögens beim Vorliegen von future benefits
   * Aktivierungspflicht für Entwicklungskosten beim Vorliegen von future benefits
   * Anwendung der Percentage of Completion Methode (Erlösrealisation entsprechend dem sukzessiven Kostenanfall) bei langfristiger Auftragsfertigung
   * Aktivierungspflicht für den derivativen Geschäfts- oder Firmenwert
   * Aktivierungspflicht für Aufwendungen für die Ingangsetzung und Erweiterung des Geschäftsbetriebes

5. **Bilanzierungsrelevanz von IAS und US-GAAP für deutsche Unternehmen**
   * Möglichkeit zur Aufstellung eines befreienden Konzernabschlusses nach IAS bzw. US-GAAP nach § 292a

§ 292a HGB[1]

(1) Ein **börsennotiertes Unternehmen**, das **Mutterunternehmen eines Konzerns** ist, braucht einen Konzernabschluß und einen Konzernlagebericht nach den Vorschriften dieses Unterabschnittes nicht aufzustellen, wenn es einen den Anforderungen des Absatzes 2 entsprechenden Konzernabschluß und Konzernlagebericht aufstellt und ihn in deutscher Sprache und Euro nach den §§ 325, 328 offenlegt. Bei der Offenlegung der befreienden Unterlagen ist ausdrücklich darauf hinzuweisen, daß es sich um einen **nicht nach deutschem Recht** aufgestellten Konzernabschluß und Konzernlagebericht handelt.

(2) Der Konzernabschluß und der Konzernlagebericht haben **befreiende Wirkung**, wenn

1. das Mutterunternehmen und seine Tochterunternehmen in den **befreienden Konzernabschluß** unbeschadet der §§ 295, 296 **einbezogen** worden sind,

2. der Konzernabschluß und der Konzernlagebericht

a) nach **international anerkannten Rechnungslegungsgrundsätzen** aufgestellt worden sind,

b) im **Einklang mit der Richtlinie 83/349/EWG** und gegebenenfalls den für Kreditinstitute und Versicherungsunternehmen in § 291 Abs. 2 Satz 2 bezeichneten Richtlinien stehen,

3. die **Aussagekraft** der danach aufgestellten Unterlagen der Aussagekraft eines nach den Vorschriften dieses Unterabschnittes aufgestellten Konzernabschlusses und Konzernlageberichts **gleichwertig** ist,

4. der Anhang oder die Erläuterungen zum Konzernabschluß die **folgenden Angaben** enthält:

a) die Bezeichnung der angewandten Rechnungslegungsgrundsätze,

b) eine Erläuterung der vom deutschen Recht abweichenden Bilanzierungs-, Bewertungs- und Konsolidierungsmethoden, und

5. die **befreienden Unterlagen** von dem nach § 318 bestellten Abschlußprüfer **geprüft** worden sind und von dem Abschlußprüfer außerdem bestätigt worden ist, daß die Bedingungen für die Befreiung erfüllt sind.

(3) Das Bundesministerium der Justiz kann im Einvernehmen mit dem Bundesministerium der Finanzen und dem Bundesministerium für Wirtschaft durch Rechtsverordnung bestimmen, welche Voraussetzungen Konzernabschlüsse und Konzernlageberichte von Mutterunternehmen im einzelnen erfüllen müssen, um nach Abs. 2 Nr. 3 gleichwertig zu sein. Dies kann auch in der Weise geschehen, daß Rechnungslegungsgrundsätze bezeichnet werden, bei deren Anwendung die Gleichwertigkeit gegeben ist.

[1] im Original des Gesetzestextes keine Hervorhebungen

* Wesentliche Anwendungsvoraussetzungen für den befreienden Konzernabschluß:
  - das Mutterunternehmen des Konzerns ist börsennotiert
  - Offenlegung des befreienden Konzernabschlusses in Euro
  - Anwendung international anerkannter Rechnungslegungsgrundsätze (IAS, US-GAAP)
  - Erläuterung der vom deutschen Recht abweichenden Bilanzierungs-, Bewertungs- und Konsolidierungsmethoden
  - Bestätigung des Abschlußprüfers, daß die Bedingungen für dei Befreiung erfüllt sind

Beziehungszusammenhang zwischen US-amerikanischen GAAP, IAS, deutschem Handelsrecht und GoB

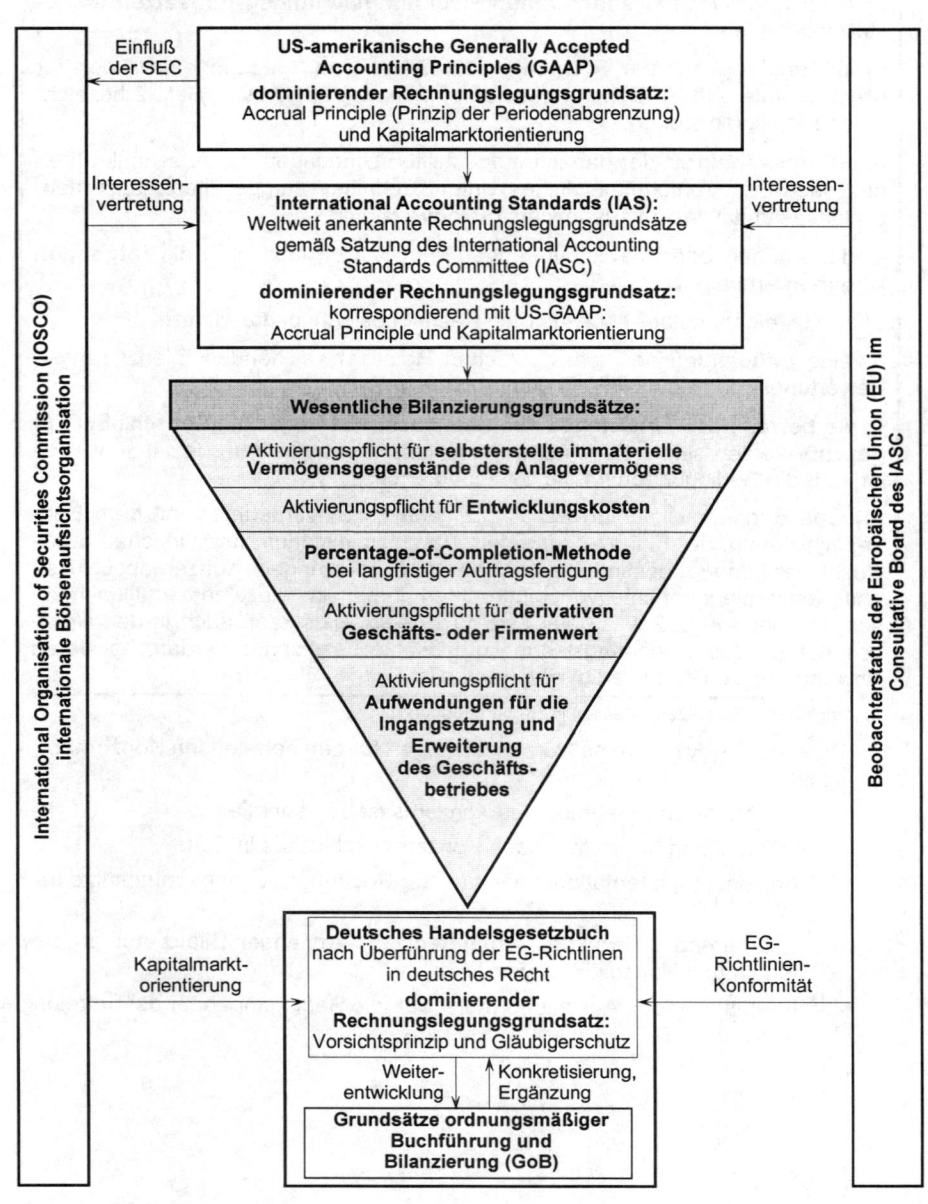

US-amerikanische Generally Accepted Accounting Principles (GAAP)
dominierender Rechnungslegungsgrundsatz:
Accrual Principle (Prinzip der Periodenabgrenzung) und Kapitalmarktorientierung

← Einfluß der SEC

International Accounting Standards (IAS):
Weltweit anerkannte Rechnungslegungsgrundsätze gemäß Satzung des International Accounting Standards Committee (IASC)
dominierender Rechnungslegungsgrundsatz:
korrespondierend mit US-GAAP:
Accrual Principle und Kapitalmarktorientierung

← Interessenvertretung / Interessenvertretung →

Wesentliche Bilanzierungsgrundsätze:

Aktivierungspflicht für **selbsterstellte immaterielle Vermögensgegenstände des Anlagevermögens**

Aktivierungspflicht für **Entwicklungskosten**

Percentage-of-Completion-Methode bei langfristiger Auftragsfertigung

Aktivierungspflicht für **derivativen Geschäfts- oder Firmenwert**

Aktivierungspflicht für **Aufwendungen für die Ingangsetzung und Erweiterung des Geschäftsbetriebes**

Deutsches Handelsgesetzbuch
nach Überführung der EG-Richtlinien in deutsches Recht
dominierender Rechnungslegungsgrundsatz:
Vorsichtsprinzip und Gläubigerschutz

← Kapitalmarktorientierung / EG-Richtlinien-Konformität →

Weiterentwicklung ↓ ↑ Konkretisierung, Ergänzung

Grundsätze ordnungsmäßiger Buchführung und Bilanzierung (GoB)

International Organisation of Securities Commission (IOSCO) – internationale Börsenaufsichtsorganisation

Beobachterstatus der Europäischen Union (EU) im Consultative Board des IASC

Divergenzen zwischen der Bilanzierung nach HGB und US-GAAP

HGB	US-GAAP
Dominanz des Vorsichtsprinzips	Dominanz der periodengerechten Erfolgsermittlung
Ansatzwahlrecht für den derivativen Geschäfts- oder Firmenwert	Ansatzpflicht für den derivativen Geschäfts- oder Firmenwert
Aktivierung von Vermögensgegenständen	Aktivierung aller Nutzenpotentiale (Aktiva, Assets)
Ansatzverbot für selbsterstellte immaterielle Vermögensgegenstände des Anlagevermögens	Ansatzwahlrecht für selbsterstellte immaterielle Vermögensgegenstände des Anlagevermögens
Bestandsbewertung zu Voll- oder Teilkosten	Bestandsbewertung ausschließlich zu vollen Herstellungskosten
Zeitpunkt des Gefahrenübergangs der Erzeugnisse als Realisationszeitpunkt	Zeitpunkt der Fertigstellung der Erzeugnisse als Realisationszeitpunkt
Erlösrealisation bei langfristiger Fertigung mit Abnahme des komplexen Gesamtwerks	Erlösrealisation bei langfristiger Fertigung nach der Percentage-of-Completion-Methode

Divergenzen zwischen der Bilanzierung nach US-GAAP und IAS

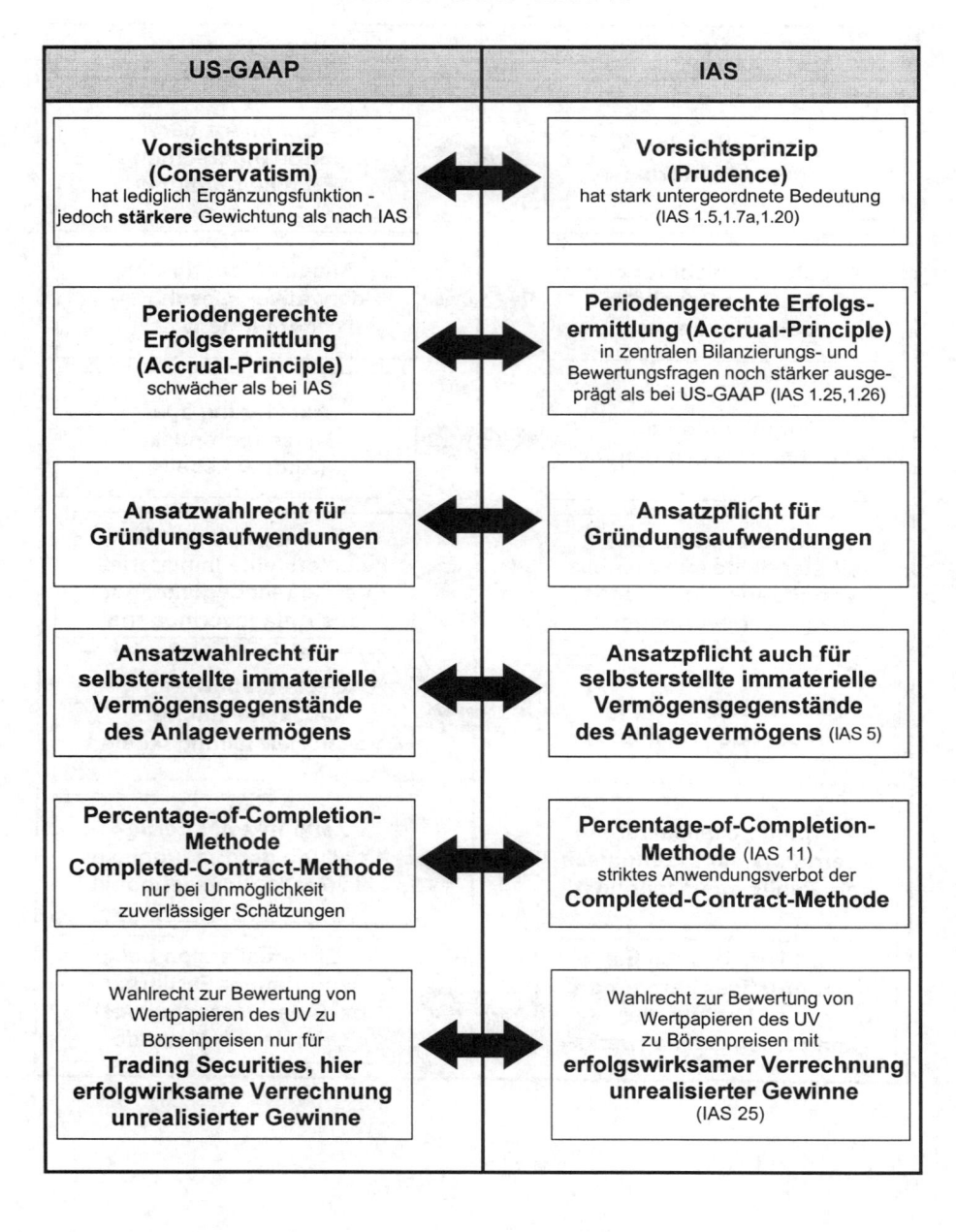

US-GAAP	IAS
Vorsichtsprinzip (Conservatism) hat lediglich Ergänzungsfunktion - jedoch **stärkere** Gewichtung als nach IAS	**Vorsichtsprinzip (Prudence)** hat stark untergeordnete Bedeutung (IAS 1.5, 1.7a, 1.20)
Periodengerechte Erfolgsermittlung (Accrual-Principle) schwächer als bei IAS	**Periodengerechte Erfolgsermittlung (Accrual-Principle)** in zentralen Bilanzierungs- und Bewertungsfragen noch stärker ausgeprägt als bei US-GAAP (IAS 1.25, 1.26)
Ansatzwahlrecht für Gründungsaufwendungen	**Ansatzpflicht für Gründungsaufwendungen**
Ansatzwahlrecht für selbsterstellte immaterielle Vermögensgegenstände des Anlagevermögens	**Ansatzpflicht auch für selbsterstellte immaterielle Vermögensgegenstände des Anlagevermögens** (IAS 5)
Percentage-of-Completion-Methode **Completed-Contract-Methode** nur bei Unmöglichkeit zuverlässiger Schätzungen	**Percentage-of-Completion-Methode** (IAS 11) striktes Anwendungsverbot der **Completed-Contract-Methode**
Wahlrecht zur Bewertung von Wertpapieren des UV zu Börsenpreisen nur für **Trading Securities, hier erfolgwirksame Verrechnung unrealisierter Gewinne**	Wahlrecht zur Bewertung von Wertpapieren des UV zu Börsenpreisen mit **erfolgswirksamer Verrechnung unrealisierter Gewinne** (IAS 25)

Rechnungslegungsprinzipien, Ansatz- und Bewertungswahlrechte nach HGB, US-GAAP und IAS

		HGB	US-GAAP	IAS
Rechnungslegungsprinzipien	Vorsichts-prinzip	• **dominantes Rechnungs-legungsprinzip** • Umsetzung des **Gläubigerschutzprinzips**	• **Vorsichtsprinzip (Conservatism)** hat lediglich Ergänzungs-funktion - jedoch stärkere Gewichtung als nach IAS	• untergeordnete Bedeutung des **Vorsichtsprinzips (Prudence)**
	Perioden-ab-grenzung	• Aufwendungen und Erträge sind **unabhängig von den Zeitpunkten der entsprechenden Zahlungen** im Jahresabschluß zu berücksichtigen (§252 Abs. 1 Nr. 5 HGB)	• dominantes Rechnungslegungsprinzip: **Periodengerechte Erfolgsermittlung (Accrual Principle)**	
	Reali-sations-prinzip	• **Gewinne sind erst zu berücksichtigen, wenn sie realisiert sind** (§ 252 I, Nr. 4 HGB) • **Gefahrenübergang als Realisationszeitpunkt** (herrschende Meinung) • Ausprägung des dominanten Vorsichtsprinzips	• Ableitung des **Revenue Recognition Principle (Realisationsprinzip)** aus dem Prinzip der **Periodengerechten Erfolgsermittlung (Accrual Principle)** • **Realisierbarkeit** am Bilanzstichtag als Voraussetzung für die Erfolgswirksamkeit • Zeitpunkt der **Fertigstellung der Erzeugnisse als Realisationszeitpunkt** • Anwendung der **Percentage-of-Completion-Methode** bei langfristiger Fertigung (siehe unten) • keine Einschränkung durch das Vorsichtsprinzip	
	Realisati-onsprinzip bei lang-fristiger Fertigung	• **Completed-Contract-Methode** • Bewertung **Unfertiger Erzeugnisse** zu **Herstellungskosten** • **Erlösrealisation** erst mit Abnahme des komplexen Gesamtwerkes	• **Percentage-of-Completion-Methode**: Erlösrealisation proportional zum geschätzten Fertigstellungsgrad • Anwendung der **Completed-Contract-Methode** nur bei Unmöglichkeit zuverlässiger Schätzungen	• Anwendungsverbot der **Completed-Contract-Methode**
	Imparitäts-prinzip	• vorhersehbare **Risiken und drohende Verluste** sind zu berücksichtigen (§ 252 I, Nr. 4 HGB) • Vom Vorsichtsprinzip geprägtes **Verlust-antizipationsgebot**	• keine explizite Regelung • ist im **Vorsichtsprinzip (Prudence bzw. Conservatism)** enthalten und daher von **untergeordneter Bedeutung**	

Fortsetzung

		HGB	US-GAAP	IAS
Bilanzansatz	**Vermögens-gegenstand**	• **selbständige Bewertbarkeit, Verkehrsfähigkeit** und **Vorhandensein eines wirtschaftlichen Wertes** als Vermögensgegenstandseigenschaften	• das **Asset (Aktivposten)** definiert sich durch das Vorliegen eines **Nutzenpotentials** (existence of future benefits) • der Begriff Asset umfaßt auch **Immaterielle Vermögensgegenstände** und **Bilanzierungshilfen** • **dynamische Konzeption**	
	Gründungs-aufwen-dungen	• **Ansatzverbot** für Gründungsaufwendungen (§ 248 I HGB)	• **Ansatzwahlrecht**	• **Ansatzpflicht**
	Ingang-setzungs-aufwen-dungen	• **Ansatzwahlrecht** für die Bilanzierungshilfe Ingangsetzungs- und Erweiterungsaufwendungen (§ 269 HGB)	• **Ansatzwahlrecht** (Organization Cost)	• **Ansatzverbot** und erfolgswirksame Erfassung in der Periode des Anfalls
	Immate-rielle VG	• **Ansatzpflicht** für **entgeltlich erworbene** immaterielle Vermögensgegenstände des Anlagevermögens • **Ansatzverbot** für **selbsterstellte** immaterielle Vermögensgegenstände des Anlagevermögens (248 II HGB)	• **Ansatzwahlrecht** für **selbsterstellte** immaterielle Vermögensgegenstände des Anlagevermögens s	• **Ansatzpflicht** auch für **selbsterstellte** immaterielle Vermögensgegenstände des Anlagevermögen
	F&E-Kosten	• **Ansatzverbot** (§ 248 II HGB)	• **Ansatzverbot**	• **Ansatzpflicht** für klar abgrenzbare Entwicklungskosten • **Planmäßige Abschreibung** über die wirtschaftliche Nutzungsdauer
	Derivativer Geschäfts- oder Firmenwert.	• **Ansatzwahlrecht** (§ 255 IV HGB)	• **Ansatzpflicht** für derivativen Geschäfts- oder Firmenwert	
	Rück-stellungen	• großes Potential zur Rückstellungsbildung • **Passivierungswahlrecht** für Aufwendungen für unterlassene Instandhaltung, die im 4.-12. Monat des Folgejahres nachgeholt werden • **Passivierungswahlrecht** für Aufwandsrückstellungen	• geringes Potential zur Bildung • **keine Passivierungswahlrechte** • **Passivierungsverbot** für Aufwandsrückstellungen	

Fortsetzung

		HGB	US-GAAP	IAS
Bewertung	Herstellungskosten	• **Bewertungswahlrecht** zum Ansatz von Voll-, oder Teilkosten	• **Bewertungspflicht** zu vollen Herstellungskosten	
	Wertpapiere des Umlaufvermögens	• Anschaffungskosten als **Bewertungsobergrenze**	• Wahlrecht zur Bewertung zu Börsenpreisen nur für **Trading Securities** (Wertpapiere, die zum baldigen Verkauf gehalten werden) • **erfolgswirksame Verrechnung unrealisierter Gewinne**	• Wahlrecht zur Bewertung zu Börsenpreisen mit **erfolgswirksamer Verrechnung unrealisierter Gewinne**
	Rückstellungen	• Ansatz mit dem nach **kaufmännischer Beurteilung notwendigen Wert** • im Fall mehrerer wahrscheinlicher Werte unter angemessener **Berücksichtigung des Vorsichtsprinzips (i.d.R. höherer Wert)**	• Bemessung der Rückstellungshöhe mit dem **wahrscheinlichsten Schätzbetrag** • im Fall mehrerer gleichwahrscheinlicher Werte mit dem **niedrigsten Wert**	

Herstellungskosten nach HGB, US-GAAP und IAS

Herstellungskosten (Original Cost)	HGB	US-GAAP	IAS
Gesetzesgrundlage	§ 255 II, III	ARB No. 43	IAS 2
Materialeinzelkosten (Direct Material)	P	P	P
Fertigungseinzelkosten (Direct Labor)	P	P	P
Sondereinzelkosten der Fertigung (Special Direct Manufacturing Costs)	P	P	P
Materialgemeinkosten (im Factory Overhead)	W	P	P
Fertigungsgemeinkosten (im Factory Overhead)	W	P	P
Aufwendungen für freiwillige soziale Leistungen (Fringe Benefits)	W	P	P
Zurechenbare Fremdkapitalzinsen (Accrued Interest)	W	W	W
Zurechenbare Verwaltungskosten (Administration Costs)	W	W	W
Anteilige zurechenbare F & E Kosten (Research & Development)	V	W	W
Vertriebskosten (Distribution Costs)	V	V	V

Legende: = Pflichtbestandteil · = Wahlbestandteil · = Einbeziehungsverbot

(P = Pflichtbestandteil, W = Wahlbestandteil, V = Einbeziehungsverbot)

IV. Grundzüge der Bilanzpolitik und –analyse

1. **Wesen und Bedeutung der Bilanzpolitik**
   * Zielgerichtete Einflußnahme auf die Geschäftsvorfälle und die Darstellung der Unternehmenslage in Jahresabschluß und Lagebericht innerhalb der gesetzlichen Rahmenbedingungen
   * Ausrichtung der Bilanzpolitik auf die divergierenden Interessenlagen von Anteilseignern, Gläubigern und interessierter Öffentlichkeit als wesentliche Bilanzadressaten
   * Abstimmung der Bilanzpolitik mit den Oberzielen der Unternehmung

2. **Aufgaben der Bilanzpolitik**
   * Materielle Bilanzpolitik durch die Gestaltung der Vermögensstruktur, Kapitalstruktur, der finanziellen Lage und der Liquidität sowie der Ertragslage
   * Formelle Bilanzpolitik durch die Festlegung der Gliederung und Ausführlichkeit von Bilanz, GuV, Anhang und Lagebericht
   * Festlegung des Zeitpunktes der Bilanzveröffentlichung

3. **Maßnahmen der materiellen Bilanzpolitik**
   * Festlegung des Bilanzstichtages
     - Abgrenzung des Geschäftsjahres als grundlegende bilanzpolitische Maßnahme
     - Beeinflussung der Vermögens- und Kapitalstruktur durch die Festlegung des Bilanzstichtages insbesondere bei Saisonbetrieben
   * Sachverhaltsgestaltung
     - originäre Gestaltung und Terminierung von Maßnahmen
     - langfristige Unternehmensstrukturpolitik
     - Investitionspolitik
     - im Rahmen der laufenden Geschäftstätigkeit (z.B. Produktion auf Lager)
     - Finanzierungspolitik
   * Nutzung von Ermessensspielräumen
     - Verfahrensspielräume bei Zulässigkeit verschiedener Verfahren zur Wertermittlung (z.B. Ermittlung der Herstellungskosten von Kuppelprodukten)
     - Individualspielräume bei dem Grunde oder der Höhe nach festzulegenden Wertansätzen (z.B. Schätzung der Nutzungsdauer von Anlagegütern)
   * Nutzung von Ansatzwahlrechten (→ vgl. 4. Kapitel S. 82-84)
   * Nutzung von Bewertungswahlrechten (→ vgl. 4. Kapitel S. 95-99; 5. Kapitel S. 118-128)
   * Maßnahmen der Gewinnverwendung (→ vgl. 8. Kapitel S. 178-190)

4. **Maßnahmen der formellen Bilanzpolitik**
    * Darstellungswahlrechte, wie z.B.:
        - Wahl zwischen Gesamtkostenverfahren und Umsatzkostenverfahren bei der Erstellung der Gewinn- und Verlustrechnung (→ vgl. 7. Kapitel S. 161-165)
        - Beeinflussung der Struktur und Ausführlichkeit der Angaben in Anhang und Lagebericht (→ vgl. 7. Kapitel S. 166-173)
    * Interdependenzen von materiellen Bilanzinhalten und formeller Bilanzpolitik, z.B. Beeinflussung der Größenklassen nach § 267 HGB zur Erreichung von Erleichterungen für die Rechnungslegung (→ vgl. 7. Kapitel S. 146-150)

5. **Festlegung des Zeitpunktes der Bilanzveröffentlichung**
    * Wahl des Bilanzveröffentlichungstermins entsprechend der bilanzpolitischen Ziele
    * Beeinflussung externer Bilanzadressaten z.B. im Hinblick auf eine geplante Börseneinführung oder Kapitalerhöhung

6. **Wesen und Bedeutung der Bilanzanalyse**
    * Aufbereitung und Analyse von Jahresabschluß und Lagebericht
    * Anteilseigner, Gläubiger, Lieferanten, Kunden, Arbeitnehmer, Gewerkschaften, Wettbewerber sowie interessierte Öffentlichkeit als Bilanzanalytiker
    * Aufdeckung der vom bilanzierenden Unternehmen angewendeten bilanzpolitisch motivierten Maßnahmen

7. **Teilbereiche der Bilanzanalyse**
    * Analyse der Vermögenssituation zur Gewinnung von Informationen über die Entwicklung der Vermögensstruktur, des Vermögensumschlags und des Unternehmenswachstums (Investitions- und Abschreibungspolitik)
    * Analyse der Kapitalstruktur zur Abschätzung von Kapitalbeschaffungsmöglichkeiten und Finanzierungsrisiken
    * Analyse der finanziellen Lage und der Liquidität zur Gewinnung von Informationen über die derzeitige und künftige Zahlungsfähigkeit des Unternehmens
    * Analyse der Ertragslage zur Gewinnung von Informationen über das Ertragspotential des Unternehmens

8. **Instrumente der Bilanzanalyse**
    * Kennzahlen und Kennzahlensysteme als Auswertungs- und Darstellungsinstrumente
    * Beurteilung der Daten auf Basis von Zeitvergleichen, Betriebsvergleichen, Branchenvergleichen und Soll-Ist-Vergleichen

Ziele der Bilanzpolitik

Ziele der Bilanzpolitik

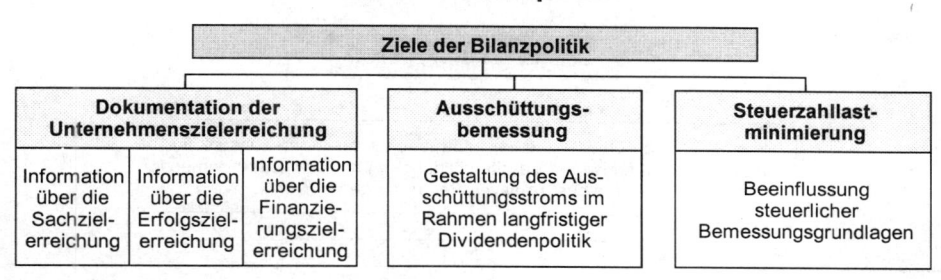

- **Dokumentation der Unternehmenszielerreichung**
  - Information über die Sachzielerreichung
  - Information über die Erfolgszielerreichung
  - Information über die Finanzierungszielerreichung
- **Ausschüttungsbemessung**
  - Gestaltung des Ausschüttungsstroms im Rahmen langfristiger Dividendenpolitik
- **Steuerzahllastminimierung**
  - Beeinflussung steuerlicher Bemessungsgrundlagen

Zuordnung der Maßnahmen zu den Aufgabenfeldern der Bilanzpolitik

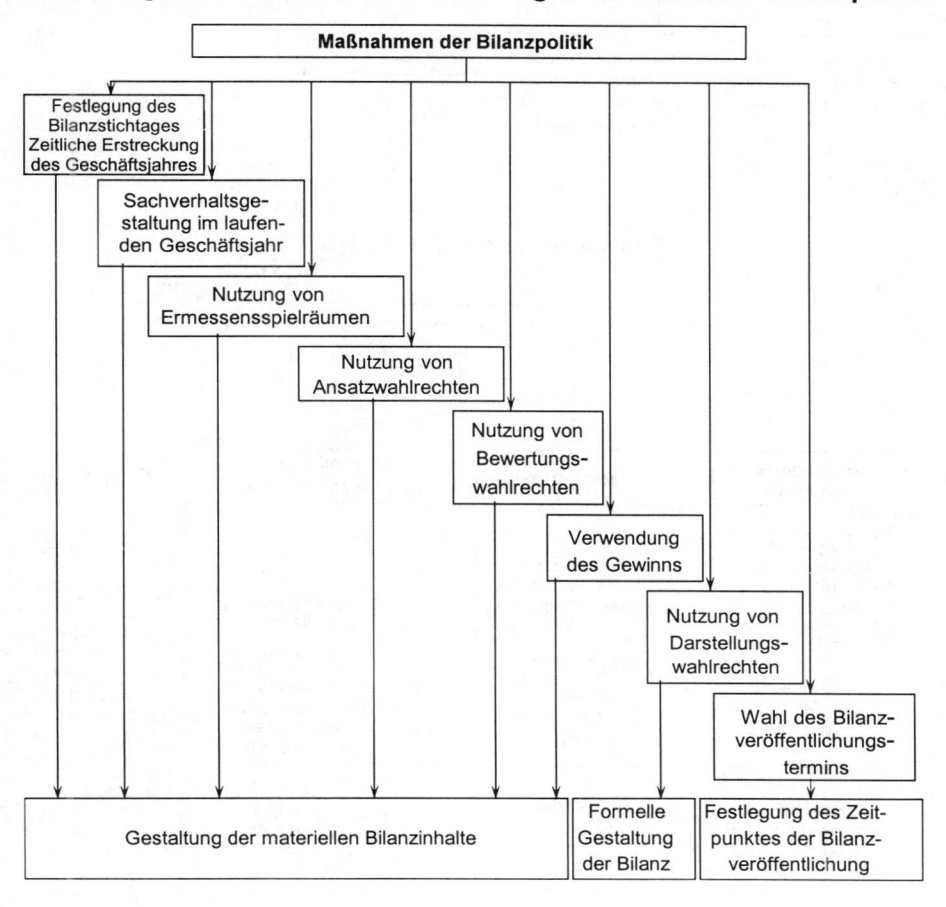

Maßnahmen der Bilanzpolitik

- Festlegung des Bilanzstichtages / Zeitliche Erstreckung des Geschäftsjahres
- Sachverhaltsgestaltung im laufenden Geschäftsjahr
- Nutzung von Ermessensspielräumen
- Nutzung von Ansatzwahlrechten
- Nutzung von Bewertungswahlrechten
- Verwendung des Gewinns
- Nutzung von Darstellungswahlrechten
- Wahl des Bilanzveröffentlichungstermins

Zugeordnet zu:
- **Gestaltung der materiellen Bilanzinhalte**
- **Formelle Gestaltung der Bilanz**
- **Festlegung des Zeitpunktes der Bilanzveröffentlichung**

Vorgehensweise der Bilanzanalyse

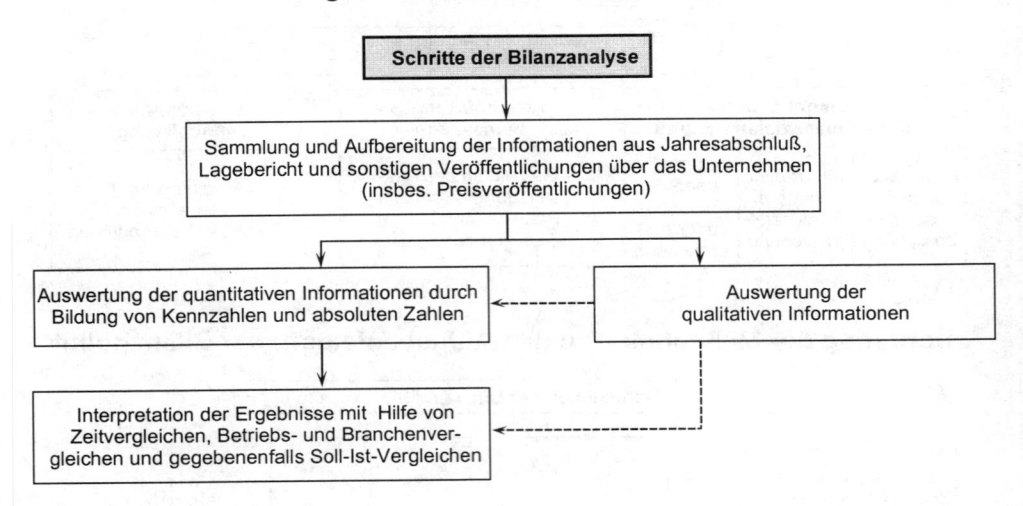

Schritte der Bilanzanalyse

↓

Sammlung und Aufbereitung der Informationen aus Jahresabschluß, Lagebericht und sonstigen Veröffentlichungen über das Unternehmen (insbes. Preisveröffentlichungen)

↓

- Auswertung der quantitativen Informationen durch Bildung von Kennzahlen und absoluten Zahlen ←----- Auswertung der qualitativen Informationen

↓

Interpretation der Ergebnisse mit Hilfe von Zeitvergleichen, Betriebs- und Branchenvergleichen und gegebenenfalls Soll-Ist-Vergleichen ←-----

Teilbereiche der Bilanzanalyse

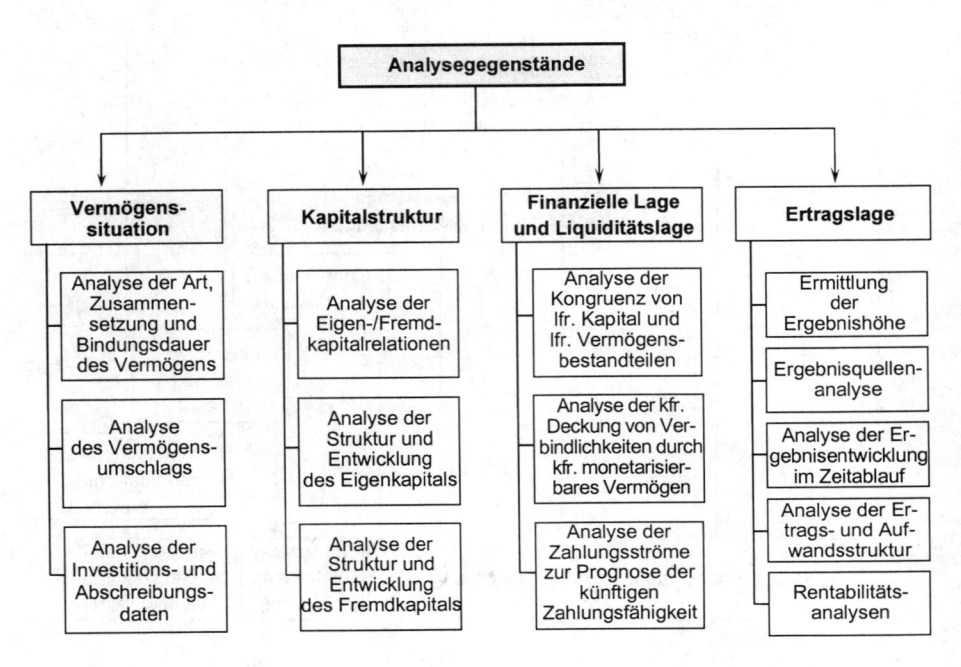

Analysegegenstände

Vermögenssituation	Kapitalstruktur	Finanzielle Lage und Liquiditätslage	Ertragslage
Analyse der Art, Zusammensetzung und Bindungsdauer des Vermögens	Analyse der Eigen-/Fremdkapitalrelationen	Analyse der Kongruenz von lfr. Kapital und lfr. Vermögensbestandteilen	Ermittlung der Ergebnishöhe
Analyse des Vermögensumschlags	Analyse der Struktur und Entwicklung des Eigenkapitals	Analyse der kfr. Deckung von Verbindlichkeiten durch kfr. monetarisierbares Vermögen	Ergebnisquellenanalyse
Analyse der Investitions- und Abschreibungsdaten	Analyse der Struktur und Entwicklung des Fremdkapitals	Analyse der Zahlungsströme zur Prognose der künftigen Zahlungsfähigkeit	Analyse der Ergebnisentwicklung im Zeitablauf
			Analyse der Ertrags- und Aufwandsstruktur
			Rentabilitätsanalysen

4. Kapitel:
Handelsrechtliche Vorschriften für alle Kaufleute

I. Gesetzliche Regelungen zur Buchführungspflicht und zum Inventar

1. **Buchführungspflicht und Form der Aufzeichnungen nach §§ 238, 239 HGB**
   (→ vgl. 3. Kapitel S. 50-52)
   * Buchführungspflicht für jeden Kaufmann zur Vermittlung eines Überblicks über die Geschäftsvorfälle und Lage des Unternehmens
   * Gewinnung des Überblicks über Geschäftsvorfälle und Unternehmenslage durch einen sachverständigen Dritten innerhalb angemessener Zeit als Forderung an die Gestaltung des Buchführungssystems
   * Vollständige, richtige, zeitgerechte und geordnete Aufzeichnungen
     - lückenlose Erfassung aller Geschäftsvorfälle und aller Güterbewegungen
     - zeitnahe und chronologische Verbuchung der Geschäftsvorfälle im Grundbuch
     - Verbuchung der Geschäftsvorfälle in einer den geforderten Überblick vermittelnden Ordnung im Hauptbuch und in den Nebenbüchern
     - Erfassung nach dem Belegprinzip
   * Benutzung einer lebenden Sprache

2. **Inventar nach § 240 Abs. 1 u. 2 HGB**
   * Ergebnis einer grundsätzlich körperlichen Bestandsaufnahme jedes Vermögensgegenstandes sowie der Schulden durch Messen, Zählen und Wiegen
   * Als weitere Form buch- oder belegmäßige Inventur möglich

§ 240 Abs. 1 u. 2 HGB[1]
(1) Jeder Kaufmann hat zu **Beginn seines Handelsgewerbes** seine Grundstücke, seine Forderungen und Schulden, den Betrag seines baren Geldes sowie seine sonstigen Vermögensgegenstände genau zu verzeichnen und dabei den Wert der einzelnen Vermögensgegenstände und Schulden anzugeben.
(2) Er hat demnächst für den **Schluß eines jeden Geschäftsjahres** ein solches **Inventar** aufzustellen. Die Dauer des Geschäftsjahrs darf zwölf Monate nicht überschreiten. Die Aufstellung des Inventars ist innerhalb der einem ordnungsgemäßen Geschäftsgang entsprechenden Zeit zu bewirken.

[1] im Original des Gesetzestextes keine Hervorhebungen

   * Wesensmerkmale des Inventars
     - Verzeichnis sämtlicher Vermögensgegenstände und Schulden
     - Angaben zu Mengen und Werten
     - Aufstellung zu Beginn des Handelsgewerbes und am Ende eines jeden Geschäftsjahres sowie zu besonderen Anlässen

- * Angaben des Inventars als Basis für die Erstellung der Bilanz
  - Zusammenfassung der Inventarpositionen zu größeren Gruppen und Vernachlässigung der Mengenangaben zur Erstellung der Bilanz
  - Korrektur der Wertangaben um aus der Veränderung der Gebrauchsfähigkeit resultierende Wertminderungen und um Abschläge auf Grundlage handelsrechtlicher Bewertungsvorschriften
  - Daneben Aufdeckung und Korrektur von Fehlern in der Buchführung (Dominanz des Inventars), im Lager und der Lagerorganisation
- * Aufstellungsfrist für das Inventar
  - Notwendigkeit der Inventarerstellung noch vor Aufstellung der Bilanz
  - fester Aufstellungszeitraum nur im Fall von Kapitalgesellschaften (6 Monate bzw. 3 Monate)

3. **Inventurerleichterungen nach §§ 240 Abs. 3 u. 4, 241 HGB**
   - * Abweichungen vom Grundsatz der Einzelaufnahme und vom Grundsatz der Stichtagsinventur

§ 240 Abs. 3 u. 4 HGB[1]
(3) Vermögensgegenstände des **Sachanlagevermögens** sowie **Roh-, Hilfs- und Betriebsstoffe** können, wenn sie **regelmäßig ersetzt** werden und ihr Gesamtwert für das Unternehmen von **nachrangiger Bedeutung** ist, mit einer **gleichbleibenden Menge** und einem **gleichbleibenden Wert** angesetzt werden, sofern ihr Bestand in seiner Größe, seinem Wert und seiner Zusammensetzung nur geringen Veränderungen unterliegt. Jedoch ist in der Regel **alle drei Jahre** eine **körperliche Bestandsaufnahme** durchzuführen.
(4) **Gleichartige Vermögensgegenstände** des **Vorratsvermögens** sowie andere gleichartige oder annähernd gleichwertige **bewegliche Vermögensgegenstände** können jeweils zu einer **Gruppe** zusammengefaßt und mit dem **gewogenen Durchschnittswert** angesetzt werden.

§ 241 Abs. 1 - 3 HGB[1]
(1) Bei der Aufstellung des Inventars darf der Bestand der Vermögensgegenstände nach Art, Menge und Wert auch mit Hilfe anerkannter **mathematisch-statistischer Methoden** aufgrund von Stichproben ermittelt werden. Das Verfahren muß den Grundsätzen ordnungsmäßiger Buchführung entsprechen. (...)
(2) Bei der Aufstellung des Inventars für den Schluß eines Geschäftsjahrs bedarf es einer körperlichen Bestandsaufnahme der Vermögensgegenstände **für diesen Zeitpunkt nicht**, soweit durch Anwendung eines den Grundsätzen ordnungsmäßiger Buchführung entsprechenden **anderen Verfahrens** gesichert ist, daß der Bestand der Vermögensgegenstände nach Art, Menge und Wert auch **ohne körperliche Bestandsaufnahme** für diesen Zeitpunkt festgestellt werden kann.

> (3) In dem Inventar für den Schluß eines Geschäftsjahrs brauchen Vermögensgegenstände nicht verzeichnet zu werden, wenn
> 1. der Kaufmann ihren Bestand aufgrund einer körperlichen Bestandsaufnahme oder aufgrund eines nach Absatz 2 zulässigen anderen Verfahrens nach Art, Menge und Wert in einem besonderen Inventar verzeichnet hat, das für einen Tag innerhalb der letzten **drei Monate vor** oder der ersten **beiden Monate nach dem Schluß des Geschäftsjahrs** aufgestellt ist, und
> 2. aufgrund des besonderen Inventars durch Anwendung eines den Grundsätzen ordnungsmäßiger Buchführung entsprechenden Fortschreibungs- oder Rückrechnungsverfahrens gesichert ist, daß der am Schluß des Geschäftsjahrs vorhandene Bestand der Vermögensgegenstände für diesen Zeitpunkt ordnungsgemäß bewertet werden kann.

[1] im Original des Gesetzestextes keine Hervorhebungen

* Stichprobeninventur mit Hilfe mathematisch-statistischer Methoden
* Gruppenbewertung
  - gleichartiger Vermögensgegenstände des Vorratsvermögens sowie
  - anderer gleichartiger oder annähernd gleichwertiger beweglicher Vermögensgegenstände
* Festwertverfahren
  - für Vermögensgegenstände des Sachanlagevermögens
  - sowie für Roh-, Hilfs- und Betriebsstoffe

  wenn folgende Voraussetzungen erfüllt sind:
  - Gesamtwert von nachrangiger Bedeutung
  - regelmäßiger Ersatz der Vermögensgegenstände
  - nur geringe Veränderungen des Bestandes
  - körperliche Bestandsaufnahme alle drei Jahre
* Vor- und nachgelagerte Stichtagsinventur (3 Monate vor und 2 Monate nach dem Bilanzstichtag) bei Vorliegen eines ordnungsgemäßen Fortschreibungs- oder Rückrechnungsverfahrens
* Permanente Inventur zulässig, sofern alle Zu- und Abgänge nach Tag, Art und Menge laufend erfaßt werden und Mengenbewegungen durch Belege nachweisbar sind

Überblick über die Inventurerleichterungen nach Handelsrecht

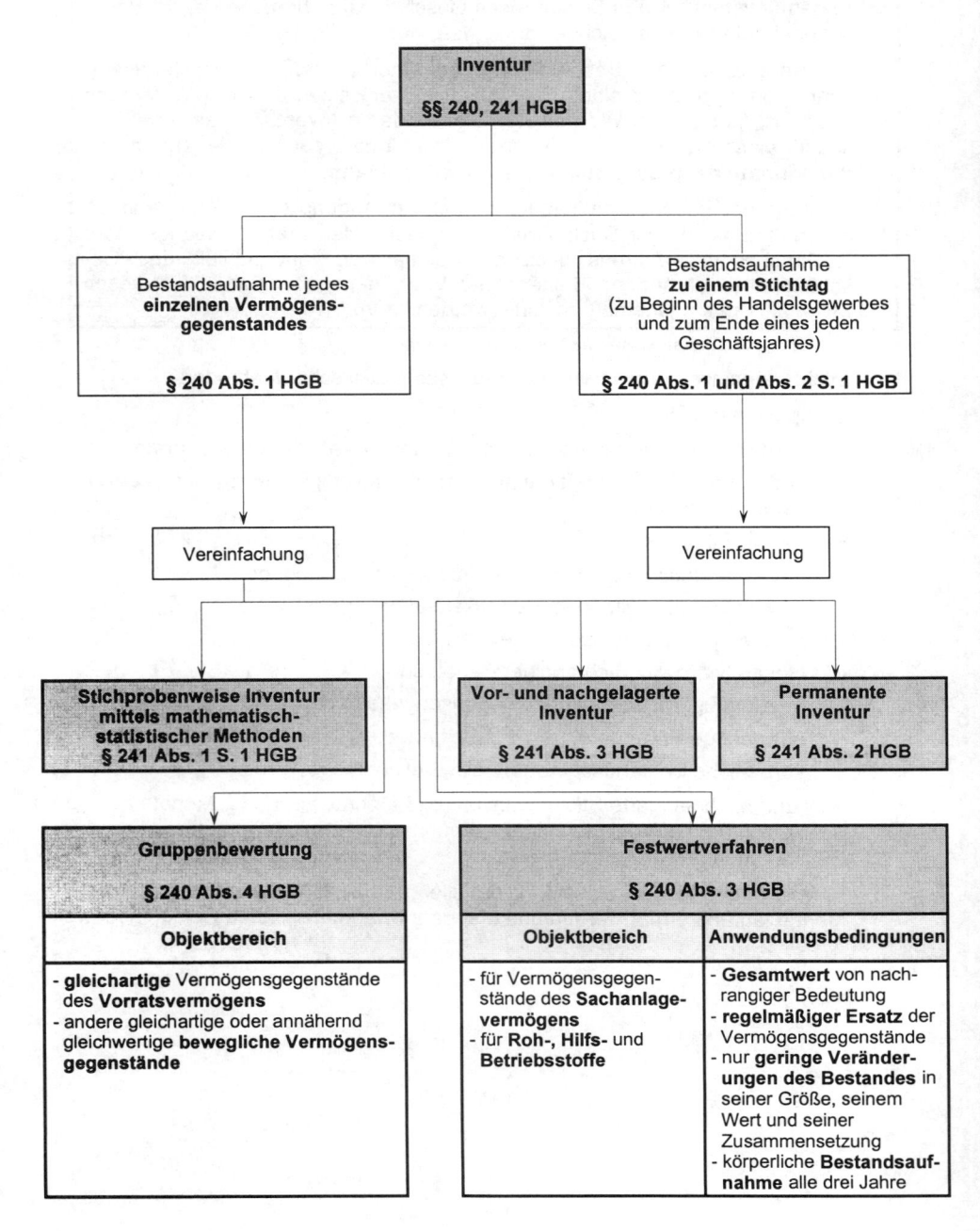

Inventur
§§ 240, 241 HGB

- Bestandsaufnahme jedes **einzelnen Vermögensgegenstandes**
  § 240 Abs. 1 HGB

- Bestandsaufnahme **zu einem Stichtag** (zu Beginn des Handelsgewerbes und zum Ende eines jeden Geschäftsjahres)
  § 240 Abs. 1 und Abs. 2 S. 1 HGB

Vereinfachung

- **Stichprobenweise Inventur mittels mathematisch-statistischer Methoden**
  § 241 Abs. 1 S. 1 HGB

Vereinfachung

- **Vor- und nachgelagerte Inventur**
  § 241 Abs. 3 HGB

- **Permanente Inventur**
  § 241 Abs. 2 HGB

Gruppenbewertung
§ 240 Abs. 4 HGB

Objektbereich
- **gleichartige** Vermögensgegenstände des **Vorratsvermögens**
- andere gleichartige oder annähernd gleichwertige **bewegliche Vermögensgegenstände**

Festwertverfahren
§ 240 Abs. 3 HGB

Objektbereich	Anwendungsbedingungen
- für Vermögensgegenstände des **Sachanlagevermögens** - für **Roh-, Hilfs-** und **Betriebsstoffe**	- **Gesamtwert** von nachrangiger Bedeutung - **regelmäßiger Ersatz** der Vermögensgegenstände - nur **geringe Veränderungen des Bestandes** in seiner Größe, seinem Wert und seiner Zusammensetzung - körperliche **Bestandsaufnahme** alle drei Jahre

II. Aufstellung und Gliederung des Jahresabschlusses für alle Kaufleute

Literaturhinweis zur Vertiefung
Coenenberg, Adolf G.: Jahresabschluß und Jahresabschlußanalyse, 16. Auflage, Landsberg am Lech 1997, S. 63-70.

1. **Pflicht zur Aufstellung des Jahresabschlusses nach § 242 Abs. 1 S. 1, Abs. 2 u. 3 HGB**
   * Pflicht zur jährlichen Aufstellung von Bilanz und Gewinn- und Verlustrechnung

§ 242 Abs. 1 S. 1 HGB[1]
(1) Der Kaufmann hat zu **Beginn seines Handelsgewerbes** und für den **Schluß eines jeden Geschäftsjahrs** einen das Verhältnis seines Vermögens und seiner Schulden darstellenden **Abschluß (Eröffnungsbilanz, Bilanz)** aufzustellen.

§ 242 Abs. 2 u. 3 HGB[1]
(2) Er hat für den Schluß eines jeden Geschäftsjahrs eine Gegenüberstellung der Aufwendungen und Erträge des Geschäftsjahrs (Gewinn- und Verlustrechnung) aufzustellen.
(3) Die **Bilanz** und die **Gewinn- und Verlustrechnung** bilden den **Jahresabschluß**.

[1] im Original des Gesetzestextes keine Hervorhebungen

   * Aufstellung einer Eröffnungsbilanz zu Beginn des Handelsgewerbes
   * Aufstellung von Bilanz und GuV für den Schluß eines jeden Geschäftsjahres
   * Bilanz und GuV als Bestandteile des Jahresabschlusses

2. **Aufstellungsgrundsätze für den Jahresabschluß nach §§ 243-245 HGB**
   * Gesetzliche Grundprinzipien für alle Kaufleute

§ 243 Abs. 1 u. 2 HGB[1]
(1) Der Jahresabschluß ist nach den **Grundsätzen ordnungsmäßiger Buchführung** aufzustellen.
(2) Er muß **klar** und **übersichtlich** sein.

[1] im Original des Gesetzestextes keine Hervorhebungen

§ 243 Abs. 3 HGB[1]
(3) Der Jahresabschluß ist innerhalb der einem **ordnungsmäßigen Geschäftsgang** entsprechenden Zeit aufzustellen.

§ 244 HGB[1]
Der Jahresabschluß ist in **deutscher Sprache** und in **Euro** aufzustellen.

§ 245 HGB[1]
Der Jahresabschluß ist **vom Kaufmann unter Angabe des Datums zu unterzeichnen**. Sind mehrere persönlich haftende Gesellschafter vorhanden, so haben sie alle zu unterzeichnen.

[1] im Original des Gesetzestextes keine Hervorhebungen

* Beachtung der Grundsätze ordnungsmäßiger Buchführung
* Aufstellung innerhalb angemessener Zeit (maximal 9 Monate)
* Aufstellung in deutscher Sprache und deutscher Mark
* Unterzeichnung des Jahresabschlusses durch den Kaufmann

3. **Gliederung der Bilanz nach § 247 Abs. 1 HGB**
    * Gesonderter Ausweis und hinreichende Gliederung des Anlage- und Umlaufvermögens, des Eigenkapitals und der Schulden, sowie der Rechnungsabgrenzungsposten

§ 247 Abs. 1 HGB[1]
(1) In der Bilanz sind das **Anlage- und** das **Umlaufvermögen**, das **Eigenkapital**, die **Schulden** sowie die **Rechnungsabgrenzungsposten** gesondert auszuweisen und hinreichend aufzugliedern.

[1] im Original des Gesetzestextes keine Hervorhebungen

* Gliederung der Aktivseite nach der Liquidierbarkeit
* Gliederung der Passivseite nach der Fälligkeit
* Gliederung nach Rechtsverhältnissen
    - Unterteilung nach Sachen und Rechten
    - Unterteilung nach beweglichen und unbeweglichen Gegenständen
    - Unterteilung nach juristischer Zugehörigkeit (Eigentum)
    - Unterteilung nach der rechtlichen Form des Kapitals in Eigenkapital und Fremdkapital
    - Ausweis der Beteiligungsverhältnisse bei Forderungen und Verbindlichkeiten
* Gliederung nach dem innerbetrieblichen Prozeßablauf
    - Gliederung in Anlagevermögen und Umlaufvermögen
    - Gliederung in Roh-, Hilfs- und Betriebsstoffe, unfertige und fertige Erzeugnisse, Vorräte, Forderungen, liquide Mittel
* Gesetzliche Mindestgliederung für Kapitalgesellschaften auch als Leitlinie für die Bilanzgliederung von Einzelunternehmen und Personengesellschaften

4. **Gliederung der Gewinn- und Verlustrechnung (→ vgl. 7. Kapitel S. 161-165)**
   * Neben der allgemeinen Forderung nach Beachtung der Grundsätze ordnungsmäßiger Buchführung und Bilanzierung keine expliziten Vorschriften im Gesetz
   * In der Praxis übliche Orientierung an den Vorschriften für Kapitalgesellschaften zur Gliederung der Gewinn- und Verlustrechnung nach Gesamtkostenverfahren bzw. Umsatzkostenverfahren gemäß § 275 Abs. 2 und 3 HGB

III. Ansatz von Aktiva und Passiva in der Bilanz

> **Literaturhinweis zur Vertiefung**
>
> **Coenenberg**, Adolf G.: Jahresabschluß und Jahresabschlußanalyse, 16. Auflage, Landsberg am Lech 1997, S. 70-83.

1. **Beachtung des Vollständigkeitsgebotes nach § 246 Abs. 1 HGB**
   * Ansatz sämtlicher
     - Vermögensgegenstände,
     - Schulden und
     - Rechnungsabgrenzungsposten

   > **§ 246 Abs. 1 HGB**[1]
   >
   > (1) Der Jahresabschluß hat **sämtliche Vermögensgegenstände, Schulden, Rechnungsabgrenzungsposten, Aufwendungen** und **Erträge** zu enthalten, soweit gesetzlich nichts anderes bestimmt ist. Vermögensgegenstände, die unter Eigentumsvorbehalt erworben oder an Dritte für eigene oder fremde Verbindlichkeiten verpfändet oder in anderer Weise als Sicherheit übertragen worden sind, sind in die Bilanz des Sicherungsgebers aufzunehmen. In die Bilanz des Sicherungsnehmers sind sie nur aufzunehmen, wenn es sich um Bareinlagen handelt.

   [1] im Original des Gesetzestextes keine Hervorhebungen

   * Grundsätzliche Bilanzierungspflicht für alle bilanzierungsfähigen Vermögensgegenstände
   * Regelung der Abweichungen vom Vollständigkeitsgebot im Gesetz
   * Dominanz der wirtschaftlichen Zugehörigkeit von Vermögensgegenständen gegenüber dem juristischen Eigentum

2. **Merkmale für das Vorliegen eines bilanzierungsfähigen Vermögensgegenstandes**
   * Selbständige Verkehrsfähigkeit
   * Selbständige Bewertungsfähigkeit
   * Vorhandensein eines wirtschaftlichen Wertes

3. **Merkmale für das Vorliegen von Schulden**
   * selbständige Bewertungsfähigkeit
   * Vermögensbelastung, die
     - wahrscheinlich oder
     - sicher zu erwarten ist

4. Bedeutsame Bilanzierungsverbote nach §§ 248, 255 Abs. 4, 249 Abs. 3 HGB

* Bilanzierungsverbote als vom Vollständigkeitsgebot abweichende Regelungen

§ 248 HGB[1]

(1) Aufwendungen für die **Gründung des Unternehmens** und für die **Beschaffung des Eigenkapitals** dürfen in die Bilanz nicht als Aktivposten aufgenommen werden.

(2) Für **immaterielle Vermögensgegenstände** des Anlagevermögens, die **nicht entgeltlich erworben** wurden, darf ein Aktivposten nicht angesetzt werden.

(3) Aufwendungen für den Abschluß von **Versicherungsverträgen** dürfen nicht aktiviert werden.

§ 249 Abs. 3 HGB[1]

(3) Für andere als die in den Absätzen 1 und 2 bezeichneten Zwecke dürfen **Rückstellungen** nicht gebildet werden. Rückstellungen dürfen nur aufgelöst werden, soweit der Grund hierfür entfallen ist.

[1] im Original des Gesetzestextes keine Hervorhebungen

* Spezifische Aktivierungsverbote
    - Aufwendungen für die Gründung des Unternehmens und die Beschaffung des Eigenkapitals
    - Vermögensgegenstände des Anlagevermögens, wenn sie originär sowie unentgeltlich erworben sind
    - Aufwendungen für den Abschluß von Versicherungsverträgen
    - Originärer Geschäfts- oder Firmenwert
* Spezifisches Passivierungsverbot für andere als die in § 249 Abs. 1 und 2 HGB bezeichneten Rückstellungen

5. Bedeutsame Bilanzierungswahlrechte als ergänzende Regelungen zum Vollständigkeitsgebot

* Derivativer Geschäfts- oder Firmenwert nach § 255 Abs. 4 HGB

§ 255 Abs. 4 HGB[1]

(4) Als **Geschäfts- oder Firmenwert darf** der **Unterschiedsbetrag** angesetzt werden, um den die für die Übernahme eines Unternehmens bewirkte Gegenleistung den Wert der einzelnen Vermögensgegenstände des Unternehmens abzüglich der Schulden im Zeitpunkt der Übernahme übersteigt. (...)

[1] im Original des Gesetzestextes keine Hervorhebungen

- Differenz zwischen dem Kaufpreis eines Unternehmens und dem Wert der einzelnen Vermögensgegenstände nach Abzug der Schulden
- Ausdruck für den Wert der Organisation, des Kundenstamms, der Mitarbeiterqualifikation usw.

- Abschreibung in Folgejahren
  - zu mindestens 25 % oder
  - planmäßig entsprechend der Nutzungsdauer (insbesondere betriebsgewöhnliche Nutzungsdauer von 15 Jahren gemäß EStG)
* Disagio nach § 250 Abs. 3 HGB

§ 250 Abs. 3 HGB[1]
(3) Ist der **Rückzahlungsbetrag** einer Verbindlichkeit **höher als** der **Ausgabebetrag**, so darf der Unterschiedsbetrag in den **Rechnungsabgrenzungsposten** auf der **Aktivseite** aufgenommen werden. Der Unterschiedsbetrag ist durch planmäßige jährliche Abschreibungen zu tilgen, die auf die gesamte Laufzeit der Verbindlichkeit verteilt werden können.

[1] im Original des Gesetzestextes keine Hervorhebungen

- Differenz zwischen dem Rückzahlungsbetrag und Auszahlungsbetrag von Verbindlichkeiten
- Disagio als vorweggenommener Zins von Verbindlichkeiten
- Erfassung als periodischer Zinsaufwand oder Aktivierung im Aktiven Rechnungsabgrenzungsposten
- Tilgung des aktivierten Disagios durch Abschreibung längstens über die Laufzeit der Verbindlichkeit

* Rückstellungen für unterlassene Instandhaltung mit bestimmter Nachholfrist (4. bis 12. Monat des folgenden Geschäftsjahres) nach § 249 Abs. 1 HGB

§ 249 Abs. 1 HGB[1]
(1) (...) Ferner sind Rückstellungen zu bilden für
1. im Geschäftsjahr **unterlassene Aufwendungen für Instandhaltung**, die im folgenden Geschäftsjahr **innerhalb** von **drei Monaten** (...) nachgeholt werden, (...)
Rückstellungen **dürfen** für unterlassene Aufwendungen für Instandhaltung auch gebildet werden, wenn die Instandhaltung **nach Ablauf der Frist** nach **Satz 2 Nr. 1** innerhalb des Geschäftsjahrs nachgeholt wird.

[1] im Original des Gesetzestextes keine Hervorhebungen

- Wirtschaftliche Zurechnung der unterlassenen Instandhaltungsmaßnahmen zu dem laufenden Geschäftsjahr
- Nachholung der Maßnahmen zwischen dem 4. und 12. Monat des folgenden Geschäftsjahres

* Aufwandsrückstellungen nach § 249 Abs. 2 HGB

> **§ 249 Abs. 2 HGB**
>
> (2) Rückstellungen **dürfen** außerdem für ihrer Eigenart nach genau umschriebene, dem Geschäftsjahr oder einem früheren Geschäftsjahr zuzuordnende **Aufwendungen** gebildet werden, die am Abschlußstichtag wahrscheinlich oder sicher, aber hinsichtlich ihrer Höhe oder des Zeitpunkts ihres Eintritts unbestimmt sind.

[1] im Original des Gesetzestextes keine Hervorhebungen

- Vorliegen eines Bezuges der Aufwendungen zu hinsichtlich Art und Objekt konkretisierten zukünftigen Maßnahmen
- hohe Wahrscheinlichkeit des Anfalls, jedoch Unbestimmtheit bezüglich Höhe und/oder Zeitpunkt der Aufwendungen
- Ansatzwahlrecht nur für sachlich dem laufenden oder einem früheren Geschäftsjahr zuzuordnende Aufwendungen

Übersicht der maßgeblichen handelsrechtlichen Vorschriften zum Ansatz von Vermögensgegenständen und Schulden

Bilanzierungsfähigkeit

Sämtliche Vermögensgegenstände und Schulden sowie Rechnungsabgrenzungsposten

Merkmale eines Vermögensgegenstandes: selbständig verkehrs- und bewertungsfähig, wirtschaftlicher Wert

Merkmale einer Schuld: bestehende oder wahrscheinliche Belastung, selbständig bewertbar, auf einer rechtlichen oder wirtschaftlichen Leistungsverpflichtung beruhend

Bilanzierungsverbote

- Aufwendungen für die Gründung des Unternehmens und die Beschaffung des Eigenkapitals (§ 248 Abs. 1 HGB)
- Nicht entgeltlich erworbene immaterielle Vermögensgegenstände des Anlagevermögens (§ 248 Abs. 2 HGB)
- Originärer Geschäfts- oder Firmenwert (§ 255 Abs. 4 HGB)
- Rückstellungen für andere als in § 249 Abs.1 und Abs. 2 HGB genannte Zwecke (§ 249 Abs. 3 HGB)

Bilanzierungswahlrechte

- Derivativer Geschäfts- oder Firmenwert (§ 255 Abs. 4 HGB)
- Zölle, Verbrauch- und Umsatzsteuern als Aktivierungshilfe (§ 250 Abs. 1 Nr. 1 und 2 HGB)
- Disagio (§ 250 Abs. 3 HGB)
- Sonderposten mit Rücklageanteil (§ 247 Abs. 3 HGB), Erfüllung der umgekehrten Maßgeblichkeit als Voraussetzung für Kapitalgesellschaften (§ 273 HGB)
- Rückstellungen für unterlassene Instandhaltung mit bestimmter Nachholfrist (§ 249 Abs. 1 HGB)
- Aufwandsrückstellungen (§ 249 Abs. 2 HGB)

Bilanzierungshilfen
gemäß der gesetzlichen Regelungen für Kapitalgesellschaften

- Aufwendungen für die Ingangsetzung und Erweiterung des Geschäftsbetriebes (§ 269 HGB)
- Aktivisch abzugrenzende latente Steuern (§ 274 Abs. 2 HGB)

IV. Rechnungsabgrenzungsposten

Literaturhinweis zur Vertiefung

Coenenberg, Adolf G.: Jahresabschluß und Jahresabschlußanalyse, 16. Auflage, Landsberg am Lech 1997, S. 260-263.
Baetge, Jörg: Bilanzen, 4. Auflage, Düsseldorf 1996, S. 447-455.

1. **Arten und Zweck von Rechnungsabgrenzungsposten**
   * Auszahlungen oder Einzahlungen, die Aufwendungen bzw. Erträge für eine bestimmte Zeit nach dem Bilanzstichtag darstellen (transitorische Posten)
   * Aufwendungen bzw. Erträge, die erst nach dem Bilanzstichtag zu Auszahlungen oder Einzahlungen führen (antizipative Posten)
   * Periodengerechte Erfolgsermittlung als primärer Zweck von Rechnungsabgrenzungsposten
2. **Bilanzieller Ausweis nach § 250 Abs. 1 u. 2 HGB**
   * Transitorische Posten unter Rechnungsabgrenzungsposten

§ 250 Abs. 1 u. 2 HGB[1]

(1) Als Rechnungsabgrenzungsposten sind auf der **Aktivseite Ausgaben vor dem Abschlußstichtag** auszuweisen, soweit sie Aufwand für eine bestimmte Zeit nach diesem Tag darstellen. Ferner dürfen ausgewiesen werden

1. als Aufwand berücksichtigte Zölle und Verbrauchsteuern, soweit sie auf am Abschlußstichtag auszuweisende Vermögensgegenstände des Vorratsvermögens entfallen,
2. als Aufwand berücksichtigte Umsatzsteuer auf am Abschlußstichtag auszuweisende oder von den Vorräten offen abgesetzte Anzahlungen.

(2) Auf der **Passivseite** sind als Rechnungsabgrenzungsposten **Einnahmen vor dem Abschlußstichtag** auszuweisen, soweit sie Ertrag für eine bestimmte Zeit nach diesem Tag darstellen.

[1] im Original des Gesetzestextes keine Hervorhebungen

   * Antizipative Posten unter sonstige Forderungen oder sonstige Verbindlichkeiten
3. **In den Rechnungsabgrenzungsposten wahlweise aufzunehmende Positionen**
   * Als Aufwand berücksichtigte Zölle und Verbrauchsteuern, soweit sie auf am Abschlußstichtag auszuweisende Vorratsgegenstände entfallen
   * Als Aufwand berücksichtigte Umsatzsteuer auf am Abschlußstichtag auszuweisende oder von den Vorräten offen abgesetzte Anzahlungen
   * Disagio

Inhalt von Positionen der Rechnungsabgrenzung

Vorgang		transitorischer Vorgang		antizipativer Vorgang	
Bilanzposition		aktiver Rechnungs-abgrenzungs-posten (§ 250 Abs. 1 S. 1 HGB)	passiver Rechnungs-abgrenzungs-posten (§ 250 Abs. 2 HGB)	sonstige Verbindlichkeiten (wirtschaftlich als Verbindlichkeit anzusehen)	sonstige Forderungen (wirtschaftlich als Vermögensgegen-stand anzusehen)
Zeitliche Dimension	altes Jahr	Auszahlung	Einzahlung	Leistungs-inanspruchnahme	Leistungsabgabe
	neues Jahr	Leistungs-inanspruchnahme	Leistungsabgabe	Auszahlung	Einzahlung
Beispiel		Vorauszahlung von Versicherungs-prämien	vorschüssig erhaltene Lizenzgebühr	nachschüssig zu zahlende Zinsen	noch zu erhaltende Miete
Ausweiswahlrechte		Als Aufwand be-rücksichtigte Zölle und Ver-brauchsteuern auf Vorräte (§ 250 Abs. 1 S. 2 Nr. 1 HGB) Als Aufwand be-rücksichtigte Um-satzsteuer auf An-zahlungen (§ 250 Abs. 1 S. 2 Nr. 2 HGB) Disagio auf An-leihen oder Ver-bindlichkeiten (planmäßig abzu-schreiben) (§ 250 Abs. 3 HGB)			
Zusatzverpflich-tungen für Kapital-gesellschaften		Gesonderter Aus-weis des Disagios in der Bilanz oder im Anhang (§ 268 Abs. 6 HGB)		Erläuterung größerer Beträge im Anhang (§ 268 Abs. 5 S. 3 HGB)	Erläuterung größerer Beträge im Anhang (§ 268 Abs. 4 S. 2 HGB)

V. Haftungsverhältnisse

> **Literaturhinweis zur Vertiefung**
>
> **Baetge**, Jörg: Bilanzen, 4. Auflage, Düsseldorf 1996, S. 503-520.

1. **Begriff und Zweck von Haftungsverhältnissen nach § 251 HGB**
   * Einzelne Haftungsverhältnisse

   > **§ 251 HGB**[1]
   >
   > Unter der Bilanz sind, sofern sie nicht auf der Passivseite auszuweisen sind, **Verbindlichkeiten** aus der Begebung und Übertragung von Wechseln, aus Bürgschaften, Wechsel- und Scheckbürgschaften und aus Gewährleistungsverträgen sowie **Haftungsverhältnisse** aus der Bestellung von Sicherheiten für fremde Verbindlichkeiten zu vermerken; sie dürfen in einem Betrag angegeben werden. (...)

   [1] im Original des Gesetzestextes keine Hervorhebungen

   * Verpflichtungen aus der Begebung und Übertragung von Wechseln, aus Bürgschaften, Wechsel- und Scheckbürgschaften und Gewährleistungsverträgen
   * Haftungsverhältnisse aus der Bestellung von Sicherheiten für fremde Verbindlichkeiten
   * Offenlegung von Eventualverbindlichkeiten und Informationen über mögliche Risiken

2. **Offenlegung im Jahresabschluß**
   * Vermerk unterhalb der Bilanz
   * Zusammenfassung zu einem Betrag als Wahlrecht

3. **Offenlegung durch Kapitalgesellschaften nach § 268 Abs. 7 HGB**
   * Ausweis der Haftungsverhältnisse bei Kapitalgesellschaften

   > **§ 268 Abs. 7 HGB**
   >
   > Die in § 251 HGB bezeichneten Haftungsverhältnisse sind jeweils **gesondert unter der Bilanz oder im Anhang** unter Angabe der gewährten Pfandrechte und sonstigen Sicherheiten anzugeben; bestehen solche Verpflichtungen gegenüber verbundenen Unternehmen, so sind sie gesondert anzugeben.

   [1] im Original des Gesetzestextes keine Hervorhebungen

   * Ausweis der Haftungsverhältnisse auch im Anhang möglich
   * Getrennte Angabe der Beträge der verschiedenen Haftungsverhältnisse
   * Angabe der damit in Verbindung stehenden gewährten Pfandrechte oder sonstigen Sicherheiten

Überblick über Bilanzvermerke

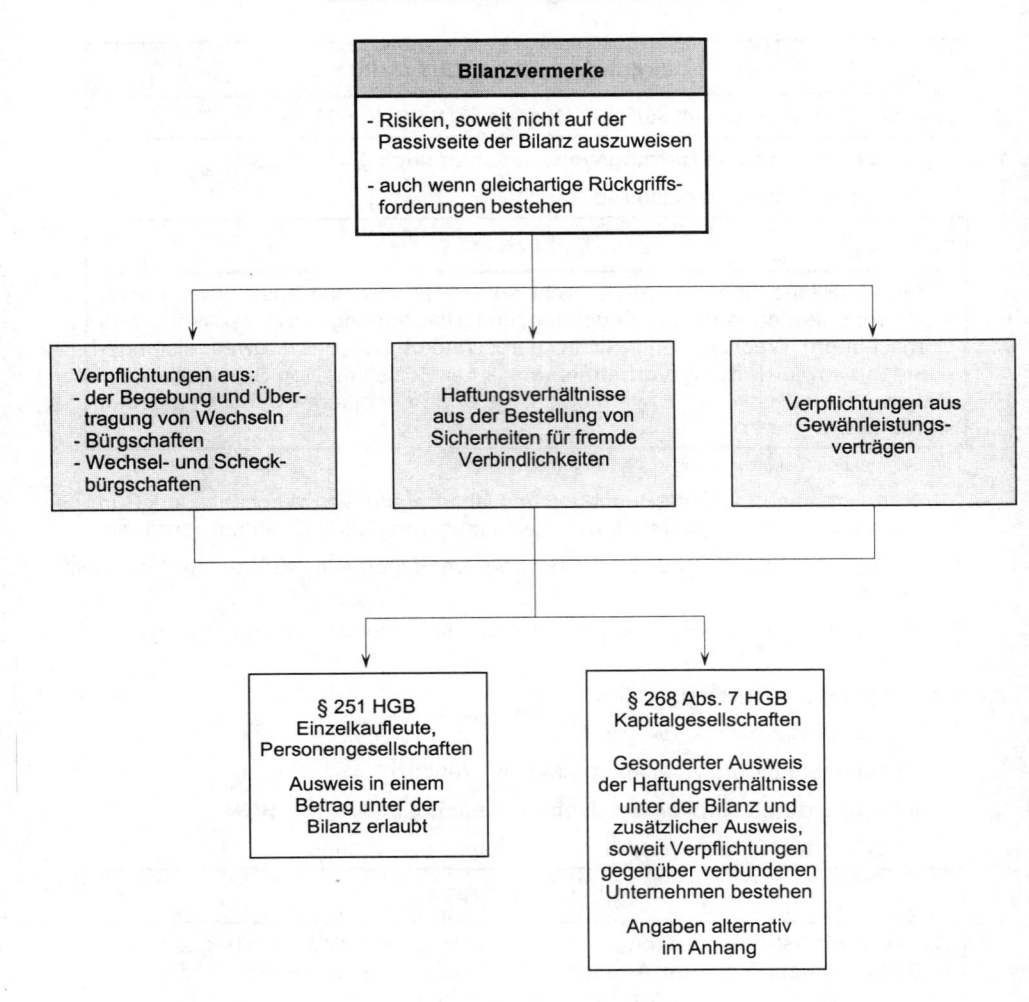

Bilanzvermerke
- Risiken, soweit nicht auf der Passivseite der Bilanz auszuweisen
- auch wenn gleichartige Rückgriffsforderungen bestehen

Verpflichtungen aus:
- der Begebung und Übertragung von Wechseln
- Bürgschaften
- Wechsel- und Scheckbürgschaften

Haftungsverhältnisse aus der Bestellung von Sicherheiten für fremde Verbindlichkeiten

Verpflichtungen aus Gewährleistungsverträgen

§ 251 HGB
Einzelkaufleute, Personengesellschaften

Ausweis in einem Betrag unter der Bilanz erlaubt

§ 268 Abs. 7 HGB
Kapitalgesellschaften

Gesonderter Ausweis der Haftungsverhältnisse unter der Bilanz und zusätzlicher Ausweis, soweit Verpflichtungen gegenüber verbundenen Unternehmen bestehen

Angaben alternativ im Anhang

VI. Allgemeine Bewertungsgrundsätze

> **Literaturhinweis zur Vertiefung**
> **Baetge**, Jörg: Bilanzen, 4. Auflage, Düsseldorf 1996, S. 175-184.

1. **Allgemeine Bewertungsgrundsätze nach § 252 HGB**
   * Für alle Kaufleute geltende allgemeine Bewertungsgrundsätze

   > **§ 252 HGB**[1]
   >
   > (1) Bei der Bewertung der im Jahresabschluß ausgewiesenen Vermögensgegenstände und Schulden gilt insbesondere folgendes:
   > 1. Die Wertansätze in der Eröffnungsbilanz des Geschäftsjahres müssen mit denen der Schlußbilanz des vorhergehenden Geschäftsjahres **übereinstimmen**.
   > 2. Bei der Bewertung ist von der **Fortführung der Unternehmenstätigkeit** auszugehen, sofern dem nicht tatsächliche oder rechtliche Gegebenheiten entgegenstehen.
   > 3. Die Vermögensgegenstände und Schulden sind zum Abschlußstichtag **einzeln** zu bewerten.
   > 4. Es ist **vorsichtig** zu bewerten, namentlich sind alle vorhersehbaren Risiken und Verluste, die bis zum Abschlußstichtag entstanden sind, zu berücksichtigen, selbst wenn diese erst zwischen dem Abschlußstichtag und dem Tag der Aufstellung des Jahresabschlusses bekanntgeworden sind; Gewinne sind nur zu berücksichtigen, wenn sie am Abschlußstichtag realisiert worden sind.
   > 5. Aufwendungen und Erträge des Geschäftsjahres sind **unabhängig von** den Zeitpunkten der entsprechenden **Zahlungen** im Jahresabschluß zu berücksichtigen.
   > 6. Die auf den vorhergehenden Jahresabschluß angewandten **Bewertungsmethoden** sollen **beibehalten** werden.
   >
   > (2) Von den Grundsätzen des Absatzes 1 darf nur in **begründeten Ausnahmefällen abgewichen** werden.

   [1] im Original des Gesetzestextes keine Hervorhebungen

2. **Grundsatz der Bilanzidentität**
   * Gewährleistung der Übereinstimmung des Totalerfolgs während der Lebensdauer einer Unternehmung und der Summe der periodisierten, in der GuV ausgewiesenen Erfolge durch den Grundsatz der Bilanzidentität
   * Identität der Wertansätze
     - Übereinstimmung der Wertansätze der Eröffnungsbilanz mit denen der Schlußbilanz des vorhergehenden Geschäftsjahres

- Unzulässigkeit einer Neubewertung
* Identität des Bilanzinhaltes
  - Unzulässigkeit einer Umverteilung der Vermögensgegenstände und Schulden zwischen den Bilanzpositionen in aufeinanderfolgenden Geschäftsjahren
  - Verbot des Hinzufügens oder Weglassens von Vermögensgegenständen zwischen den Geschäftsjahren

3. **Stichtagsprinzip**
   * Bewertung zum Abschlußstichtag
   * Grundsätzliche Berücksichtigung aller (positiven und negativen) Ereignisse bis zum Bilanzstichtag
   * Erst zwischen Bilanzstichtag und Bilanzaufstellungstermin verfügbare Informationen
     - Berücksichtigung von Informationen über bereits in der vergangenen Periode verursachte Ereignisse (wertaufhellende Informationen)
     - grundsätzlich keine Berücksichtigung von Informationen über erst in der folgenden Periode verursachte Ereignisse (wertbegründende Informationen)

4. **Annahme der Unternehmensfortführung**
   * Bewertung unter der Prämisse der Fortführung der Unternehmenstätigkeit im Gegensatz zu einer Bewertung unter Zerschlagungsgesichtspunkten
   * Infragestellen der Fortführung bei erheblichen Verlusten, knappem Eigenkapital oder ungünstigen Zukunftserwartungen
   * Wegfall der Prämisse der Fortführung der Unternehmenstätigkeit im Fall von entgegenstehenden wirtschaftlichen oder rechtlichen Gegebenheiten
   * Anschaffungs- oder Herstellungskosten als Obergrenze in der Handelsbilanz auch bei Nicht-Fortführung der Unternehmung und Bilanzierung unter Veräußerungsgesichtspunkten

5. **Prinzip der Einzelbewertung**
   * Einzelbewertung von Vermögensgegenständen und Schulden
   * Verhinderung einer Verrechnung von Wertsteigerungen und Wertminderungen verschiedener Vermögensgegenstände durch das Einzelbewertungsprinzip
   * Problem der Abgrenzung eines einzelnen Gegenstandes
   * Unterschiedliche Nutzungsdauern für einzelne Gegenstände als beispielhaftes Kriterium für die Abgrenzung eines Vermögensgegenstandes
   * Durchbrechung des Prinzips der Einzelbewertung z.B. im Fall der Verbrauchsfolgeverfahren

6. **Prinzip der Vorsicht**
   * Bewertung nach dem Grundsatz kaufmännischer Vorsicht
     - keine Verpflichtung zum Ansatz stets des niedrigsten Wertes

- - Bewertung nicht unter Zugrundelegung des negativsten Falles, sondern der wahrscheinlichsten Annahme
  - bei mehreren Alternativen Auswahl eines etwas pessimistischeren Wertes
- * Bewertung unproblematisch bei Kassenbestand, Grundkapital, Verbindlichkeiten (nicht Fremdwährungsverbindlichkeiten)
- * Beurteilung des Wertansatzes auch auf Grundlage der Generalnorm
  - Verfälschung des Bildes der Unternehmung z.B. durch über die vernünftige kaufmännische Beurteilung hinausgehende Abschreibungen nach § 253 Abs. 4 HGB oder durch überhöhten Ansatz von Rückstellungen und Schulden
  - Zielkonflikt einer übervorsichtigen Bewertung mit einer ordnungsgemäßen und aussagefähigen Rechnungslegung
- * Ausprägungen im HGB
  - Anschaffungskosten und Herstellungskosten als Obergrenze der Bewertung
  - Niederstwertprinzip auf der Aktivseite
  - Höchstwertprinzip auf der Passivseite
  - Realisationsprinzip und Imparitätsprinzip
  - Einhaltung des Vorsichtsprinzips durch entsprechende Nutzung von Wahlrechten bei Bilanzierung und Bewertung und durch im HGB geregelte Bilanzierungsverbote

7. Prinzip der Periodenabgrenzung

* Erfolgswirksame Verbuchung von Aufwendungen und Erträgen in der Periode, in der sie verursacht wurden
* Verbuchung nur von aus Zahlungsvorgängen abgeleiteten Erträgen und Aufwendungen
* Vernachlässigung der Zeitpunkte von Ausgabe und Einnahme bzw. Auszahlung und Einzahlung

8. Prinzip der Bewertungsstetigkeit

* Beibehaltung der Bewertungsmethoden des vorhergehenden Jahresabschlusses
* Keine willkürlichen Unterschiede in den Bewertungsverfahren von art- und funktionsgleichen Vermögensgegenständen
* Nicht-Anwendung des Stetigkeitsgebots auf die Ausübung von Ansatzwahlrechten, jedoch Anwendung des Stetigkeitsgebots für die Bewertung auf einmal ausgeübte Ansatzwahlrechte
* Vergleichbarkeit von aufeinanderfolgenden Jahresabschlüssen als Ziel dieses Bewertungsgrundsatzes

9. Änderung der Bewertungsmethoden

* Abweichungen nur in begründeten Ausnahmefällen, z.B. zur Vermittlung eines entsprechenden Bildes der Vermögens-, Finanz- und Ertragslage
* Erläuterung der Abweichungen im Anhang von Kapitalgesellschaften

Aus dem Vorsichtsprinzip abgeleitete Bewertungsgrundsätze

Vorsichtsprinzip

Unternehmen dürfen sich aus Gründen des Gläubigerschutzes, des Schutzes der Gesellschafter und Minderheitsaktionäre nicht reicher darstellen als sie tatsächlich sind.

Bewertung von Vermögen und Schulden

Ausweis von Gewinnen und Verlusten

Niederstwertprinzip
Vermögensgegenstände dürfen höchstens mit ihren Anschaffungs- und Herstellungskosten, vermindert um planmäßige Abschreibungen angesetzt werden. Von mehreren möglichen Wertansätzen muß oder kann ein unter dieser Grenze liegender Wert angesetzt werden.

Höchstwertprinzip
Verbindlichkeiten müssen jeweils zu ihrem Rückzahlungsbetrag angesetzt werden. Von mehreren möglichen Wertansätzen (z. B. aufgrund von Wechselkursschwankungen für Fremdwährungsverbindlichkeiten) ist stets der höhere zu wählen.

Realisationsprinzip
Gewinne und grundsätzlich auch Verluste dürfen erst dann ausgewiesen werden, wenn sie durch den Umsatzprozeß realisiert sind, d. h. nach Abschluß der vom Unternehmen vertraglich geschuldeten Leistung (Gefahrenübergang oder Rechnungserstellung). Bis zu diesem Zeitpunkt sind die zugekauften und selbsterstellten Güter auf Basis der Anschaffungskosten und Herstellungskosten zu bewerten.

Imparitätsprinzip
Gewinne und Verluste sind ungleich (imparitätisch) zu behandeln. Verluste sind bereits dann auszuweisen, wenn sie erkennbar sind.

Gemildertes Niederstwertprinzip
Von dem bisher gewählten Wertansatz (z. B. den Anschaffungskosten) darf, muß aber nicht abgewichen werden, wenn voraussichtlich vorübergehend ein niedrigerer Wertansatz (z. B. Marktpreis) vorliegt.

Strenges Niederstwertprinzip
Von mehreren möglichen Wertansätzen (z. B. Anschaffungspreis, aktueller Marktpreis) ist stets der niedrigere zur Bewertung heranzuziehen.

VII. Begriff, Wesen und Ermittlung der Anschaffungskosten

> **Literaturhinweis zur Vertiefung**
>
> **Coenenberg**, Adolf G.: Jahresabschluß und Jahresabschlußanalyse, 16. Auflage, Landsberg am Lech 1997, S. 83-87.
> **Baetge**, Jörg: Bilanzen, 4. Auflage, Düsseldorf 1996, S. 210-218.

1. **Definition der Anschaffungskosten nach § 255 Abs. 1 HGB**
   * Begriffsdefinition in § 255 Abs. 1 HGB

   > **§ 255 Abs.1 HGB**
   >
   > (1) Anschaffungskosten sind die Aufwendungen, die geleistet werden, um einen Vermögensgegenstand zu **erwerben** und ihn in einen **betriebsbereiten Zustand** zu **versetzen**, soweit sie dem Vermögensgegenstand einzeln zugeordnet werden können. Zu den Anschaffungskosten gehören auch die **Nebenkosten** sowie die **nachträglichen Anschaffungskosten**. Anschaffungspreisminderungen sind abzusetzen.

   [1] im Original des Gesetzestextes keine Hervorhebungen

   * Für den Erwerb eines Vermögensgegenstandes und die Erreichung eines betriebsbereiten Zustandes zu leistende Aufwendungen
   * Eingrenzung der Anschaffungskosten auf dem Vermögensgegenstand einzeln zuordenbare Aufwendungen

2. **Wesen der Anschaffungskosten**
   * Wertmaßstab für alle vom Unternehmen fremdbezogenen Gegenstände
   * Erfolgsneutralität des Beschaffungsvorgangs durch Ansatz der für die Anschaffung tatsächlich angefallenen Kosten

3. **Bestandteile der Anschaffungskosten**
   * Nettopreise als Ausgangsbasis
   * Anschaffungspreis abzüglich Anschaffungspreisminderungen, Subventionen und Zuschüsse Dritter
   * Einzeln zurechenbare Anschaffungsnebenkosten
   * Nachträgliche Anschaffungskosten

Gesetzliche Bestandteile der Anschaffungskosten

Listenpreis lt. Lieferantenrechnung
(grundsätzlich ohne Umsatzsteuer)

> Rabatt
> (z.B. Mengenrabatt, Großhandelsrabatt usw.)
>
> Skonto, sofern er vom Käufer in Anspruch genommen wird
>
> sonstige Preisnachlässe
> (z.B. nicht zurückzahlbare Subventionen und Zuschüsse)

./. Preisnachlässe

> Transportkosten
> (z.B. Speditionskosten, Transportversicherung)
>
> Einfuhrzölle
>
> Verkehrsteuern
> (z.B. Grunderwerbsteuern bei Grundstückskauf)
>
> Gebühren für Notare und Gerichte
>
> Kosten für die Aufstellung und Montage von Anlagen bis zu ihrer Betriebsbereitschaft

+ Anschaffungsnebenkosten

> Kosten des nachträglichen Ausbaus oder Umbaus, die zu einer Verbesserung der Nutzungsmöglichkeit oder einer wesentlich längeren Nutzungsdauer führen
>
> Abbruchkosten bei Erwerb eines bebauten Grundstücks, auf dem ein neues Gebäude errichtet werden soll

+ nachträgliche Anschaffungskosten

Anschaffungskosten nach § 255 Abs. 1 HGB

VIII. Begriff, Wesen und Ermittlung der Herstellungskosten

Literaturhinweis zur Vertiefung

Coenenberg, Adolf G.: Jahresabschluß und Jahresabschlußanalyse, 16. Auflage, Landsberg am Lech 1997, S. 87-92.

Baetge, Jörg: Bilanzen, 4. Auflage, Düsseldorf 1996, S. 219-229.

1. **Definition der Herstellungskosten nach § 255 Abs. 2 u. 3 HGB**

   * Begriffsdefinition in § 255 Abs. 2 und 3 HGB

   § 255 Abs. 2 u. 3 HGB[1]

   (2) Herstellungskosten sind die Aufwendungen, die durch den Verbrauch von Gütern und die Inanspruchnahme von Diensten für die **Herstellung** eines Vermögensgegenstandes, seine **Erweiterung** oder für eine über seinen ursprünglichen Zustand hinausgehende **wesentliche Verbesserung** entstehen. Dazu **gehören** die Materialkosten, die Fertigungskosten und die Sonderkosten der Fertigung. Bei der Berechnung der Herstellungskosten **dürfen** auch angemessene Teile der notwendigen Fertigungsgemeinkosten, der notwendigen Materialgemeinkosten und des Werteverzehrs des Anlagevermögens, soweit durch die Fertigung veranlaßt, eingerechnet werden. Kosten der allgemeinen Verwaltung sowie Aufwendungen für soziale Einrichtungen des Betriebs, für freiwillige soziale Leistungen und für betriebliche Altersversorgung **brauchen nicht eingerechnet** zu **werden**. Aufwendungen im Sinne der Sätze 3 und 4 dürfen nur insoweit berücksichtigt werden, als sie auf den Zeitraum der Herstellung entfallen. Vertriebskosten **dürfen nicht** in die Herstellungskosten einbezogen werden.

   (3) Zinsen für Fremdkapital gehören nicht zu den Herstellungskosten. Zinsen für Fremdkapital, das zur Finanzierung der Herstellung eines Vermögensgegenstandes verwendet wird, **dürfen** angesetzt werden, soweit sie auf den Zeitraum der Herstellung entfallen; in diesem Falle **gelten** sie als Herstellungskosten des Vermögensgegenstands.

   [1] im Original des Gesetzestextes keine Hervorhebungen

   * Aufwendungen
     - durch den Verbrauch von Gütern und
     - die Inanspruchnahme von Diensten für die Herstellung eines Vermögensgegenstandes

2. **Wesen der Herstellungskosten**

   * Wertmaßstab für alle vom Unternehmen hergestellten, am Bilanzstichtag noch nicht verkauften Gegenstände des Anlage- und Umlaufvermögens
   * Ansatz der Vermögensgegenstände mit den ihnen zuzurechnenden Aufwendungen
   * Schwierigkeiten bei der Ermittlung der Herstellungskosten

- Ableitung aus der Kostenrechnung
- Abgrenzung von Herstellkosten
- Beschränkung auf aufwandsgleiche Kosten

3. **Bestandteile der Herstellungskosten**
   * Untergrenze
     - Materialeinzelkosten,
     - Fertigungseinzelkosten sowie
     - Sondereinzelkosten der Fertigung
   * Aktivierungspflicht für nachträgliche Herstellungseinzelkosten
   * Wahlrecht für die Einbeziehung von Gemeinkosten
   * Wahlrecht für die Einbeziehung bestimmter Fremdkapitalzinsen sowie der Verwaltungskosten
   * Verbot der Einbeziehung von Vertriebskosten

4. **Nachträgliche Herstellungskosten**
   * Grundsätzlich keine bilanzierungspflichtige Vermögensmehrung im Fall von Aufwendungen zur Erhaltung des Vermögensgegenstandes
   * Kriterien für nachträgliche Herstellungskosten
     - wesentliche Substanzvermehrung (z.B. Anbau von Gebäuden)
     - wesentliche Veränderung der Gebrauchs- bzw. Verwertungsmöglichkeiten
     - erhebliche Verlängerung der Lebensdauer
   * Behandlung nachträglicher Herstellungskosten im Anlagespiegel als Zugang

Gesetzliche Bestandteile der Herstellungskosten

Herstellungskosten nach § 255 Abs. 2 und 3 HGB	Einbeziehungspflicht	Einbeziehungswahlrecht
Materialeinzelkosten	X	
Materialgemeinkosten		X
1. Materialkosten		
Fertigungseinzelkosten (v.a. Fertigungslöhne)	X	
Sondereinzelkosten der Fertigung	X	
Fertigungsgemeinkosten einschließlich Abschreibungen auf Fertigungsanlagen		X
2. Fertigungskosten		
Pagatorische Zinsen für Fremdkapital, das speziell zur Finanzierung der Herstellung eines Vermögensgegenstandes verwendet wird		X
3. Pagatorische Zinsen für Fremdkapital		
4. Verwaltungsgemeinkosten		X
Aufwendungen für soziale Einrichtungen des Betriebes		X
Aufwendungen für freiwillige soziale Leistungen		X
Aufwendungen für betriebliche Altersversorgung		X
6. Sozialleistungen		

Die Aktivierung von Vertriebseinzel- und -gemeinkosten ist laut § 255 Abs. 2 S. 6 HGB ausdrücklich verboten.

IX. Aufbewahrung und Vorlage von Unterlagen

1. **Aufzubewahrende Unterlagen nach § 257 Abs. 1 - 4 HGB**
   * Aufbewahrungspflichten und - fristen für Betriebsunterlagen

§ 257 Abs. 1 - 4 HGB[1]

(1) Jeder Kaufmann ist verpflichtet, die folgenden Unterlagen geordnet aufzubewahren:

1. **Handelsbücher, Inventare, Eröffnungsbilanzen, Jahresabschlüsse, Lageberichte, Konzernabschlüsse, Konzernlageberichte** sowie die zu ihrem Verständnis erforderlichen Arbeitsanweisungen und sonstigen Organisationsunterlagen,
2. die **empfangenen Handelsbriefe**
3. Wiedergaben der **abgesandten Handelsbriefe**,
4. Belege für Buchungen in den von ihm nach § 238 Abs. 1 zu führenden Büchern (**Buchungsbelege**).

(2) Handelsbriefe sind Schriftstücke, die ein Handelsgeschäft betreffen.

(3) Mit Ausnahme der Eröffnungsbilanzen, Jahresabschlüsse und der Konzernabschlüsse können die in Absatz 1 aufgeführten Unterlagen auch als Wiedergabe auf einem Bildträger oder auf anderen Datenträgern aufbewahrt werden, wenn dies den Grundsätzen ordnungsmäßiger Buchführung entspricht und sichergestellt ist, daß die Wiedergabe oder die Daten

1. mit den empfangenen Handelsbriefen und den Buchungsbelegen bildlich und mit den anderen Unterlagen inhaltlich übereinstimmen, wenn sie lesbar gemacht werden,
2. während der Dauer der Aufbewahrungsfrist verfügbar sind und jederzeit innerhalb angemessener Frist lesbar gemacht werden können.

Sind Unterlagen aufgrund des § 239 Abs. 4 Satz 1 auf Datenträgern hergestellt worden, können statt des Datenträgers die Daten auch ausgedruckt aufbewahrt werden; die ausgedruckten Unterlagen können auch nach Satz 1 aufbewahrt werden.

(4) Die in Absatz 1 Nr. 1 aufgeführten Unterlagen sind **10 Jahre** und die sonstigen in Absatz 1 aufgeführten Unterlagen **6 Jahre** aufzubewahren.

[1] im Original des Gesetzestextes keine Hervorhebungen

* Handelsbücher und Inventare
* Eröffnungsbilanzen
* Jahresabschlüsse und Lageberichte
* Konzernabschlüsse und Konzernlageberichte sowie
* die zu ihrem Verständnis erforderlichen Arbeitsanweisungen und sonstigen Organisationsunterlagen (10 Jahre Aufbewahrungsfrist)
* Empfangene Handelsbriefe (6 Jahre Aufbewahrungsfrist)

- * Wiedergabe der abgesandten Handelsbriefe (6 Jahre Aufbewahrungsfrist)
- * Buchungsbelege
  - im allgemeinen 6 Jahre Aufbewahrungsfrist
  - 10 Jahre Aufbewahrungsfrist bei Erfüllung einer Handelsbuchfunktion im Sinne der Offene-Posten-Buchhaltung
- * Art der Aufbewahrung nach im einzelnen festgelegten Grundsätzen

2. Vorlage der Unterlagen nach §§ 258 - 261 HGB

- * Vorlagepflichten bei Rechtsstreitigkeiten und Vermögensauseinandersetzungen

§ 258 Abs. 1 HGB[1]
(1) Im **Laufe eines Rechtsstreits** kann das Gericht auf Antrag oder von Amts wegen die Vorlegung der Handelsbücher einer Partei anordnen.

§ 259 HGB[1]
Werden in einem **Rechtsstreit** Handelsbücher vorgelegt, so ist von ihrem Inhalt, soweit er den Streitpunkt betrifft, unter Zuziehung der Parteien **Einsicht** zu nehmen und geeignetenfalls ein **Auszug** zu fertigen. Der übrige Inhalt der Bücher ist dem Gericht insoweit offenzulegen, als es zur Prüfung ihrer ordnungsmäßigen Führung notwendig ist.

§ 260 HGB[1]
Bei **Vermögensauseinandersetzungen**, insbesondere in Erbschafts-, Gütergemeinschafts- und Gesellschaftsteilungssachen, kann das Gericht die Vorlegung der Handelsbücher zur Kenntnisnahme von ihrem ganzen Inhalt anordnen.

§ 261 HGB[1]
Wer aufzubewahrende Unterlagen nur in der Form einer Wiedergabe auf einem Bildträger oder auf anderen Datenträgern vorlegen kann, ist verpflichtet, auf seine Kosten diejenigen **Hilfsmittel** zur Verfügung zu stellen, die erforderlich sind, um die **Unterlagen lesbar zu machen**; soweit erforderlich, hat er die Unterlagen auf seine Kosten auszudrucken oder ohne Hilfsmittel lesbare Reproduktionen beizubringen.

[1] im Original des Gesetzestextes keine Hervorhebungen

- * Vorlage auf Anordnung des Gerichts im Fall eines Rechtsstreites oder einer Vermögensauseinandersetzung
- * Vorlage von nur auf Bild- oder Datenträgern vorhandenen Unterlagen durch den Kaufmann
  - Verfügbarmachung von Hilfsmitteln, um Unterlagen lesbar zu machen
  - Verfügbarmachung von ohne Hilfsmittel lesbaren Reproduktionen, soweit erforderlich

Erläuterung der Aufbewahrungs- und Vorlagepflichten

Ziel und Zweck der Aufbewahrungs- und Vorlagepflichten

Die Verpflichtung des Kaufmanns zur Führung von Büchern beinhaltet auch Pflichten zur Aufbewahrung und Vorlage von Unterlagen gem. §§ 257 bis 261 HGB (und § 147 AO). Sie dienen der **Sicherung** und **Dokumentation** sowie der **Nachprüfbarkeit** der Informationen aus Buchführung und Jahresabschluß. Erst durch die Aufbewahrung von Unterlagen ist die **Ordnungsmäßigkeit der Buchführung** gewährleistet, da sich ein sachverständiger Dritter nur so einen Überblick über die Geschäftsvorfälle und die Vermögenslage eines Unternehmens (vgl. § 238 Abs. 1 Satz 2 HGB) verschaffen kann.
Verstöße gegen die Aufbewahrungsvorschriften sind je nach Ausmaß (z.B. Steuerhinterziehung, Verschleierung von Konkurstatbeständen) strafbare Handlungen oder Ordnungswidrigkeiten und werden als solche geahndet.

Umfang der aufzubewahrenden Unterlagen

Neben den **Inventaren** sind nach § 257 Abs. 1 HGB zunächst **sämtliche laufenden Aufzeichnungen** in Buchform, in Gestalt einer Loseblattsammlung oder auf Datenträgern, die die Grundlage für das Inventar, die Bilanz und die Gewinn- und Verlustrechnung bilden (Handelsbücher), aufzubewahren. Weiterhin sind **Eröffnungsbilanzen**, **Jahresabschlüsse**, **Lageberichte** und, soweit aufzustellen, **Konzernabschlüsse** und **Konzernlageberichte** aufzubewahren. Unter aufzubewahrende **Arbeitsanweisungen** und **Organisationsunterlagen** fallen vor allem solche Unterlagen, die die Technik des jeweiligen Rechenwerks erläutern. Wird die Buchführung, wie heute üblich, mittels EDV durchgeführt, so sind hierunter z.B. Programmbeschreibungen, -ablaufpläne, -protokolle und Datenflußpläne zu verstehen.
Daneben sind empfangene Handelsbriefe und Wiedergaben (Fotokopien) der abgesandten Handelsbriefe aufzubewahren. Unter **Handelsbriefen** sind Schriftstücke zu verstehen, die der Vorbereitung, der Durchführung, dem Abschluß oder der Rückgängigmachung eines Handelsgeschäftes dienen. Unter die **Buchungsbelege** fallen sämtliche Belege, für die nach § 238 Abs. 1 HGB durchzuführenden Buchungen.

Vorlage im Rechtsstreit und bei Vermögensauseinandersetzungen

Im Falle eines Rechtsstreites kann zur Beweisführung die Vorlage der Handelsbücher auf Antrag oder von Amts wegen angeordnet werden (§ 258 HGB).
In § 259 HGB ist der **Umfang** und die **Form der Einsichtnahme im Rechtsstreit** geregelt. Demnach ist über den Inhalt von Handelsbüchern nur insoweit Einsicht zu geben, als der Streitpunkt betroffen ist. Darüber hinaus kann nur das Gericht selbst bzw. ein bestellter Sachverständiger Einsicht nehmen, sofern dies notwendig ist, um sich von der ordnungsmäßigen Buchführung zu überzeugen.
§ 260 HGB regelt die **Vorlage bei Vermögensauseinandersetzungen**. Die Vorschrift geht über § 258 und 259 HGB insoweit hinaus, als sie nicht nur die Vorlage der Handelsbücher durch gerichtliche Anordnung in einem abhängigen Rechtsstreit betrifft, sondern zu den in der Vorschrift genannten Zwecken auch außerhalb eines Rechtsstreits eine solche Anordnung durch das Gericht erfolgen und vom gesamten Inhalt der Handelsbücher Kenntnis genommen werden kann.

5. Kapitel:
Bilanzierung und Bewertung der Aktiva

Literaturhinweis zur Vertiefung

Coenenberg, Adolf G.: Jahresabschluß und Jahresabschlußanalyse, 16. Auflage, Landsberg am Lech 1997, S. 105-181.

I. Struktur der Bilanzierung des Anlagevermögens und Erfassung wertmäßiger Veränderungen

1. **Gliederung des Anlagevermögens nach HGB**
   * Für Kapitalgesellschaften Gliederungsvorschrift in § 266 Abs. 2 HGB, die grundsätzlich auch für Einzelunternehmen und Personengesellschaften herangezogen wird
   * Ordnung mit 3 Hauptpositionen - Immaterielle Vermögensgegenstände, Sachanlagen, Finanzanlagen - die gleichzeitig der Mindestgliederung kleiner Kapitalgesellschaften entspricht

2. **Form der Darstellung im Anlagespiegel**
   * Aufbau entsprechend der direkten Bruttomethode
   * Historische Anschaffungs- oder Herstellungskosten der zu Beginn des Geschäftsjahres bilanzierten Posten als Ausgangsbasis
   * Korrektur dieser Werte zur Berücksichtigung mengen- und wertmäßiger Veränderungen um Zugänge, Abgänge, Umbuchungen und Zuschreibungen des Geschäftsjahres sowie bis dahin aufgelaufene Abschreibungen
   * Zusätzlich Aufnahme der Abschreibungen des Geschäftsjahres möglich; Ausweis in der Bilanz bei den entsprechenden Posten des Anlagevermögens als Alternative
   * Saldierung von Zugängen, Abgängen und Umbuchungen mit den historischen Anschaffungs- und Herstellungskosten im folgenden Geschäftsjahr
   * Saldierung der Zuschreibungen mit den kumulierten Abschreibungen im folgenden Geschäftsjahr

3. **Dem Anlagespiegel entnehmbare Schlußfolgerungen**
   * Investitionstätigkeit durch Vergleich der Zugänge mit den historischen Anschaffungs- und Herstellungskosten
   * Betriebsgrößenveränderungen durch Vergleich der Zugänge mit den Abgängen
   * Abnutzungsgrad der Anlagen durch Vergleich der kumulierten Abschreibungen mit den historischen Anschaffungs- und Herstellungskosten
   * Finanzierung aus Abschreibungen durch Vergleich der Zugänge mit den Abschreibungen des Jahres

4. **Mindestinhalte des Anlagespiegels**
   * Historische Anschaffungs- und Herstellungskosten der zu Periodenbeginn im Unternehmen vorhandenen und zu bilanzierenden Vermögensgegenstände des Anlagevermögens und der Aufwendungen für die Ingangsetzung und Erweiterung des Geschäftsbetriebes
   * Zugänge
     - Ausweis der tatsächlichen Zugänge des Geschäftsjahres zu Anschaffungs- oder Herstellungskosten
     - Grundsätzlich kein Ausweis von zugegangenen Vermögensgegenständen, die nach dem Festwertverfahren bewertet werden
   * Abgänge
     - Ausweis der im Geschäftsjahr abgegangenen Vermögensgegenstände zu historischen Anschaffungs- oder Herstellungskosten
     - Ausweis auch von Abgängen, die im gleichen Geschäftsjahr erst zugegangen sind
   * Umbuchungen, d.h. Umgliederung bereits vorhandener Anlagenwerte auf andere Positionen des Anlagespiegels (z.B. von Anlagen im Bau auf technische Anlagen)
   * Zuschreibungen als Korrektur der in Vorjahren vorgenommenen außerplanmäßigen Abschreibungen
   * Kumulierte Abschreibungen
     - Planmäßige und außerplanmäßige Abschreibungen des laufenden und früherer Geschäftsjahre
     - Ausweis nur der Abschreibungen für am Periodenende noch im Unternehmen vorhandene Vermögensgegenstände
   * Ausweis der sich aus der Fortschreibung des Anlagevermögens ergebenden Buchwerte am Ende des Geschäftsjahres und der Buchwerte am Ende des Vorjahres

Aufbau des Anlagespiegels

Gliederung der Vermögenspositionen nach § 266 Abs. 2 HGB	Anschaffungs-/ Herstellungskosten (historisch)	Zugänge (+)	Abgänge ursprüngliche Werte (-)	Umbuchungen (+/-)	Zuschreibungen des Geschäftsjahres (+)	Abschreibungen (kumuliert) (+)	Buchwert (Ende des Geschäftsjahres)	Buchwert (Vorjahr)	Abschreibungen des Geschäftsjahres
A. Aufwendungen für die Ingangsetzung und Erweiterung des Geschäftsbetriebes									
B. Anlagevermögen									
I. Immaterielle Vermögensgegenstände									
1. Konzessionen, gewerbliche Schutzrechte und ähnliche Rechte sowie Lizenzen an solchen Rechten und Werten									
2. Geschäfts- oder Firmenwert									
3. geleistete Anzahlungen									
II. Sachanlagen									
1. Grundstücke, grundstücksähnliche Rechte und Bauten einschließlich der Bauten auf fremden Grundstücken									
2. technische Anlagen und Maschinen									
3. andere Anlagen, Betriebs- und Geschäftsausstattung									
4. geleistete Anzahlungen und Anlagen im Bau									
III. Finanzanlagen									
1. Anteile an verbundenen Unternehmen									
2. Ausleihungen an verbundene Unternehmen									
3. Beteiligungen									
4. Ausleihungen an Unternehmen, mit denen ein Beteiligungsverhältnis besteht									
5. Wertpapiere des Anlagevermögens									
6. sonstige Ausleihungen									

II. Planmäßige Abschreibung des Anlagevermögens

1. **Begriff und Aufgaben von Abschreibungen**
   * Abschreibung als Mittel zur Wertherabsetzung von Gegenständen des Anlagevermögens und zur korrekten Darstellung der Vermögenslage (statische Auffassung)
   * Abschreibung als Mittel zur Verteilung der Anschaffungs- oder Herstellungskosten auf die Perioden der Nutzungsdauer und zur korrekten Darstellung der Ertragslage (dynamische Auffassung)
   * Abschreibung als Instrument zur Verteilung der (wiederbeschaffungswertorientierten) Kosten auf die zu kalkulierenden Produkte und zur Sicherstellung der Finanzierung einer neuen Anlage nach Ablauf der Nutzungsdauer (organische Auffassung)
   * Handelsrechtliche Funktion von Abschreibungen
     - Planmäßige und außerplanmäßige Abschreibung als Mittel zum korrekten stichtagsbezogenen Vermögensausweis und zur periodengerechten Erfolgsermittlung
     - Korrektur der Buchwerte um die in der Periode eingetretene Wertminderung
     - Verteilung der Anschaffungs- und Herstellungskosten auf die Perioden der voraussichtlichen Nutzungsdauer durch planmäßige Abschreibung
     - Außerplanmäßige Abschreibung zum Zweck der Angleichung des Buchwertes an den niedrigeren, am Bilanzstichtag beizulegenden Wert und zur Verrechnung von in der Periode verursachten Aufwendungen
     - Steuerlich bedingte Abschreibungen weder zur Berücksichtigung von eingetretenen Wertminderungen noch zur periodengerechten Erfolgsermittlung, sondern ausschließlich durch wirtschaftspolitische Zielsetzungen begründet

2. **Anwendung planmäßiger Abschreibungen nach § 253 Abs. 2 S. 1 HGB**
   * Planmäßige Abschreibungen nur auf Anlagegüter mit begrenzter zeitlicher Nutzung, daher z.B. nicht auf Grundstücke und Finanzanlagen

   > **§ 253 Abs. 2 S. 1 HGB**[1]
   >
   > (2) Bei Vermögensgegenständen des Anlagevermögens, deren **Nutzung zeitlich begrenzt** ist, sind die Anschaffungs- oder Herstellungskosten um planmäßige Abschreibungen zu vermindern. Der Plan muß die Anschaffungs- oder Herstellungskosten auf die Geschäftsjahre verteilen, in denen der Vermögensgegenstand voraussichtlich genutzt werden kann.

   [1] im Original des Gesetzestextes keine Hervorhebungen

   * Abschreibungsplan als Grundlage für die Bestimmung planmäßiger Abschreibungen
   * Gründe für eine Änderung des Abschreibungsplanes während der Nutzungsdauer

- Sachliche Gründe wie Änderung der Nutzungsdauer
- Wechsel der Abschreibungsmethode
- Aktivierung nachträglicher Anschaffungs- oder Herstellungskosten
- Außerplanmäßige Abschreibungen oder Zuschreibungen

3. **Konzeptionen planmäßiger Abschreibungen**
   * Zeitabschreibung
     - Verteilung der Anschaffungs- oder Herstellungskosten entsprechend dem Zeitablauf auf die Dauer der betriebsgewöhnlichen Nutzung
     - Abschreibungsbeträge unabhängig vom Beschäftigungsgrad
   * Leistungsabschreibung
     - Verteilung der Anschaffungs- oder Herstellungskosten entsprechend dem Umfang der mit dem Wirtschaftsgut produzierten Leistungen
     - Geringe Verbreitung in der Praxis
   * Gespaltene Abschreibung als Kombination von Zeitabschreibung und Leistungsabschreibung

4. **Determinanten planmäßiger zeitbezogener Abschreibungen**
   * Abschreibungssumme in Höhe der auf die Perioden zu verteilenden Anschaffungs- oder Herstellungskosten abzüglich Resterlöswert nach § 253 Abs. 1 S. 1 HGB.

   > **§ 253 Abs. 1 S. 1 HGB**[1]
   >
   > (1) Vermögensgegenstände sind **höchstens** mit den **Anschaffungs- oder Herstellungskosten**, vermindert um die Abschreibungen nach den Absätzen 2 und 3 anzusetzen.

   [1] im Original des Gesetzestextes keine Hervorhebungen

   * Abschreibungszeitraum als voraussichtliche Nutzungsdauer des Anlagegegenstandes
     - Wirtschaftliche Nutzungsdauer aufgrund von Schätzungen
     - "Betriebsgewöhnliche Nutzungsdauer" laut AfA-Tabellen
     - Laufzeiten der Verträge für Lizenzen und Rechte
     - Substanzbedingte Wertminderung von Rohstoffvorkommen
     - Gesetzlich vorgeschriebene Nutzungsdauer in Sonderfällen
   * Abschreibungsmethode (Abschreibungsverfahren)
   * Zeitanteilige Abschreibung für während des Geschäftsjahres in Betrieb genommene Anlagen
   * Vereinfachungsregel nach R 43 Abs. 7 EStR auch handelsrechtlich gültig, d.h. Ansatz der
     - vollen Jahresabschreibung für Zugänge der ersten Hälfte des Geschäftsjahres

- halben Jahresabschreibung für Zugänge der zweiten Hälfte des Geschäftsjahres

5. Bedeutsame Verfahren planmäßiger Abschreibungen

* Lineare Abschreibung mit während der Nutzungsdauer gleichbleibenden Abschreibungsbeträgen
* Degressive Abschreibung
  - Geometrisch-degressive und arithmetisch-degressive Abschreibung
  - Berücksichtigung des Vorsichtsprinzips bei degressiver Abschreibung durch starke Abnahme des Restbuchwertes am Anfang der Nutzungsdauer
  - Gleichmäßige Verteilung des Gesamtaufwandes für die Anlage angestrebt (sinkende Abschreibungsbeträge und erhöhte Reparaturaufwendungen gegen Ende der Nutzungsdauer)
  - Übergang von der geometrisch-degressiven zur linearen Abschreibung bei einem angestrebten Restbuchwert von Null
* Progressive Abschreibung
  - Ansteigende Abschreibungsbeträge während der Nutzungsdauer
  - Sehr seltene Anwendung in der Praxis

6. Kapitalfreisetzungseffekt

* Abschreibungen als Teil der Anschaffungskosten, der über die Umsatzerlöse dem Unternehmen erneut als liquide oder geldnahe Mittel wieder zufließt, sofern die Erlöse die Abschreibungen decken
* Jährliche Abschreibung langlebiger Wirtschaftsgüter führt zu zwischenzeitlich verfügbaren Beträgen
* Volumen freigesetzter Abschreibungsgegenwerte abhängig von
  - Anlageintensität
  - Nutzungsdauer der Anlagen
  - Abschreibungsverfahren und
  - Preisentwicklung auf dem Investitionsgütermarkt
* Verwendung temporär freier Mittel z.B. zur Finanzierung des Umlaufvermögens
* Nach Ablauf der Nutzungsdauer Finanzierung von Ersatzinvestitionen aus Abschreibungen im Fall der Aufrechterhaltung einer konstanten Zahl von Anlagen

7. Kapazitätserweiterungseffekt

* Möglichkeit des Einsatzes dauerhaft freigesetzter Beträge zur Vergrößerung des Anlagenbestandes
* Relevanz v.a. im Hinblick auf ein als Vielzahl langlebiger Wirtschaftsgüter mit ungleicher Lebensdauer zusammengesetztes Anlagevermögen und die damit verbundene Erneuerung zu unterschiedlichen Zeitpunkten
* Erweiterungsinvestition in Höhe des über die erforderliche jährliche Reinvestition hinausgehenden Betrages

Systematisierung von Abschreibungsarten

Kriterien	Abschreibungsarten
Rechnungs-zweck	bilanzielle (extern orientierte) Abschreibung
	kalkulatorische (intern orientierte) Abschreibung
Verankerung in Teilrechts-ordnungen	handelsrechtliche Abschreibung
	steuerrechtliche Abschreibung (Absetzung)
Zahl der Abschreibungs-objekte	Einzelabschreibung
	Gruppen- bzw. Sammelabschreibung
Bilanzieller Ausweis	Bruttomethode
	Nettomethode
Verbuchung	direkte Abschreibung
	indirekte Abschreibung (Wertberichtigung)
Planmäßigkeit	planmäßige Abschreibung
	außerplanmäßige Abschreibung
Abschreibungs-objekt	zeitorientierte Abschreibung
	leistungsorientierte Abschreibung
	gespaltene Abschreibung
Abschreibungs-methode	lineare Abschreibung
	degressive Abschreibung
	progressive Abschreibung

Arten und Ursachen von Minderungen des Wertes der Gegenstände des Anlagevermögens

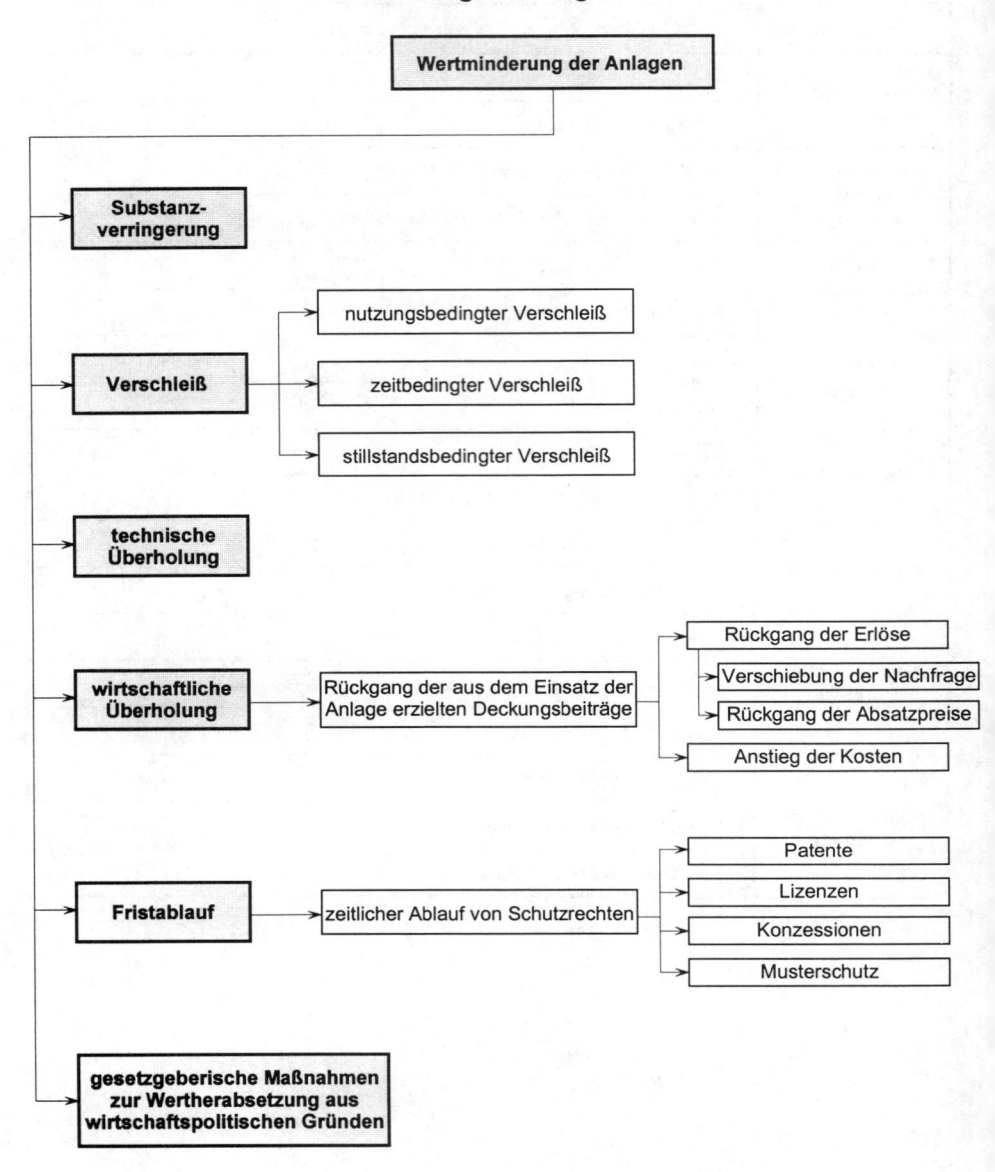

- **Wertminderung der Anlagen**
  - **Substanzverringerung**
  - **Verschleiß**
    - nutzungsbedingter Verschleiß
    - zeitbedingter Verschleiß
    - stillstandsbedingter Verschleiß
  - **technische Überholung**
  - **wirtschaftliche Überholung** → Rückgang der aus dem Einsatz der Anlage erzielten Deckungsbeiträge
    - Rückgang der Erlöse
    - Verschiebung der Nachfrage
    - Rückgang der Absatzpreise
    - Anstieg der Kosten
  - **Fristablauf** → zeitlicher Ablauf von Schutzrechten
    - Patente
    - Lizenzen
    - Konzessionen
    - Musterschutz
  - **gesetzgeberische Maßnahmen zur Wertherabsetzung aus wirtschaftspolitischen Gründen**

Determinanten planmäßiger zeitbezogener Abschreibungen

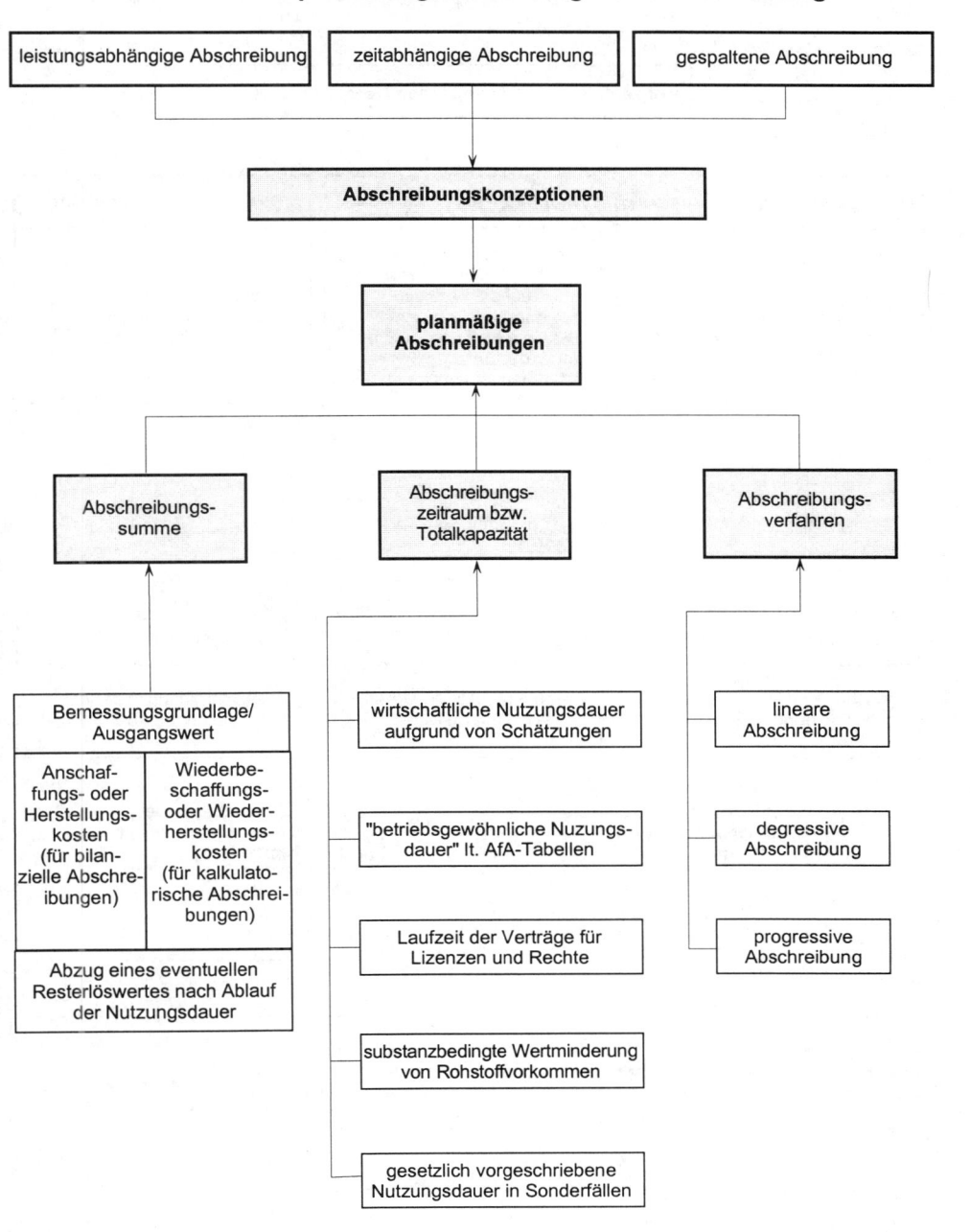

- leistungsabhängige Abschreibung
- zeitabhängige Abschreibung
- gespaltene Abschreibung

→ **Abschreibungskonzeptionen**

→ **planmäßige Abschreibungen**

Abschreibungssumme

Bemessungsgrundlage/Ausgangswert

| Anschaffungs- oder Herstellungskosten (für bilanzielle Abschreibungen) | Wiederbeschaffungs- oder Wiederherstellungskosten (für kalkulatorische Abschreibungen) |

Abzug eines eventuellen Resterlöswertes nach Ablauf der Nutzungsdauer

Abschreibungszeitraum bzw. Totalkapazität

- wirtschaftliche Nutzungsdauer aufgrund von Schätzungen
- "betriebsgewöhnliche Nuzungsdauer" lt. AfA-Tabellen
- Laufzeit der Verträge für Lizenzen und Rechte
- substanzbedingte Wertminderung von Rohstoffvorkommen
- gesetzlich vorgeschriebene Nutzungsdauer in Sonderfällen

Abschreibungsverfahren

- lineare Abschreibung
- degressive Abschreibung
- progressive Abschreibung

Konzeptionen und Verfahren planmäßiger Abschreibungen

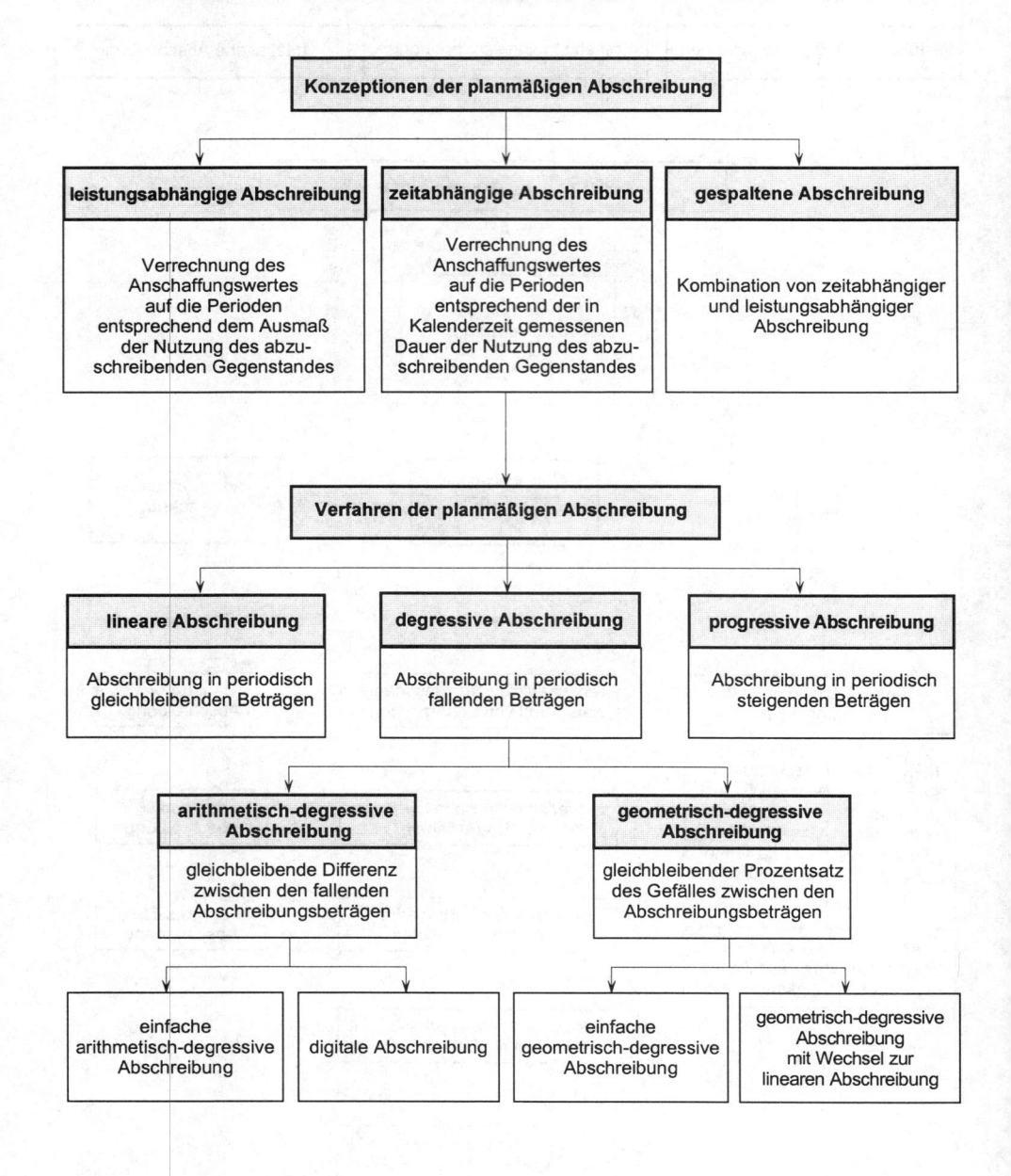

Konzeptionen der planmäßigen Abschreibung

leistungsabhängige Abschreibung
Verrechnung des Anschaffungswertes auf die Perioden entsprechend dem Ausmaß der Nutzung des abzuschreibenden Gegenstandes

zeitabhängige Abschreibung
Verrechnung des Anschaffungswertes auf die Perioden entsprechend der in Kalenderzeit gemessenen Dauer der Nutzung des abzuschreibenden Gegenstandes

gespaltene Abschreibung
Kombination von zeitabhängiger und leistungsabhängiger Abschreibung

Verfahren der planmäßigen Abschreibung

lineare Abschreibung
Abschreibung in periodisch gleichbleibenden Beträgen

degressive Abschreibung
Abschreibung in periodisch fallenden Beträgen

progressive Abschreibung
Abschreibung in periodisch steigenden Beträgen

arithmetisch-degressive Abschreibung
gleichbleibende Differenz zwischen den fallenden Abschreibungsbeträgen

- einfache arithmetisch-degressive Abschreibung
- digitale Abschreibung

geometrisch-degressive Abschreibung
gleichbleibender Prozentsatz des Gefälles zwischen den Abschreibungsbeträgen

- einfache geometrisch-degressive Abschreibung
- geometrisch-degressive Abschreibung mit Wechsel zur linearen Abschreibung

Lineare, geometrisch-degressive und digitale Abschreibung

Ausgangsdaten	
Anschaffungswert der Anlage:	100 [TDM]
Nutzungsdauer der Anlage:	8 Jahre
unterstellter Abschreibungssatz	
- bei linearer Abschreibung:	12,5%
- bei geom.-degr. Abschreibung:	25,0%
unterstellter Degressionsbetrag für digitale Abschreibung:	2,78

Tabellarische Gegenüberstellung der Entwicklung der Abschreibungsbeträge und der Restbuchwerte während der Nutzungsdauer

	Periode		[Dim.]	1	2	3	4	5	6	7	8
Lineare Abschreibung	Buchwert zu Beginn der Periode		[TDM]	100,00	87,50	75,00	62,50	50,00	37,50	25,00	12,50
	Abschreibungen	Abschreibungsbetrag der Periode	[TDM]	12,50	12,50	12,50	12,50	12,50	12,50	12,50	12,50
		in % des Anschaffungswertes	[%]	12,5	12,5	12,5	12,5	12,5	12,5	12,5	12,5
		in % des Restbuchwertes	[%]	12,5	14,3	16,7	20,0	25,0	33,3	50,0	100,0
	Restbuchwert am Ende der Periode		[TDM]	87,50	75,00	62,50	50,00	37,50	25,00	12,50	0,00
Geometrisch-degressive Abschreibung	Buchwert zu Beginn der Periode		[TDM]	100,00	75,00	56,25	42,19	31,64	23,73	17,80	13,35
	Abschreibungen	Abschreibungsbetrag der Periode	[TDM]	25,0	18,75	14,06	10,55	7,91	5,93	4,45	3,34
		in % des Anschaffungswertes	[%]	25,0	18,8	14,1	10,6	7,9	5,9	4,5	3,3
		in % des Restbuchwertes	[%]	25,0	25,0	25,0	25,0	25,0	25,0	25,0	25,0
	Restbuchwert am Ende der Periode		[TDM]	75,00	56,75	42,19	31,64	23,73	17,80	13,35	10,01
Übergang von geometrisch-degressiver Abschreibung zur linearen Abschreibung	Buchwert zu Beginn der Periode		[TDM]	100,00	75,00	56,25	42,19	31,64	23,73	15,82	7,91
	Abschreibungsbetrag der Periode	degressive Abschreibung	[TDM]	25,0	18,75	14,06	10,55	7,91	(5,93)	(4,45)	(3,34)
		lineare Abschreibung	[TDM]	(12,50)	(10,71)	(9,38)	(8,44)	7,91	7,91	7,91	7,91
	Abschreibungen	in % des Anschaffungswertes	[%]	25,0	18,8	14,1	10,6	7,9	7,9	7,9	7,9
		in % des Restbuchwertes	[%]	25,0	25,0	25,0	25,0	25,0	33,33	50,0	100,0
	Restbuchwert am Ende der Periode		[TDM]	75,00	56,75	42,19	31,64	23,73	15,82	7,91	0,00
Digitale Abschreibung	Buchwert zu Beginn der Periode		[TDM]	100,00	77,79	58,35	41,68	27,79	16,68	8,34	2,78
	Abschreibungen	Abschreibungsbetrag der Periode	[TDM]	22,21	19,44	16,67	13,89	11,11	8,34	5,56	2,78
		in % des Anschaffungswertes	[%]	22,2	19,4	16,7	13,9	11,1	8,3	5,6	2,8
		in % des Restbuchwertes	[%]	22,2	25,0	28,6	33,3	40,0	50,0	66,6	100,0
	Restbuchwert am Ende der Periode		[TDM]	77,79	58,35	41,68	27,79	16,68	8,34	2,78	0,00

Fortsetzung

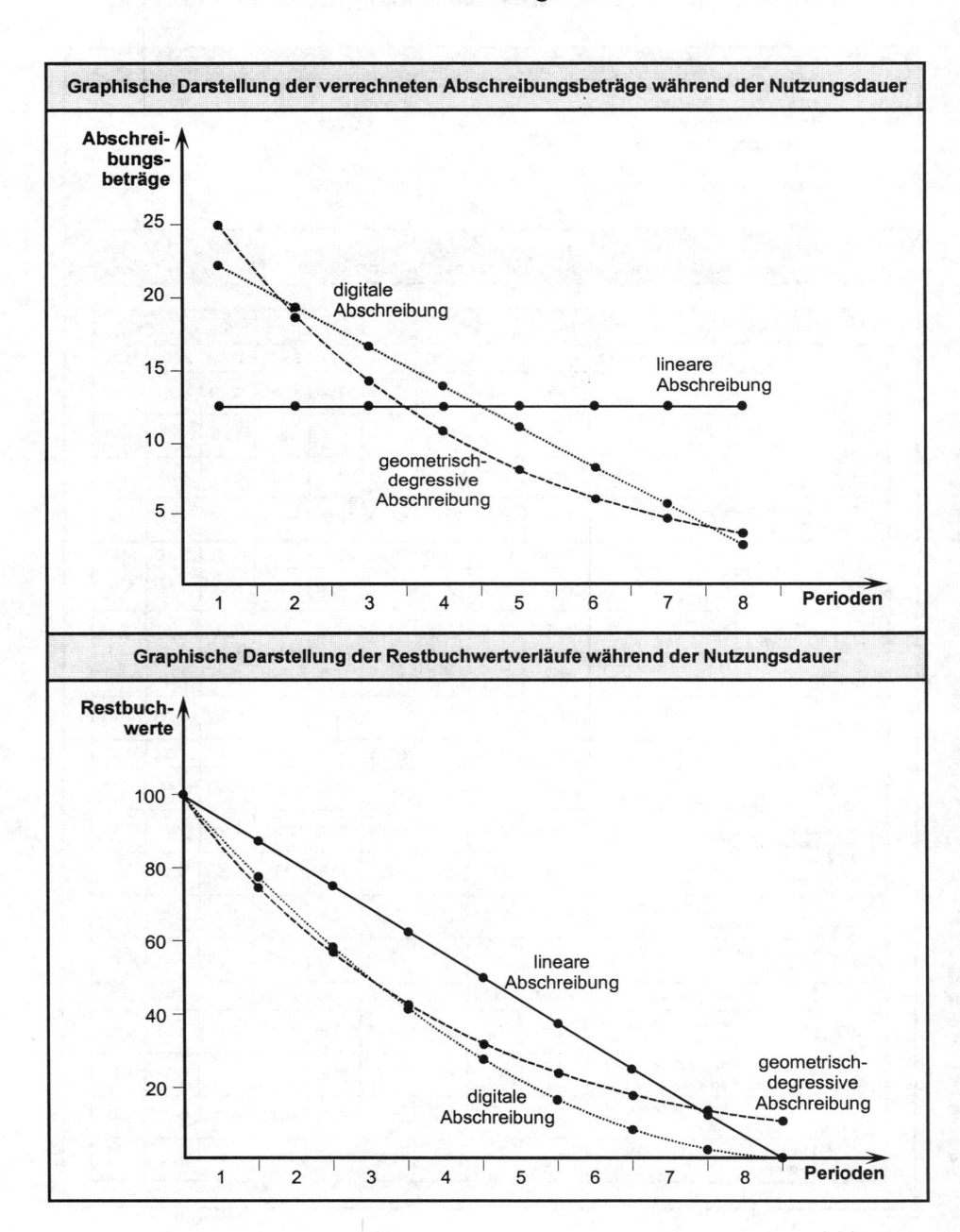

Graphische Darstellung der verrechneten Abschreibungsbeträge während der Nutzungsdauer

Abschreibungsbeträge vs. Perioden (1–8):
- lineare Abschreibung
- digitale Abschreibung
- geometrisch-degressive Abschreibung

Graphische Darstellung der Restbuchwertverläufe während der Nutzungsdauer

Restbuchwerte vs. Perioden (1–8):
- lineare Abschreibung
- digitale Abschreibung
- geometrisch-degressive Abschreibung

Kapitalfreisetzungseffekt bei 20%iger linearer Abschreibung

Periode	[DIM.]	1	2	3	4	5	6	7	8	9	10	11	12
Investitionsausgaben zu Beginn der Perioden	[TDM]	100	100	100	100	100	-	-	-	-	-	-	-
Anzahl der ursprünglich bereitgestellten Anlagen	[ME]	1	1	1	1	1	-	-	-	-	-	-	-
Anzahl der ersatzweise bereitgestellten Anlagen	[ME]	-	-	-	-	-	1	1	1	1	1	1	1
Buchwerte der Anlagen am Periodenende — Anlage 1	[TDM]	80	60	40	20	0	-	-	-	-	-	-	-
Anlage 2	[TDM]		80	60	40	20	0	-	-	-	-	-	-
Anlage 3	[TDM]			80	60	40	20	0	-	-	-	-	-
Anlage 4	[TDM]				80	60	40	20	0	-	-	-	-
Anlage 5	[TDM]					80	60	40	20	0	-	-	-
Anlage 6	[TDM]						80	60	40	20	0	-	-
Anlage 7	[TDM]							80	60	40	20	0	-
Anlage 8	[TDM]								80	60	40	20	0
Anlage 9	[TDM]									80	60	40	20
Anlage 10	[TDM]										80	60	40
Anlage 11	[TDM]											80	60
Anlage 12	[TDM]												80
Abschreibungen der Periode	[TDM]	20	40	60	80	100	100	100	100	100	100	100	100
investierte Abschreibungsgegenwerte	[TDM]	-	-	-	-	-	100	100	100	100	100	100	100
Summe der nicht reinvestierten Abschreibungen (Kapitalfreisetzung)	[TDM]	20	60	120	200	300	300	300	300	300	300	300	300
Anzahl der am Periodenende vorhandenen Anlagen	[ME]	1	2	3	4	5	5	5	5	5	5	5	5

Kapazitätserweiterungseffekt bei 20%iger linearer Abschreibung

Periode	[DIM.]	1	2	3	4	5	6	7	8	9	10	11	12
Investitionsausgaben zu Beginn der 1. Periode (Gesamtbudget)	[TDM]	500											
Anzahl der ursprünglich bereitgestellten Anlagen	[ME]	5											
Anzahl der ersatzweise bereitgestellten Anlagen	[ME]	1	1	1	2	2	1	2	1	2	1	2	1
Buchwerte der Anlagen am Periodenende	Anlage 1 [TDM]	80	60	40	20	0	-	-	-	-	-	-	-
	Anlage 2 [TDM]	80	60	40	20	0	-	-	-	-	-	-	-
	Anlage 3 [TDM]	80	60	40	20	0	-	-	-	-	-	-	-
	Anlage 4 [TDM]	80	60	40	20	0	-	-	-	-	-	-	-
	Anlage 5 [TDM]	80	60	40	20	0	-	-	-	-	-	-	-
	Anlage 6 [TDM]	100	80	60	40	20	0	-	-	-	-	-	-
	Anlage 7 [TDM]		100	80	60	40	20	0	-	-	-	-	-
	Anlage 8 [TDM]			100	80	60	40	20	0	-	-	-	-
	Anlage 9 [TDM]				100	80	60	40	20	0	-	-	-
	Anlage 10 [TDM]				100	80	60	40	20	0	-	-	-
	Anlage 11 [TDM]					100	80	60	40	20	0	-	-
	Anlage 12 [TDM]					100	80	60	40	20	0	-	-
	Anlage 13 [TDM]						100	80	60	40	20	0	-
	Anlage 14 [TDM]							100	80	60	40	20	0
	Anlage 15 [TDM]							100	80	60	40	20	0
	Anlage 16 [TDM]								100	80	60	40	20
	Anlage 17 [TDM]									100	80	60	40
	Anlage 18 [TDM]									100	80	60	40
	Anlage 19 [TDM]										100	80	60
	Anlage 20 [TDM]											100	80
	Anlage 21 [TDM]											100	80
	Anlage 22 [TDM]												100
Abschreibungen der Periode	[TDM]	100	120	140	160	200	140	140	160	160	160	140	160
Investierte Abschreibungsgegenwerte	[TDM]	100	100	100	200	200	100	200	100	200	100	200	100
Summe der nicht reinvestierten Abschreibungen (Kapitalfreisetzung)	[TDM]	-	20	60	20	20	60	0	60	20	80	20	80
Anzahl der am Periodenende vorhandenen Anlagen	[ME]	6	7	8	10	12	8	9	9	10	9	9	9

Kapazitätserweiterungseffekt bei 30%iger degressiver Abschreibung

Periode	[DIM.]	1	2	3	4	5	6	7	8	9	10	11	12
Investitionsausgaben zu Beginn der 1. Periode (Gesamtbudget)	[TDM]	500											
Anzahl der ursprünglich bereitgestellten Anlagen	[ME]	5											
Anzahl der ersatzweise bereitgestellten Anlagen	[ME]	1	1	2	1	2	2	1	2	2	1	2	2
Buchwerte der Anlagen am Periodenende — Anlage 1	[TDM]	70	49	(33)	(16)	(0)	-	-	-	-	-	-	-
Anlage 2	[TDM]	70	49	(33)	(16)	(0)	-	-	-	-	-	-	-
Anlage 3	[TDM]	70	49	(33)	(16)	(0)	-	-	-	-	-	-	-
Anlage 4	[TDM]	70	49	(33)	(16)	(0)	-	-	-	-	-	-	-
Anlage 5	[TDM]	70	49	(33)	(16)	(0)	-	-	-	-	-	-	-
Anlage 6	[TDM]	100	70	49	(33)	(16)	(0)	-	-	-	-	-	-
Anlage 7	[TDM]		100	70	49	(33)	(16)	(0)	-	-	-	-	-
Anlage 8	[TDM]			100	70	49	(33)	(16)	(0)	-	-	-	-
Anlage 9	[TDM]			100	70	49	(33)	(16)	(0)	-	-	-	-
Anlage 10	[TDM]				100	70	49	(33)	(16)	(0)	-	-	-
Anlage 11	[TDM]					100	70	49	(33)	(16)	(0)	-	-
Anlage 12	[TDM]					100	70	49	(33)	(16)	(0)	-	-
Anlage 13	[TDM]						100	70	49	(33)	(16)	(0)	-
Anlage 14	[TDM]						100	70	49	(33)	(16)	(0)	-
Anlage 15	[TDM]							100	70	49	(33)	(16)	(0)
Anlage 16	[TDM]								100	70	49	(33)	(16)
Anlage 17	[TDM]								100	70	49	(33)	(16)
Anlage 18	[TDM]									100	70	49	(33)
Anlage 19	[TDM]									100	70	49	(33)
Anlage 20	[TDM]										100	70	49
Anlage 21	[TDM]											100	70
Anlage 22	[TDM]											100	70
Anlage 23	[TDM]												100
Anlage 24	[TDM]												100
Abschreibungen der Periode	[TDM]	150	135	133	179	186	146	167	154	163	184	154	163
investierte Abschreibungsgegenwerte	[TDM]	100	100	200	100	200	200	100	200	200	100	200	200
Summe der nicht reinvestierten Abschreibungen (Kapitalfreisetzung)	[TDM]	50	85	18	97	83	29	97	50	13	97	50	13
Anzahl der am Periodenende vorhandenen Anlagen	[ME]	6	7	9	10	12	9	9	10	10	10	10	10

III. Außerplanmäßige Abschreibung des Anlagevermögens

1. **Anwendungsbereich und Zweck außerplanmäßiger Abschreibungen**
   * Außerplanmäßige Abschreibungen auf das gesamte Vermögen möglich
   * Anwendung auch auf nicht abnutzbare Anlagegegenstände
   * Berücksichtigung außerplanmäßiger bzw. nicht vorhersehbarer Wertminderungen
   * Verhinderung einer Überbewertung von Vermögensgegenständen
   * Ausfluß des Vorsichtsprinzips

2. **Geltende Prinzipien für außerplanmäßige Abschreibungen nach § 253 Abs. 2 S. 3 u. 4 HGB**
   * Gemildertes Niederstwertprinzip für Gegenstände des Anlagevermögens

   > **§ 253 Abs. 2 S. 3 u. 4 HGB**[1]
   >
   > (2) Ohne Rücksicht darauf, ob ihre Nutzung zeitlich begrenzt ist, **können** bei Vermögensgegenständen des Anlagevermögens **außerplanmäßige Abschreibungen** vorgenommen werden, um die Vermögensgegenstände mit dem niedrigeren Wert anzusetzen, der ihnen am Abschlußstichtag **beizulegen** ist; sie **sind vorzunehmen** bei einer voraussichtlich **dauernden** Wertminderung.

   [1] im Original des Gesetzestextes keine Hervorhebungen

   * Pflicht zur Abschreibung bei voraussichtlich dauernder Wertminderung
   * Wahlweise Abschreibung bei voraussichtlich vorübergehender Wertminderung

3. **Weitere Abschreibungsmöglichkeiten**
   * Abschreibungen im Rahmen vernünftiger kaufmännischer Beurteilung für Einzelkaufleute und Personengesellschaften nach § 253 Abs. 4 HGB

   > **§ 253 Abs. 4 HGB**[1]
   >
   > (4) Abschreibungen sind außerdem im Rahmen **vernünftiger kaufmännischer Beurteilung** zulässig.

   [1] im Original des Gesetzestextes keine Hervorhebungen

   * Abschreibungen, um Vermögensgegenstände des Anlagevermögens mit niedrigerem Wert anzusetzen, der auf einer nur steuerrechtlich zulässigen Abschreibung beruht nach § 254 HGB

   > **§ 254 HGB**[1]
   >
   > Abschreibungen können auch vorgenommen werden, um Vermögensgegenstände des Anlage- und des Umlaufvermögens mit dem niedrigeren Wert anzusetzen, der auf einer nur **steuerrechtlich zulässigen Abschreibung** beruht. § 253 Abs. 5 ist entsprechend anzuwenden.

   [1] im Original des Gesetzestextes keine Hervorhebungen

4. Zuschreibungen nach Wegfall der Gründe für außerplanmäßige Abschreibungen

* Zuschreibung bis höchstens zu den Anschaffungs- oder Herstellungskosten nach § 253 Abs. 1 S. 1 HGB

> **§ 253 Abs. 1 S. 1 HGB[1]**
>
> (1) Vermögensgegenstände sind **höchstens** mit den **Anschaffungs- oder Herstellungskosten**, vermindert um Abschreibungen nach den Absätzen 2 und 3 anzusetzen.

[1] im Original des Gesetzestextes keine Hervorhebungen

* Beibehaltungswahlrecht für Einzelkaufleute und Personengesellschaften auch nach Wegfall der Gründe für eine außerplanmäßige Abschreibung nach § 253 Abs. 5 HGB

> **§ 253 Abs. 5 HGB[1]**
>
> (5) Ein niedrigerer Wertansatz nach Absatz 2 Satz 3, Absatz 3 oder 4 **darf beibehalten** werden, auch wenn die Gründe hierfür nicht mehr bestehen.

[1] im Original des Gesetzestextes keine Hervorhebungen

* Zuschreibungspflicht für Kapitalgesellschaften nach Wegfall der Gründe für eine außerplanmäßige Abschreibung nach § 280 Abs. 1 HGB.

> **§ 280 Abs. 1 HGB[1]**
>
> (1) Wird bei einem Vermögensgegenstand eine Abschreibung nach § 253 Abs. 2 Satz 3 oder Abs. 3 oder § 254 Satz 1 vorgenommen und stellt sich in einem späteren Geschäftsjahr heraus, daß die Gründe dafür nicht mehr bestehen, so ist der Betrag dieser Abschreibung im **Umfang der Werterhöhung** unter Berücksichtigung der Abschreibungen, die inzwischen vorzunehmen gewesen wären, **zuzuschreiben**. § 253 Abs. 5, § 254 Satz 2 sind insoweit **nicht anzuwenden**.

[1] im Original des Gesetzestextes keine Hervorhebungen

IV. Bilanzieller Ausweis und Wertansätze für das Umlaufvermögen

1. **Begriff des Umlaufvermögens**
   * Vermögensgegenstände, die nicht dazu bestimmt sind, langfristig dem Geschäftsbetrieb zu dienen und infolge dessen nicht dem Anlagevermögen zugerechnet werden dürfen
   * Negative Umschreibung aufgrund fehlender gesetzlicher Regelung
2. **Inhalt der Bilanzpositionen des Umlaufvermögens**
   * Vorräte, Roh-, Hilfs- und Betriebsstoffe, Unfertige Erzeugnisse, Fertigerzeugnisse und Waren sowie geleistete Anzahlungen
   * Forderungen im Rechtssinne ohne Rücksicht auf Entstehungsgrund, Sicherheit oder Fälligkeit, nicht aber die in Wertpapieren verbrieften Forderungen
   * Wertpapiere, soweit keine Beteiligung oder langfristige Anlage angestrebt
   * Liquide Mittel
     - Schecks
     - Kassenbestand
     - Bundesbank- und Postgiroguthaben
     - Guthaben bei Kreditinstituten
3. **Bewertung des Umlaufvermögens nach § 253 Abs. 3 HGB**
   * Wertansätze für die grundsätzlich einzeln zu bewertenden Vermögensgegenstände des Umlaufvermögens

   > **§ 253 Abs. 3 HGB**[1]
   >
   > (3) Bei Vermögensgegenständen des Umlaufvermögens **sind Abschreibungen** vorzunehmen, um diese mit einem niedrigeren Wert anzusetzen, der sich aus einem **Börsen- oder Marktpreis** am Abschlußstichtag ergibt. Ist ein Börsen- oder Marktpreis nicht festzustellen und übersteigen die Anschaffungs- oder Herstellungskosten den Wert, der den Vermögensgegenständen am Abschlußstichtag **beizulegen** ist, so ist auf diesen Wert abzuschreiben. Außerdem **dürfen Abschreibungen** vorgenommen werden, soweit diese nach vernünftiger kaufmännischer Beurteilung notwendig sind, um zu verhindern, daß in der nächsten Zukunft der Wertansatz dieser Vermögensgegenstände auf Grund von **Wertschwankungen** geändert werden muß.

   [1] im Original des Gesetzestextes keine Hervorhebungen

   * Anschaffungs- oder Herstellungskosten als Obergrenze der Bewertung
   * Berücksichtigung von Wertminderungen durch außerplanmäßige Abschreibungen nach dem strengen Niederstwertprinzip
   * Ansatz des jeweils niedrigeren Wertes aus den Anschaffungs- oder Herstellungskosten, dem aus dem Börsen- oder Marktpreis abgeleiteten Wert oder dem beizulegenden Wert

- * Vom Börsen- oder Marktpreis abgeleiteter Wert
  - Börsenpreis als der an einer amtlich anerkannten Börse bei tatsächlichen Umsätzen festgestellte Preis
  - Marktpreis als Durchschnittspreis, zu dem der zu bewertende Vermögensgegenstand in marktüblicher Qualität gehandelt wird
- * Beizulegender Wert
  - Wiederbeschaffungs- oder Reproduktionskosten bei noch nicht in die Produktion eingegangenen Gütern
  - Veräußerungserlös abzüglich der noch entstehenden Kosten für unfertige und fertige Erzeugnisse
- * Zulässigkeit von außerordentlichen Abschreibungen nach vernünftiger kaufmännischer Beurteilung zur Antizipation erwarteter Wertminderungen nach § 253 Abs. 3 S. 3 HGB
- * Abschreibungen nach vernünftiger kaufmännischer Beurteilung, steuerrechtliche Abschreibungen sowie Zuschreibungen analog der für das Anlagevermögen geltenden Bestimmungen

4. Bewertungsvereinfachungsverfahren

- * Bewertungsvereinfachungen bei schwieriger oder unmöglicher Einzelbewertung
- * Gruppenbewertung nach § 240 Abs. 4 HGB

§ 240 Abs. 4 HGB[1]
(4) Gleichartige Vermögensgegenstände des Vorratsvermögens sowie andere gleichartige oder annähernd gleichwertige bewegliche Vermögensgegenstände können jeweils zu einer **Gruppe** zusammengefaßt und mit dem **Durchschnittswert** angesetzt werden.

[1] im Original des Gesetzestextes keine Hervorhebungen

  - Bewertungsvereinfachungs- und Inventurerleichterungsverfahren
  - Anwendung auf gleichartige Vermögensgegenstände des Vorratsvermögens sowie andere gleichartige oder annähernd gleichwertige bewegliche Vermögensgegenstände
  - Verzicht auf Differenzierung nach speziellen Arten von Vermögensgegenständen
  - Bewertung mit dem gewogenen Durchschnitt unter Berücksichtigung der jeweiligen Anteile der verschiedenen Arten der Gegenstände

* Festwertverfahren nach § 240 Abs. 3 HGB

> **§ 240 Abs. 3 HGB**[1]
>
> (3) Vermögensgegenstände des Sachanlagevermögens sowie Roh-, Hilfs- und Betriebsstoffe können, wenn sie **regelmäßig ersetzt** werden und ihr **Gesamtwert** für das Unternehmen von **nachrangiger Bedeutung** ist, mit einer **gleichbleibenden Menge** und einem **gleichbleibenden Wert** angesetzt werden, sofern ihr Bestand in seiner Größe, seinem Wert und seiner Zusammensetzung nur geringen Veränderungen unterliegt. Jedoch ist in der Regel **alle drei Jahre** eine **körperliche Bestandsaufnahme** durchzuführen.

[1] im Original des Gesetzestextes keine Hervorhebungen

- Bewertungsvereinfachungs- und Inventurerleichterungsverfahren
- Anwendung auf Vermögensgegenstände des Sachanlagevermögens sowie Roh-, Hilfs- und Betriebsstoffe
- Sofern regelmäßiger Ersatz, nachrangige wertmäßige Bedeutung, geringe Veränderung des Bestandes hinsichtlich Größe, Wert und Zusammensetzung
- Ansatz in der Bilanz mit einem von Jahr zu Jahr unveränderten Festwert
- Verbuchung von Zugängen als Materialaufwand
- Überprüfung des Festwerts durch körperliche Bestandsaufnahme in dreijährigem Abstand

* Sammelbewertung nach § 256 S. 1 HGB

> **§ 256 S. 1 HGB**[1]
>
> Soweit es den Grundsätzen ordnungsgemäßer Buchführung entspricht, kann für den Wertansatz **gleichartiger Vermögensgegenstände des Vorratsvermögens** unterstellt werden, daß die zuerst oder daß die zuletzt angeschafften oder hergestellten Vermögensgegenstände zuerst oder **in einer sonstigen bestimmten Folge** verbraucht oder veräußert worden sind.

[1] im Original des Gesetzestextes keine Hervorhebungen

- Anwendung auf gleichartige Vermögensgegenstände des Vorratsvermögens
- Verbrauchsfolgeverfahren setzen für die Bewertung von Endbestand und Verbrauch voraus, daß sich diese entsprechend einem jeweils unterstellten Verbrauchsverhalten aus bestimmten Zugängen zusammensetzen
- Bildung eines Durchschnittswerts aus dem Wert des Anfangsbestandes und den Anschaffungskosten der Zugänge bei Anwendung des Durchschnittsverfahrens

Verfahren der Bewertungsvereinfachung

Bewertungsvereinfachungsverfahren

Gruppenbewertung (§ 240 Abs. 4 HGB)
Anwendung für gleichartige Vermögensgegenstände des Vorratsvermögens sowie andere gleichartige oder gleichwertige bewegliche Vermögensgegenstände und Schulden. Zusammenfassung zu einer Gruppe und Bewertung zum gewogenen Durchschnittswert.

Festwertbewertung (§ 240 Abs. 3 HGB)
Anwendung für Vermögensgegenstände des Sachanlagevermögens sowie Roh-, Hilfs- und Betriebsstoffe, wenn sie regelmäßig ersetzt werden und ihr Bestand in seinem Wert und seiner Zusammensetzung nur geringen Veränderungen unterliegt. Ansatz mit gleichbleibender Menge und gleichbleibendem Wert.

Sammelbewertung (§ 256 HGB)
Anwendung für gleichartige Vermögensgegenstände des Vorratsvermögens unter Beachtung der Grundsätze ordnungsmäßiger Buchführung. Bewertung nach Verbrauchsfolge- bzw. Durchschnittsverfahren.

Verbrauchsfolgeverfahren
Unterstellung einer mengen- oder wertbezogenen Verbrauchsfolge.

Durchschnittsverfahren
Aus dem Wert des Anfangsbestandes und den Anschaffungskosten wird ein Durchschnittswert gebildet.

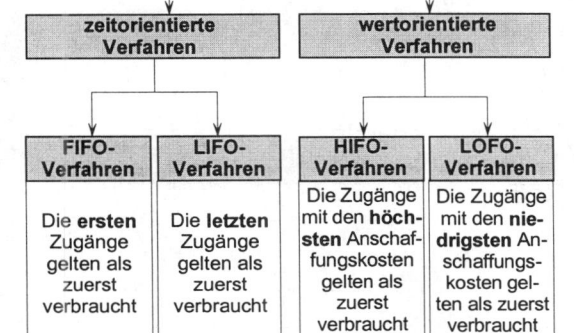

zeitorientierte Verfahren

- **FIFO-Verfahren**: Die **ersten** Zugänge gelten als zuerst verbraucht
- **LIFO-Verfahren**: Die **letzten** Zugänge gelten als zuerst verbraucht

wertorientierte Verfahren

- **HIFO-Verfahren**: Die Zugänge mit den **höchsten** Anschaffungskosten gelten als zuerst verbraucht
- **LOFO-Verfahren**: Die Zugänge mit den **niedrigsten** Anschaffungskosten gelten als zuerst verbraucht

Gewogenes Durchschnittsverfahren: Bildung eines gewogenen Durchschnittswertes am Ende der Periode

Gleitendes Durchschnittsverfahren: Bildung eines Durchschnittswertes nach jedem Zugang

MÄNNEL

Bilanzierung und Bewertung der Aktiva

Seite 124

Unterstellte Bestands- und Preisentwicklung für die Methoden der Sammelbewertung

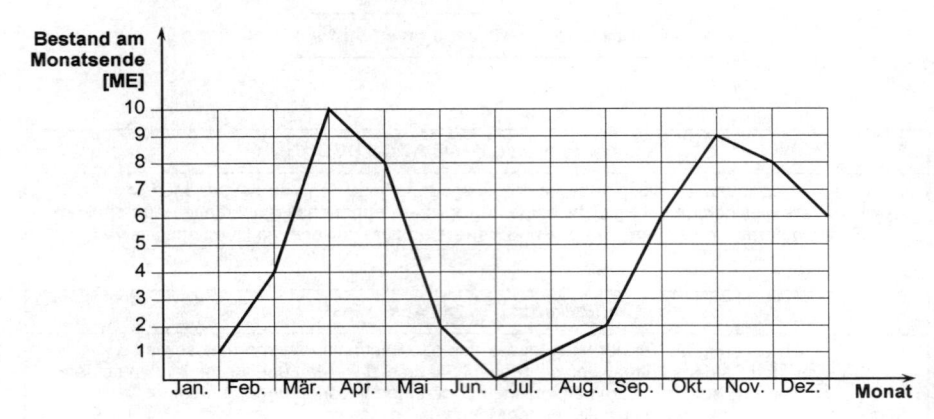

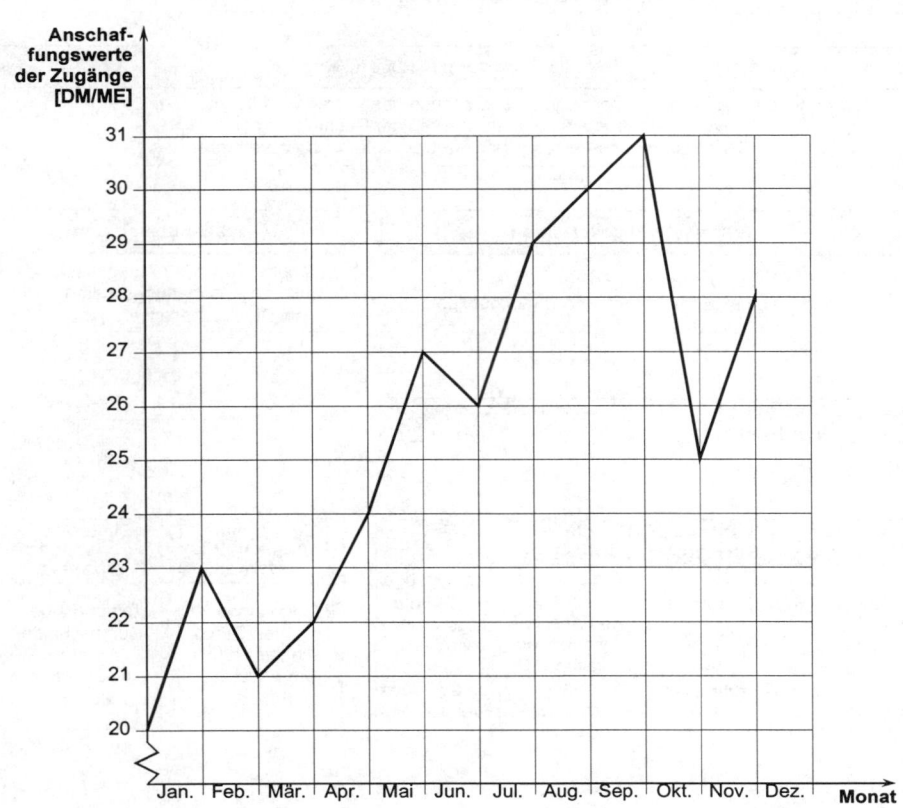

Jahresbezogene Methoden der Sammelbewertung bei schwankenden, im Trend steigenden Preisen

Verfahren	Daten / Monat	Dim.	Jan.	Feb.	Mär.	Apr.	Mai	Jun.	Jul.	Aug.	Sep.	Okt.	Nov.	Dez.	Σ	Wert der Verbräuche und des Endbestands [DM/ME]
	Zugang am Monatsanfang	[ME]	5	9	10	6	3	4	2	3	8	6	2	3	61	
	effektiver Monatsverbrauch	[ME]	4	6	4	8	9	6	1	2	4	3	3	5	55	
	Bestand am Monatsende	[ME]	1	4	10	8	2	0	1	2	6	9	8	6	6	
	Anschaffungswert des Zugangs	[DM/ME]	20	23	21	22	24	27	26	29	30	31	25	28	-	
FIFO	Verbrauchspriorität		(1)	(2)	(3)	(4)	(5)	(6)	(7)	(8)	(9)	(10)	(11)	(12)	-	-
	Jahresverbrauch	[ME]	5	9	10	6	3	4	2	3	8	5	-	-	55	-
		[DM]	100	207	210	132	72	108	52	87	240	155	-	-	1363	24,78
	unterstellte Zusammensetzung des Endbestands	[ME]	-	-	-	-	-	-	-	-	-	1	2	3	6	-
		[DM]	-	-	-	-	-	-	-	-	-	31	50	84	165	27,50
LIFO	Verbrauchspriorität		(12)	(11)	(10)	(9)	(8)	(7)	(6)	(5)	(4)	(3)	(2)	(1)	-	-
	Jahresverbrauch	[ME]	-	8	10	6	3	4	2	3	8	6	2	3	55	-
		[DM]	-	184	210	132	72	108	52	87	240	186	50	84	1405	25,55
	unterstellte Zusammensetzung des Endbestands	[ME]	5	1	-	-	-	-	-	-	-	-	-	-	6	-
		[DM]	100	23	-	-	-	-	-	-	-	-	-	-	123	20,50
HIFO	Verbrauchspriorität		(12)	(9)	(11)	(10)	(8)	(5)	(6)	(3)	(2)	(1)	(7)	(4)	-	-
	Jahresverbrauch	[ME]	-	9	9	6	3	4	2	3	8	6	2	3	55	-
		[DM]	-	207	189	132	72	108	52	87	240	186	50	84	1407	25,58
	unterstellte Zusammensetzung des Endbestands	[ME]	5	-	1	-	-	-	-	-	-	-	-	-	6	-
		[DM]	100	-	21	-	-	-	-	-	-	-	-	-	121	20,17
LOFO	Verbrauchspriorität		(1)	(4)	(2)	(3)	(5)	(8)	(7)	(10)	(11)	(12)	(6)	(9)	-	-
	Jahresverbrauch	[ME]	5	9	10	6	3	4	2	3	8	-	2	3	55	-
		[DM]	100	207	210	132	72	108	52	87	240	-	50	84	1342	24,40
	unterstellte Zusammensetzung des Endbestands	[ME]	-	-	-	-	-	-	-	-	-	6	-	-	6	-
		[DM]	-	-	-	-	-	-	-	-	-	186	-	-	186	31,00

Permanente Sammelbewertung nach dem LIFO-Verfahren bei schwankenden, im Trend steigenden Preisen

Monat		Dim.	Jan.	Feb.	Mär.	Apr.	Mai	Jun.	Jul.	Aug.	Sep.	Okt.	Nov.	Dez.	Σ	Wert der Ver- bräuche und des Endbe- stands DM/ME]
	Zugang am Monatsanfang	[ME]	5	9	10	6	3	4	2	3	8	6	2	3	61	
	effektiver Monatsverbrauch	[ME]	4	6	4	8	9	6	1	2	4	3	3	5	55	
	Bestand am Monatsende	[ME]	1	4	10	8	2	0	1	2	6	9	8	6	6	
	Anschaffungswert des Zugangs	[DM/ME]	20	23	21	22	24	27	26	29	30	31	25	28	-	
Januar	Anfangsbestand	[ME] [DM/ME]	5 20													
	Verbrauchspriorität		(1)				\multicolumn{7}{l	}{Durchschnittswert des **Jahres**-}				
	Monatsverbräuche	[ME]	4				\multicolumn{7}{l	}{**endbestands** nach permanentem}			4	20,00
		[DM]	80				\multicolumn{7}{l	}{LIFO = 29,16 DM/ME}			80	
Februar	Restbestände und Zugang des Monats	[ME] [DM/ME]	1 20	9 23			\multicolumn{7}{l	}{Durchschnittswert des **Jahres**-}				
	Verbrauchspriorität			(1)			\multicolumn{7}{l	}{**endbestands** nach jahresbezogenem}				
	Monatsverbräuche	[ME]	-	6			\multicolumn{7}{l	}{LIFO = 20,50 DM/ME}			6	23,00
		[DM]	-	138											138	
März	Restbestände und Zugang des Monats	[ME] [DM/ME]	1 20	3 23	10 21											
	Verbrauchspriorität				(1)		\multicolumn{7}{l	}{Durchschnittswert des **Jahres**-}				
	Monatsverbräuche	[ME]	-	-	4		\multicolumn{7}{l	}{**verbrauchs** nach permanentem}			4	21,00
		[DM]	-	-	84		\multicolumn{7}{l	}{LIFO = 25,46 DM/ME}			84	
April	Restbestände und Zugang des Monats	[ME] [DM/ME]	1 20	3 23	6 21	6 22										
	Verbrauchspriorität				(2)	(1)	\multicolumn{6}{l	}{Durchschnittswert des **Jahres**-}				
	Monatsverbräuche	[ME]	-	-	2	6	\multicolumn{6}{l	}{**verbrauchs** nach jahresbezogenem}			8	21,75
		[DM]	-	-	42	132	\multicolumn{6}{l	}{LIFO = 25,55 DM/ME}			174	
Mai	Restbestände und Zugang des Monats	[ME] [DM/ME]	1 20	3 23	4 21	0	3 24									
	Verbrauchspriorität			(3)	(2)		(1)									
	Monatsverbräuche	[ME]	-	2	4		3								9	22,44
		[DM]	-	46	84		72								202	
Juni	Restbestände und Zugang des Monats	[ME] [DM/ME]	1 20	1 23	0		0	4 27								
	Verbrauchspriorität		(3)	(2)			(1)									
	Monatsverbräuche	[ME]	1	1			4								6	25,17
		[DM]	20	23			108								151	
Juli	Restbestände und Zugang des Monats	[ME] [DM/ME]	0	0			0	2 26								
	Verbrauchspriorität							(1)								
	Monatsverbräuche	[ME]						1							1	26,00
		[DM]						26							26	
August	Restbestände und Zugang des Monats	[ME] [DM/ME]						1 26	3 29							
	Verbrauchspriorität								(1)							
	Monatsverbräuche	[ME]						-	2						2	29,00
		[DM]						-	58						58	
September	Restbestände und Zugang des Monats	[ME] [DM/ME]						1 26	1 29	8 30						
	Verbrauchspriorität									(1)						
	Monatsverbräuche	[ME]						-	-	4					4	30,00
		[DM]						-	-	120					120	
Oktober	Restbestände und Zugang des Monats	[ME] [DM/ME]						1 26	1 29	4 30	6 31					
	Verbrauchspriorität										(1)					
	Monatsverbräuche	[ME]						-	-	-	3				3	31,00
		[DM]						-	-	-	93				93	
November	Restbestände und Zugang des Monats	[ME] [DM/ME]						1 26	1 29	4 30	3 31	2 25				
	Verbrauchspriorität										(2)	(1)				
	Monatsverbräuche	[ME]						-	-	-	1	2			3	27,00
		[DM]						-	-	-	31	50			81	
Dezember	Restbestände und Zugang des Monats	[ME] [DM/ME]						1 26	1 29	4 30	2 31	0	3 28			
	Verbrauchspriorität										(2)		(1)			
	Monatsverbräuche	[ME]						-	-	-	2		3	5		29,20
		[DM]						-	-	-	62		84	146		
	unterstellte Zusammensetzung des Endbestandes	[ME] [DM]	0 -	0 -	0 -	0 -	0 -	1 26	1 29	4 120	0 -	0 -	0 -		6 175	29,16

Permanente Sammelbewertung nach dem HIFO-Verfahren bei schwankenden, im Trend steigenden Preisen

Monat		Dim.	Jan.	Feb.	Mär.	Apr.	Mai	Jun.	Jul.	Aug.	Sep.	Okt.	Nov.	Dez.	Σ	Wert der Verbräuche und des Endbestands [DM/ME]
Zugang am Monatsanfang		[ME]	5	9	10	6	3	4	2	3	8	6	2	3	61	
effektiver Monatsverbrauch		[ME]	4	6	4	8	9	6	1	2	4	3	3	5	55	
Bestand am Monatsende		[ME]	1	4	10	8	2	0	1	2	6	9	8	6		
Anschaffungswert des Zugangs		[DM/ME]	20	23	21	22	24	27	26	29	30	31	25	28	-	
Januar	Anfangsbestand	[ME] [DM/ME]	5 20													
	Verbrauchspriorität		(1)				Durchschnittswert des Jahresendbestands nach permanentem HIFO = 26,67 DM/ME									
	Monatsverbräuche	[ME] [DM]	4 80											4 80	20,00
Februar	Restbestände und Zugang des Monats	[ME] [DM/ME]	1 20	9 23			Durchschnittswert des Jahresendbestands nach jahresbezogenem HIFO = 20,17 DM/ME									
	Verbrauchspriorität			(1)												
	Monatsverbräuche	[ME] [DM]	- -	6 138											6 138	23,00
März	Restbestände und Zugang des Monats	[ME] [DM/ME]	1 20	3 23	10 21											
	Verbrauchspriorität			(1)	(2)		Durchschnittswert des Jahresverbrauchs nach permanentem HIFO = 25,91 DM/ME									
	Monatsverbräuche	[ME] [DM]	- -	3 69	1 21										4 90	22,50
April	Restbestände und Zugang des Monats	[ME] [DM/ME]	1 20	0	9 21	6 22										
	Verbrauchspriorität				(2)	(1)	Durchschnittswert des Jahresverbrauchs nach jahresbezogenem HIFO = 25,58 DM/ME									
	Monatsverbräuche	[ME] [DM]	- -	- -	2 42	6 132									8 174	21,75
Mai	Restbestände und Zugang des Monats	[ME] [DM/ME]	1 20		7 21	0	3 24									
	Verbrauchspriorität				(2)		(1)									
	Monatsverbräuche	[ME] [DM]	- -		6 126		3 72								9 198	22,00
Juni	Restbestände und Zugang des Monats	[ME] [DM/ME]	1 20	1 21		0	4 27									
	Verbrauchspriorität		(3)	(2)			(1)									
	Monatsverbräuche	[ME] [DM]	1 20	1 21			4 108								6 149	24,83
Juli	Restbestände und Zugang des Monats	[ME] [DM/ME]	0	0			0	2 26								
	Verbrauchspriorität							(1)								
	Monatsverbräuche	[ME] [DM]						1 26							1 26	26,00
August	Restbestände und Zugang des Monats	[ME] [DM/ME]						1 26	3 29							
	Verbrauchspriorität								(1)							
	Monatsverbräuche	[ME] [DM]						- -	2 58						2 58	29,00
September	Restbestände und Zugang des Monats	[ME] [DM/ME]						1 26	1 29	8 30						
	Verbrauchspriorität									(1)						
	Monatsverbräuche	[ME] [DM]						- -	- -	4 120					4 120	30,00
Oktober	Restbestände und Zugang des Monats	[ME] [DM/ME]						1 26	1 29	4 30	6 31					
	Verbrauchspriorität										(1)					
	Monatsverbräuche	[ME] [DM]						- -	- -	- -	3 93				3 93	31,00
November	Restbestände und Zugang des Monats	[ME] [DM/ME]						1 26	1 29	4 30	3 31	2 25				
	Verbrauchspriorität										(1)					
	Monatsverbräuche	[ME] [DM]						- -	- -	- -	3 93	-			3 93	31,00
Dezember	Restbestände und Zugang des Monats	[ME] [DM/ME]						1 26	1 29	4 30	0	2 25	3 28			
	Verbrauchspriorität								(2)	(1)						
	Monatsverbräuche	[ME] [DM]						- -	1 29	4 120	-	-	-		5 149	29,80
unterstellte Zusammensetzung des Endbestandes		[ME] [DM]	0 -	0 -	0 -	0 -	0 -	1 26	0 -	0 -	0 -	2 50	3 84		6 160	26,67

Vereinbarkeit der Verfahren der Sammelbewertung mit dem strengen Niederstwertprinzip

Verfahren der Sammelbewertung	Zulässigkeit der Wertansätze in Abhängigkeit von der zugrundeliegenden Anschaffungswertermittlung			
	konstante Anschaffungswerte	steigende Anschaffungswerte	fallende Anschaffungswerte	schwankende Anschaffungswerte
FIFO-Verfahren (First In First Out)	Wertansätze sind nach allen Verfahren gleich und **zulässig**.	Wertansatz **zulässig** (Es entstehen stille Reserven, wenn die Bestände am Bilanzstichtag größer als der letzte Zugang sind.)	Wertansatz **zulässig,** wenn letzter Zugang größer oder gleich Bestand am Bilanzstichtag. Wertansatz **unzulässig,** wenn letzter Zugang kleiner als Bestand; Korrektur auf den niedrigeren Börsen- oder Marktpreis erforderlich!	Wertansätze sind in jedem konkreten Einzelfall daraufhin zu **überprüfen,** ob sie gemäß dem Niederstwertprinzip **zulässig** sind.
LIFO-Verfahren (Last In First Out)		Wertansatz **zulässig** (Es entstehen stille Reserven.)	Wertansatz **unzulässig;** Korrektur auf den niedrigeren Börsen- oder Marktpreis erforderlich!	
HIFO-Verfahren (Highest In First Out)		Wertansatz **zulässig** (Es entstehen stille Reserven.)	Wertansatz **zulässig,** wenn Bestand kleiner oder gleich letztem Zugang. Wertansatz **unzulässig,** wenn Bestand größer als letzter Zugang; Korrektur auf den niedrigeren Börsen- oder Marktpreis erforderlich!	
LOFO-Verfahren (Lowest In First Out)		Wertansatz **zulässig** (Es entstehen stille Reserven, wenn die Bestände am Bilanzstichtag größer als der letzte Zugang sind.)	Wertansatz **unzulässig;** Korrektur auf den niedrigeren Börsen- oder Marktpreis erforderlich!	
Durchschnittsverfahren		Wertansatz **zulässig** (Es entstehen stille Reserven.)	Wertansatz **unzulässig;** Korrektur auf den niedrigeren Börsen- oder Marktpreis erforderlich!	

6. Kapitel:
Bilanzierung und Bewertung der Passiva

I. Eigenkapital

> **Literaturhinweis zur Vertiefung**
>
> **Coenenberg**, Adolf G.: Jahresabschluß und Jahresabschlußanalyse, 16. Auflage, Landsberg am Lech 1997, S. 183-204 und S. 210-220.

1. **Begriff und Funktionen des Eigenkapitals**
   * Eigenkapital als Differenz von Vermögen und Schulden
   * Risikoübernahmefunktion (Haftungsfunktion) und Finanzierungsfunktion bei langfristiger Verfügbarkeit
   * Eigenfinanzierung durch das Unternehmen selbst (Gewinnthesaurierung) oder Außenstehende (Beteiligungsfinanzierung)

2. **Zusammensetzung des Eigenkapitals von Unternehmen unterschiedlicher Rechtsformen**
   * Konstante und variable Eigenkapitalkonten
     - Konstante Eigenkapitalkonten mit konstantem Bestand, um bei Unternehmensrechtsformen mit Haftungsbeschränkungen Haftungsvermögen in der im Gesellschaftsvertrag vereinbarten Höhe zu binden
     - Variable Eigenkapitalkonten mit von Jahr zu Jahr schwankendem Bestand durch Verbuchung von Einlagen und Entnahmen sowie Gewinnen und Verlusten
   * Mindestgliederung für das in der Bilanz auszuweisende Eigenkapital nur für Kapitalgesellschaften im HGB geregelt

3. **Privatkonten als Unterkonten des Eigenkapitals bei Nichtkapitalgesellschaften**
   * Verbuchung von privat verursachten Eigenkapitaländerungen auf Privateinlage - bzw. Privatentnahmekonten
   * Führung von mindestens einem Privatkonto pro Gesellschafter bei Personengesellschaften
   * Erfolgsneutraler Abschluß der Privatkonten auf das Eigenkapitalkonto

Zusammenfassender Überblick über die Zusammensetzung des Eigenkapitals von Unternehmen unterschiedlicher Rechtsformen[1]

	Rechtsform		Konstantes Eigenkapital		Variables Eigenkapital
	Einzelunternehmung		–		Eigenkapitalkonto des Einzelkaufmanns
Personengesellschaften	Offene Handelsgesellschaft	OHG	–		Eigenkapitalkonten der Gesellschafter
	Kommanditgesellschaft	KG	Eigenkapitalkonten der Kommanditisten		Eigenkapitalkonten der Komplementäre
	Stille Gesellschaft	StG	Einlage der stillen Gesellschafter		Eigenkapitalkonto des Firmeninhabers
Kapitalgesellschaften	Gesellschaft mit beschränkter Haftung	GmbH	Gezeichnetes Kapital	Stammkapital	Kapitalrücklage Gewinnrücklage Gewinn-/ Verlustvortrag
	Aktiengesellschaft	AG		Grundkapital	Jahresüberschuß/ -fehlbetrag

Privatkonten als Unterkonten des Eigenkapitals bei Nichtkapitalgesellschaften

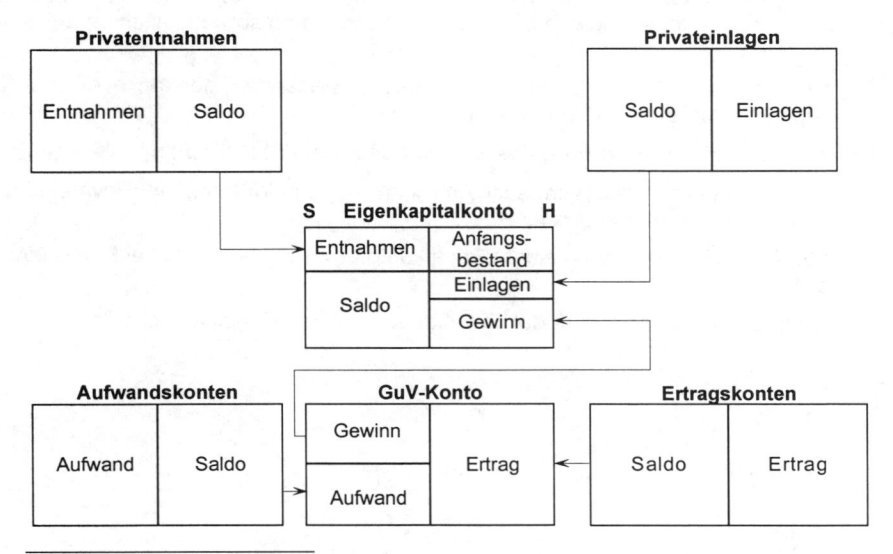

Privatentnahmen			Privateinlagen	
Entnahmen	Saldo		Saldo	Einlagen

S Eigenkapitalkonto H	
Entnahmen	Anfangsbestand
Saldo	Einlagen
	Gewinn

Aufwandskonten			GuV-Konto		Ertragskonten	
Aufwand	Saldo		Gewinn	Ertrag	Saldo	Ertrag
			Aufwand			

---

[1] Verkürzt in Anlehnung an Coenenberg, Adolf G.: Jahresabschluß und Jahresabschlußanalyse, 14. Aufl., München 1993, S. 117.

II. Sonderposten mit Rücklageanteil

> **Literaturhinweis zur Vertiefung**
>
> **Coenenberg**, Adolf G.: Jahresabschluß und Jahresabschlußanalyse, 16. Auflage, Landsberg am Lech 1997, S. 204-210.
>
> **Baetge**, Jörg: Bilanzen, 4. Auflage, Düsseldorf 1996, S. 499-503.

1. **Wesen und Inhalt nach § 247 Abs. 3 HGB**
    * Sammelposition für nach steuerrechtlichen Vorschriften aufgrund der umgekehrten Maßgeblichkeit gebildeten Passivposten (§ 247 Abs. 3 HGB)

> **§ 247 Abs. 3 HGB**[1]
>
> (3) Passivposten, die für Zwecke der **Steuern vom Einkommen und vom Ertrag** zulässig sind, dürfen in der Bilanz gebildet werden. Sie sind als **Sonderposten mit Rücklageanteil** auszuweisen und nach Maßgabe des Steuerrechts aufzulösen. Einer Rückstellung bedarf es insoweit nicht.

[1] im Original des Gesetzestextes keine Hervorhebungen

   * Passivposten, die nach Steuerrecht aus noch unversteuertem Gewinn gebildet werden dürfen und in späteren Jahren erfolgswirksam aufzulösen sind, sowie
   * Passivposten für Beträge, die die nach ausschließlich handelsrechtlichen Vorschriften erlaubten Abschreibungen des Anlage- oder Umlaufvermögens im Sinne steuerlicher Sonderabschreibungen übersteigen
   * Ausweis auf der Passivseite der Bilanz vor den Rückstellungen

2. **Sonderposten für steuerlich abzugsfähige Rücklagen**
    * Rücklagen aus noch unversteuertem Gewinn ("steuerfreie Rücklagen"), die infolge steuerrechtlicher Vorschriften den steuerpflichtigen Gewinn mindern und erst bei Auflösung versteuert werden müssen
    * Entspricht einer zinslosen Steuerstundung, da Beträge nur vorübergehend der Erfolgsbesteuerung entzogen
    * Mischposten aus Eigen- und Fremdkapital mit Rücklagen- wie auch Rückstellungscharakter
    * Rücklage für Ersatzbeschaffung und Rücklage für Veräußerungsgewinn als wichtigste Fälle

3. **Rücklage für Ersatzbeschaffung gemäß R 35 EStR**
    * Betrifft Gewinne, die durch das Ausscheiden eines Wirtschaftsgutes aus dem Betriebsvermögen aufgrund höherer Gewalt (Brand, Diebstahl) oder behördlicher Eingriffe (Enteignung) entstehen

- * Übertragung aufgedeckter stiller Reserven als Unterschiedsbetrag zwischen gewährter Entschädigung und Buchwert auf ein Ersatzwirtschaftsgut
- * In Höhe dieser Differenz Bildung einer steuerfreien Rücklage für Ersatzbeschaffung, wenn die Beschaffung für das dem Ausscheiden folgende Wirtschaftsjahr geplant
- * Übertragung des Sonderpostens durch Vornahme einer steuerlichen Sonderabschreibung auf das Ersatzwirtschaftsgut
- * Versteuerung der zunächst steuerfreien Beträge durch niedrigere Abschreibung dieses Gutes

4. **Rücklage für Veräußerungsgewinn gemäß § 6b EStG**
   - * Übertragung aufgedeckter stiller Reserven aus dem Verkauf bestimmter Anlagegüter über dem Buchwert zu 50% bzw. 100% auf bestimmte Reinvestitionsgüter
   - * Bildung einer den steuerlichen Gewinn mindernden Rücklage und Übertragung grundsätzlich innerhalb von 4 Jahren
   - * Minderung des Buchwerts der neu angeschafften Wirtschaftsgüter
   - * Versteuerung der zunächst steuerfreien Beträge durch niedrigere Abschreibungen in den Folgejahren

5. **Sonderposten als Wertberichtigung aufgrund steuerrechtlicher Sonderabschreibungen für Kapitalgesellschaften nach § 281 i.V.m. §§ 273, 279 Abs. 2 HGB**
   - * Steuerlich bedingte Sonderabschreibungen über die handelsrechtlich gebotenen hinaus gemäß § 254 HGB erlaubt
   - * Direkte Abschreibung durch Reduzierung des Buchwertes eines Vermögensgegenstandes des Anlage- oder Umlaufvermögens oder
   - * Wertberichtigung durch Bildung eines Sonderpostens mit Rücklageanteil in Höhe der Differenz zwischen handels- und steuerrechtlich gestatteter Abschreibung als Ausweis entsprechend der indirekten Bruttomethode

§ 273 HGB[1]

Der Sonderposten mit Rücklageanteil (§ 247 Abs. 3) darf nur insoweit gebildet werden, als das **Steuerrecht** die Anerkennung des Wertansatzes bei der steuerrechtlichen Gewinnermittlung davon abhängig macht, daß der Sonderposten **in der Bilanz gebildet** wird. Er ist auf der Passivseite vor den Rückstellungen auszuweisen; die Vorschriften, nach denen er gebildet worden ist, sind in der Bilanz oder im Anhang anzugeben.

§ 279 Abs. 2 HGB[1]

(2) Abschreibungen nach § 254 dürfen nur insoweit vorgenommen werden, als das **Steuerrecht** ihre Anerkennung bei der steuerrechtlichen Gewinnermittlung davon abhängig macht, daß sie sich **aus der Bilanz ergeben**.

> **§ 281 HGB**[1]
>
> (1) Die nach § 254 zulässigen Abschreibungen dürfen auch in der Weise vorgenommen werden, daß der **Unterschiedsbetrag** zwischen der nach § 253 in Verbindung mit § 279 und der nach § 254 zulässigen Bewertung in den Sonderposten mit Rücklageanteil eingestellt wird. In der Bilanz oder im Anhang sind die Vorschriften anzugeben, nach denen die Wertberichtigung gebildet worden ist. Unbeschadet steuerrechtlicher Vorschriften über die Auflösung ist die Wertberichtigung insoweit aufzulösen, als die Vermögensgegenstände, für die sie gebildet worden ist, aus dem Vermögen ausscheiden oder die steuerrechtliche Wertberichtigung durch handelsrechtliche Abschreibungen ersetzt wird.
>
> (2) Im Anhang ist der **Betrag der im Geschäftsjahr allein nach steuerrechtlichen Vorschriften** vorgenommenen Abschreibungen, getrennt nach Anlage- und Umlaufvermögen, anzugeben, soweit er sich nicht aus der Bilanz oder der Gewinn- und Verlustrechnung ergibt, und hinreichend zu begründen. Erträge aus der Auflösung des Sonderpostens mit Rücklageanteil sind in dem Posten "sonstige betriebliche Erträge", Einstellungen in den Sonderposten mit Rücklageanteil sind in dem Posten "sonstige betriebliche Aufwendungen" der Gewinn- und Verlustrechnung gesondert auszuweisen oder im Anhang anzugeben.

[1] im Original des Gesetzestextes keine Hervorhebungen

* Auflösung der indirekt ausgewiesenen Abschreibungsbeträge in den Folgejahren in Höhe des jeweiligen Unterschiedsbetrags zwischen handels- und steuerrechtlicher Abschreibung des Jahres
* Keine Abbildung echter Wertminderungen, sondern bewußte Bildung stiller Reserven
* Gewinn- und steuerschulderhöhende Wirkung der verringerten Abschreibungsbeträge der Folgejahre
* Sonderposten mit Rücklageanteil demzufolge auch in diesem Fall mit Eigenkapital- und Fremdkapitalanteil

Ersatzbeschaffungsrücklage nach R 35 EStR

Ausgangsdaten

Eine Maschine mit einem Restbuchwert von **60 TDM** wird im Jahr 1 durch Brand zerstört. Dafür erhält das Unternehmen eine Versicherungszahlung in Höhe von **100 TDM** im Jahr 1. Die Beschaffung einer Ersatzanlage im Wert von **150 TDM** erfolgt am Ende von Jahr 2. Die planmäßige lineare Abschreibung der Ersatzanlage mit einer betrieblichen Nutzungsdauer von 5 Jahren beginnt erst im 3. Jahr.

Jahresabschlüsse des Unternehmens bei Verzicht auf die Bildung des Sonderpostens nach R 35 EStR

	Periode	1	2	3	4	5
Bilanz [TDM]	**Aktiva**					
	- Altanlage (im Jahr 1 von 60 auf 0 abgeschrieben)	0				
	- **Ersatzanlage**		150	120	90	60
	- sonstiges Anlagevermögen	710	700	650	600	550
	- Umlaufvermögen	550	410	440	475	420
	Passiva					
	- Eigenkapital	660	660	700	710	710
	- Verbindlichkeiten	600	600	510	455	320
GuV [TDM]	- Umsatzerlöse	850	810	810	750	720
	- Material- und Personalaufwand	680	590	610	570	550
	- Abschreibungen					
	- planmäßige Abschreibungen auf die Ersatzanlage			30	30	30
	- planmäßige Abschreibungen auf sonstiges Anlagevermögen	50	50	50	50	50
	- außerordentliche Erträge (Versicherungszahlung)	100				
	- außerordentliche Aufwendungen (Abschreibung der Altanlage)	60				
	- Jahresüberschuß vor Steuern	160	170	120	100	90
	- **Steuern** (Steuersatz 60%)	**96**	**102**	**72**	**60**	**54**
	- Jahresüberschuß nach Steuern	64	68	48	40	36

Fortsetzung

Jahresabschlüsse des Unternehmens bei der Bildung des Sonderpostens nach R 35 EStR

Das Unternehmen bildet nun einen Sonderposten mit Rücklageanteil in Höhe von **40 TDM** im Jahr 1 nach R 35 EStR und löst diesen im Jahr 2 durch Übertragung auf die neue Anlage auf.

	Periode	1	2	3	4	5
Bilanz [TDM]	**Aktiva**					
	- Altanlage (im Jahr 1 von 60 auf 0 abgeschrieben)	0				
	- **Ersatzanlage**		110	88	66	44
	- sonstiges Anlagevermögen	710	700	650	600	550
	- Umlaufvermögen	550	410	440	475	420
	Passiva					
	- Eigenkapital	620	620	668	586	694
	- **Sonderposten mit Rücklageanteil**	40				
	- Verbindlichkeiten	600	600	510	455	320
GuV [TDM]	- Umsatzerlöse	850	810	810	750	720
	- **sonstige betriebliche Erträge** (Auflösung des Sonderpostens mit Rücklageanteil)		40			
	- Material- und Personalaufwand	680	590	610	570	550
	- Abschreibungen					
	- planmäßige Abschreibungen auf die Ersatzanlage			22	22	22
	- planmäßige Abschreibungen auf sonstiges Anlagevermögen	50	50	50	50	50
	- **außerplanmäßige, steuerlich bedingte Abschreibung der Ersatzanlage**		40			
	- **sonstige betriebliche Aufwendungen** (Bildung des Sonderpostens mit Rücklageanteil)	40				
	- außerordentliche Erträge (Versicherungszahlung)	100				
	- außerordentliche Aufwendungen (Abschreibung der Altanlage)	60				
	- Jahresüberschuß vor Steuern	120	170	128	108	98
	- **Steuern** (Steuersatz 60%)	**72**	**102**	**76,8**	**64,8**	**59,8**
	- Unterschied im Vergleich zum Verzicht auf die Bildung des Sonderpostens	−14	0	+4,8	+4,8	+4,8
	- Jahresüberschuß nach Steuern	48	68	51,2	43,2	39,2

Rücklage für Veräußerungsgewinn nach § 6b EStG

Ausgangsdaten

Ein Unternehmen verkauft eine den Bestimmungen des § 6b EStG entsprechende bewegliche Anlage für **100 TDM** mit einem Buchwert von **60 TDM** im Jahr 1. Am Ende von Jahr 2 wird eine neue Anlage mit einer betrieblichen Nutzungsdauer von 25 Jahren zu einem Preis von **150 TDM** beschafft. Die planmäßige lineare Abschreibung beginnt im 3. Jahr.

Jahresabschlüsse des Unternehmens bei Verzicht auf die Bildung des Sonderpostens nach § 6b EStG

	Periode	1	2	3	4	5
Bilanz [TDM]	**Aktiva**					
	- Altanlage (im Jahr 1 veräußert)	0				
	- neue Anlage		150	144	138	132
	- sonstiges Anlagevermögen	710	700	650	600	550
	- Umlaufvermögen	550	410	440	475	420
	Passiva					
	- Eigenkapital	660	660	724	758	782
	- Verbindlichkeiten	600	600	510	455	320
GuV [TDM]	- Umsatzerlöse	850	810	810	750	720
	- sonstige betriebliche Erträge (Überschuß des Verkaufspreises 100 über den Buchwert 60)	40				
	- Material- und Personalaufwand	680	590	610	570	550
	- Abschreibungen					
	- planmäßige Abschreibungen auf die neue Anlage			6	6	6
	- planmäßige Abschreibungen auf sonstiges Anlagevermögen	50	50	50	50	50
	- Jahresüberschuß vor Steuern	160	170	144	124	114
	- **Steuern** (Steuersatz 60%)	**96**	**102**	**86,4**	**74,4**	**68,4**
	- Jahresüberschuß nach Steuern	64	68	57,6	49,6	45,6

Fortsetzung

Jahresabschlüsse des Unternehmens bei der Bildung des Sonderpostens nach § 6b EStG

Im Jahr 1 erfolgt nun die Bildung eines Sonderpostens mit Rücklageanteil nach § 6b EStG in Höhe von 50% des Veräußerungsgewinns. Diese stille Reserve der Vorgängeranlage wird auf die neue Anlage durch Auflösen des Sonderpostens mit Rücklageanteil im Jahr 2 übertragen.

	Periode	1	2	3	4	5
Bilanz [TDM]	**Aktiva**					
	- Altanlage (im Jahr 1 veräußert)	0				
	- neue Anlage		130	124,8	119,6	114,4
	- sonstiges Anlagevermögen	710	700	650	600	550
	- Umlaufvermögen	550	410	440	475	420
	Passiva					
	- Eigenkapital	640	640	704,8	739,6	764,4
	- **Sonderposten mit Rücklageanteil**	20				
	- Verbindlichkeiten	600	600	510	455	320
GuV [TDM]	- Umsatzerlöse	850	810	810	750	720
	- **sonstige betriebliche Erträge**					
	- Überschuß des Verkaufspreises 100 über den Buchwert 60 im Jahr 1	40				
	- **Auflösung des Sonderpostens mit Rücklageanteil im Jahr 2**		20			
	- Material- und Personalaufwand	680	590	610	570	550
	- Abschreibungen					
	- planmäßige Abschreibungen auf die neue Anlage			5,2	5,2	5,2
	- planmäßige Abschreibungen auf sonstiges Anlagevermögen	50	50	50	50	50
	- **außerplanmäßige, steuerlich bedingte Abschreibung der neuen Anlage**		20			
	- **sonstige betriebliche Aufwendungen (Bildung des Sonderpostens mit Rücklageanteil**	20				
	- Jahresüberschuß vor Steuern	140	170	144,8	124,8	114,8
	- **Steuern** (Steuersatz 60%)	84	102	86,9	74,9	68,9
	- Unterschied im Vergleich zum Verzicht auf die Bildung des Sonderpostens	-12	0	+0,5	+0,5	+0,5
	- Jahresüberschuß nach Steuern	56	68	57,9	49,9	45,9

Wertberichtigung auf eine Anlage gemäß § 7d EStG i.V.m. § 281 HGB

Ausgangsdaten

Ein Unternehmen kauft zu Beginn von Jahr 1 eine Umweltschutzanlage für **100 TDM** mit einer betrieblichen Nutzungsdauer von 5 Jahren. Die Anlage wird in Höhe von 20% in jedem der 5 Jahre planmäßig abgeschrieben. Zusätzlich erfolgt eine direkte steuerlich bedingte Abschreibung in Höhe von 40% im Jahr 1.

Jahresabschlüsse des Unternehmens im Fall der direkt vorgenommenen steuerlich bedingten Abschreibung

	Periode	1	2	3	4	5
Bilanz [TDM]	**Aktiva**					
	- Restbuchwert der Umweltschutzanlage	40	30	20	10	
	- sonstiges Anlagevermögen	1.100	960	820	700	580
	- Umlaufvermögen	2.500	1.820	1.600	1.650	1.240
	Passiva					
	- Eigenkapital	1.060	1.060	1.050	1.045	1.046
	- Verbindlichkeiten	2.580	1.750	1.390	1.315	780
GuV [TDM]	- Umsatzerlöse	1.080	1.150	1.080	1.160	1.020
	- Material- und Personalaufwand	800	850	850	950	830
	- Abschreibungen					
	- planmäßige Abschreibungen auf die Umweltschutzanlage	20	10	10	10	10
	- planmäßige Abschreibungen auf sonstiges Anlagevermögen	140	140	120	120	120
	- direkte, steuerlich bedingte Abschreibung der Umweltschutzanlage	40				
	- Jahresüberschuß vor Steuern	80	150	100	80	60
	- Steuern (Steuersatz 60%)	**48**	**90**	**60**	**48**	**36**
	- Jahresüberschuß nach Steuern	32	60	40	32	24

Fortsetzung

Jahresabschlüsse des Unternehmens im Fall der Bildung des Sonderpostens als Wertberichtigung

Statt der direkten erfolgt nun im 1. Jahr eine indirekte, steuerlich bedingte Abschreibung (= Bildung einer Wertberichtigung) der Anlage in Höhe von 40% durch Bildung eines Sonderpostens mit Rücklageanteil (§ 7d EStG i.V.m. § 279 Abs. 2 und § 281 Abs. 1 HGB). Der Sonderposten wird in den Folgejahren in der Höhe aufgelöst, in der die zu verbuchenden handelsrechtlichen Abschreibungen die tatsächlichen niedrigeren Abschreibungen aufgrund der einmaligen steuerlichen Wertberichtigung übersteigen.

	Periode	1	2	3	4	5
Bilanz [TDM]	**Aktiva**					
	- Restbuchwert der Umweltschutzanlage	80	60	40	20	
	- sonstiges Anlagevermögen	1.100	960	820	700	580
	- Umlaufvermögen	2.500	1.820	1.600	1.650	1.240
	Passiva					
	- Eigenkapital	1.060	1.060	1.050	1.045	1.046
	- **Sonderposten mit Rücklageanteil**	40	30	20	10	
	- Verbindlichkeiten	2.580	1.750	1.390	1.315	780
GuV [TDM]	- Umsatzerlöse	1.080	1.150	1.080	1.160	1.020
	- **sonstige betriebliche Erträge (durch sukzessive Auflösung des Sonderpostens mit Rücklageanteil)**		10	10	10	10
	- Material- und Personalaufwand	800	850	850	950	830
	- Abschreibungen					
	- **planmäßige Abschreibungen auf die Umweltschutzanlage**	20	20	20	20	20
	- planmäßige Abschreibungen auf sonstiges Anlagevermögen	140	140	120	120	120
	- **sonstige betriebliche Aufwendungen (Bildung des Sonderpostens mit Rücklageanteil**	40				
	- Jahresüberschuß vor Steuern	80	150	100	80	60
	- **Steuern** (Steuersatz 60%)	**48**	**90**	**60**	**48**	**36**
	- Jahresüberschuß nach Steuern	32	60	40	32	24

III. Rückstellungen

> **Literaturhinweis zur Vertiefung**
>
> **Baetge**, Jörg: Bilanzen, 4. Auflage, Düsseldorf 1996, S. 349-380.

1. **Begriff und Wesen bilanzieller Rückstellungen**
   * Verpflichtungen gegenüber Dritten, Verluste sowie Aufwendungen, deren Bestehen dem Grunde nach wahrscheinlich oder sicher, deren Fälligkeit und/oder Höhe am Bilanzstichtag jedoch ungewiß ist
   * Ausfluß des Vorsichtsprinzips und des Gläubigerschutzes
   * Rückstellungen formal Teil des Fremdkapitals
2. **Unterscheidung der Rückstellungen nach betriebswirtschaftlichen Gesichtspunkten**
   * Rückstellungen aufgrund einer Verpflichtung gegenüber Dritten (Außenverpflichtungen) zur Gewährleistung der korrekten Darstellung des Reinvermögens
   * Rückstellungen für bestimmte, der Periode zuzurechnende Aufwendungen (Innenverpflichtungen) als Instrument für den periodengerechten Erfolgsausweis
3. **Rückstellungsarten nach Handelsrecht sowie deren Bilanzierung nach § 249 HGB**
   * Regelung im abschließenden Katalog des § 249 HGB

> **§ 249 HGB**[1]
>
> (1) Rückstellungen sind für **ungewisse Verbindlichkeiten** und für **drohende Verluste aus schwebenden Geschäften** zu bilden. Ferner sind Rückstellungen zu bilden für
> 1. im Geschäftsjahr **unterlassene Aufwendungen für Instandhaltung**, die im folgenden Geschäftsjahr innerhalb von drei Monaten, oder für **Abraumbeseitigung**, die im folgenden Geschäftsjahr nachgeholt werden,
> 2. **Gewährleistungen**, die **ohne rechtliche Verpflichtung** erbracht werden. Rückstellungen dürfen für unterlassene Aufwendungen für Instandhaltung auch gebildet werden, wenn die Instandhaltung nach Ablauf der Frist nach Satz 2 Nr. 1 innerhalb des Geschäftsjahres nachgeholt wird.
>
> (2) Rückstellungen dürfen außerdem für ihrer Eigenart nach genau umschriebene, dem Geschäftsjahr oder einem früheren Geschäftsjahr zuzuordnende **Aufwendungen** gebildet werden, die am Abschlußstichtag wahrscheinlich oder sicher, aber hinsichtlich ihrer Höhe oder des Zeitpunktes ihres Eintritts unbestimmt sind.
>
> (3) Für andere als die in den Absätzen 1 und 2 bezeichneten Zwecke **dürfen Rückstellungen nicht gebildet werden**. Rückstellungen dürfen nur aufgelöst werden, soweit der Grund hierfür entfallen ist.

[1] im Original des Gesetzestextes keine Hervorhebungen

- * Passivierungspflicht von Rückstellungen
  - Für ungewisse Verbindlichkeiten
  - Für drohende Verluste aus schwebenden Geschäften
  - Für unterlassende Instandhaltung, sofern diese innerhalb von drei Monaten nach dem Bilanzstichtag nachgeholt wird
  - Für Abraumbeseitigung
  - Für Gewährleistungen ohne rechtliche Verpflichtung (Kulanzleistungen)
- * Passivierungswahlrecht von Rückstellungen
  - Für unterlassene Instandhaltung, sofern diese zwischen dem 4. und dem 12. Monat nach dem Bilanzstichtag nachgeholt wird
  - Für bestimmte, genau umschriebene Aufwendungen, die dem Geschäftsjahr oder einem früheren Geschäftsjahr zuordenbar sind
- * Passivierungsverbot zur Bildung von Rückstellungen für andere Zwecke

4. **Bilanzieller Ausweis von Rückstellungen nach § 266 Abs. 3 HGB**
   - * Pensionsrückstellungen
     - Rückstellung für ungewisse Verbindlichkeiten im Falle unmittelbarer Versorgungszusage
     - Passivierungspflicht für Zusagen ab dem 01.01.1987
   - * Steuerrückstellungen als Rückstellungen für ungewisse Verbindlichkeiten
   - * Sonstige Rückstellungen als Sammelposten

5. **Bewertung der Rückstellungen**
   - * Bewertung nach vernünftiger kaufmännischer Beurteilung
   - * Beachtung des Vorsichtsprinzips
   - * Abzinsung nur, soweit die zugrundeliegenden Verbindlichkeiten einen Zinsanteil enthalten (§ 253 Abs. 1 HGB)
   - * Ansatz hinreichend genau ermittelter Daten zum Beispiel für Steuerrückstellungen
   - * Erwartungswerte aufgrund bestehender Erfahrungen, z.B. versicherungsmathematische Richtwerte für die Bemessung von Pensionsrückstellungen

Verpflichtungscharakter von Rückstellungen

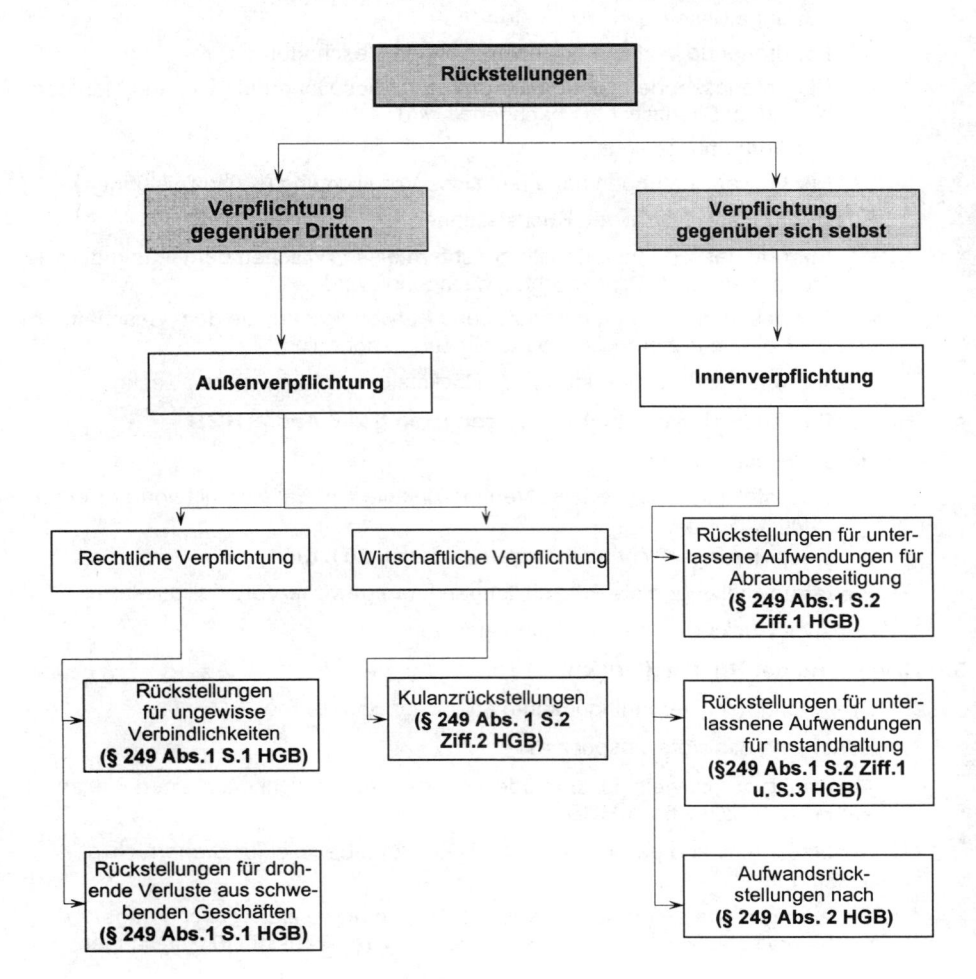

```
                        Rückstellungen
                        /            \
        Verpflichtung              Verpflichtung
        gegenüber Dritten         gegenüber sich selbst
              |                          |
        Außenverpflichtung        Innenverpflichtung
          /         \                    |
Rechtliche      Wirtschaftliche          ├──> Rückstellungen für unter-
Verpflichtung   Verpflichtung                 lassene Aufwendungen für
    |                |                         Abraumbeseitigung
    |                |                         (§ 249 Abs.1 S.2 Ziff.1 HGB)
    ├──> Rückstellungen     Kulanzrückstellungen
    |    für ungewisse      (§ 249 Abs. 1 S.2    ├──> Rückstellungen für unter-
    |    Verbindlichkeiten  Ziff.2 HGB)               lassnene Aufwendungen
    |    (§ 249 Abs.1 S.1 HGB)                        für Instandhaltung
    |                                                 (§249 Abs.1 S.2 Ziff.1
    └──> Rückstellungen für droh-                     u. S.3 HGB)
         ende Verluste aus schwe-
         benden Geschäften              └──> Aufwandsrück-
         (§ 249 Abs.1 S.1 HGB)               stellungen nach
                                              (§ 249 Abs. 2 HGB)
```

Arten handelsrechtlicher Rückstellungen

			Merkmale
Passivierungspflicht	Rückstellungen aufgrund Verpflichtungen gegenüber Dritten (Außenverpflichtungen)	Rückstellungen für ungewisse Verbindlichkeiten	- Rechtliche oder wirtschaftliche Verpflichtungen gegenüber Dritten, die dem Grund nach wahrscheinlich oder sicher sind, deren Höhe und/oder Fälligkeit jedoch ungewiß ist
		Rückstellungen für drohende Verluste aus schwebenden Geschäften	- Wahrscheinliche Verluste aus zweiseitig verpflichtenden Rechtsgeschäften, die noch von keinem Vertragspartner erfüllt wurden - Gehören ebenso zu Rückstellungen für ungewisse Verbindlichkeiten, sind jedoch gesondert im Gesetz aufgeführt
		Rückstellungen für Gewährleistungen ohne rechtliche Verpflichtung	- Gewährleistungen, die nach dem Ablauf der gesetzlichen oder vertraglichen vereinbarten Garantiefrist erbracht werden oder über das gesetzlich oder vertraglich vereinbarte Maß hinausgehen - Gehören ebenso zu den Rückstellungen für ungewisse Verbindlichkeiten, sind jedoch gesondert im Gesetz aufgeführt
Passivierungswahlrecht	Rückstellungen für bestimmte, der Periode zuzurechnende Aufwendungen (Innenverpflichtung)	Rückstellungen für unterlassene Aufwendungen für Abraumbeseitigung	- Für den Fall des Abbaus von Bodenschätzen ohne Beseitigung der darüber liegenden Gesteinsschichten (Abraum) in entsprechender Relation - Bildung von Rückstellungen in Höhe der zu erwartenden Entfernungskosten
		Rückstellungen für unterlassene Aufwendungen für Instandhaltung, die innerhalb der ersten 3 Monate des folgenden Geschäftsjahres nachgeholt wird	- Wartungsarbeiten, Inspektion, und Reperaturen, die wirtschaftlich im vergangenen Geschäftsjahr notwendig gewesen wären, aber unterlassen wurden
		Rückstellungen für unterlassene Aufwendungen für Instandhaltung, die zwischen dem 4. und 12. Monat des folgenden Geschäftsjahres nachgeholt wird	
		Aufwendungen, die ihrer Eigenart nach genau umschrieben und dem Geschäftsjahr oder einem früheren Geschäftsjahr zuzuordnen sind	- Aufwendungen, die dem Grunde nach wahrscheinlich oder sicher sind, deren Höhe und/oder Fälligkeit jedoch ungewiß ist - Vorsorge für konkrete künftige Aufwendungen, insbesondere für Maßnahmen, die nicht regelmäßig, sondern nur in größeren Abständen durchzuführen sind

IV. Verbindlichkeiten

Literaturhinweis zur Vertiefung
Baetge, Jörg: Bilanzen, 4. Auflage, Düsseldorf 1996, S. 323-348.

1. **Begriff**
   * Leistungen,
     - zu denen Unternehmen mit juristischen Mitteln gezwungen werden können,
     - deren Wert zum Abschlußzeitpunkt eindeutig feststellbar ist und
     - die zum Abschlußzeitpunkt eine wirtschaftliche Belastung darstellen
   * Bildung einer Rückstellung, sofern Unsicherheiten über diese Kriterien bestehen

2. **Bedeutung**
   * Deckung des Kapitalbedarfs, der nicht aus eigener Kraft aufgebracht werden kann
   * Schnellere und wirtschaftlichere Anpassung der Kapitalausstattung im Vergleich zur Eigenkapitalbeschaffung
   * Unter bestimmten Voraussetzungen Verbesserung der Eigenkapitalrentabilität (Leverage-Effekt)

3. **Gliederungskriterien nach HGB**
   * Gliederung nach Gläubigergruppen (Kreditinstitute, Lieferanten, verbundene Unternehmen)
   * Gliederung nach Laufzeit und Fälligkeit (Angabe der Verbindlichkeiten mit Restlaufzeiten bis zu 1 Jahr und Restlaufzeiten über 5 Jahren)
   * Gliederung nach Art der Sicherheiten im Anhang

4. **Bewertung**
   * Bewertung zum Rückzahlungsbetrag
   * Beachtung des Höchstwertprinzips als Ausprägung des Vorsichtsprinzips auf der Passivseite
   * Zuschreibung, falls beizulegender Wert höher (z.B. bei Fremdwährungsverbindlichkeiten aufgrund einer Kursänderung)

Grundaufbau des Verbindlichkeitenspiegels[1]

Art der Verbindlichkeit	Gesamtbetrag		davon mit einer Restlaufzeit			davon ge-sichert	Art der Sicher-heit
	Vorjahr	aktuell	≤1 Jahr	>1 Jahr und ≤5 Jahre	>5 Jahre		
	DM	DM	DM	DM	DM	DM	
1. Anleihen, - davon konvertibel							
2. Verbindlichkeiten gegenüber Kreditinstituten							
3. erhaltene Anzahlungen auf Bestellungen							
4. Verbindlichkeiten aus Lieferung und Leistung							
5. Verbindlichkeiten aus der Annahme gezogener Wechsel und der Ausstellung eigener Wechsel							
6. Verbindlichkeiten gegenüber verbundenen Unternehmen							
7. Verbindlichkeiten gegenüber Unternehmen, mit denen ein Beteiligungsverhältnis besteht							
8. sonstige Verbindlichkeiten, - davon aus Steuern, - davon im Rahmen der sozialen Sicherheit							
Summe							
Angaben gem. § 266 Abs. 1 i.V.m. Abs. 3 C	§ 265 Abs. 2		§ 268 Abs. 5 S. 1	freiwillig	§ 285 Nr. 1a i.V.m. Nr. 2	§ 285 Nr. 1b iV.m. Nr. 2	

⊢→   ←⊣ Bei kleinen und mittelgroßen Kapitalgesellschaften nur für den Gesamtbetrag der Verbindlichkeiten erforderlich

---

1 Vgl. Baetge, Jörg: Bilanzen, Düsseldorf 1991, S. 317.

7. Kapitel:
Aufbau von Bilanz, Gewinn- und Verlustrechnung, Anhang und Lagebericht von Kapitalgesellschaften

I. Handelsrechtliche Vorschriften zur Bilanzierung großer, mittelgroßer und kleiner Kapitalgesellschaften

Literaturhinweis zur Vertiefung
Coenenberg, Adolf G.: Jahresabschluß und Jahresabschlußanalyse, 16. Auflage, Landsberg am Lech 1997, S. 20-23.

1. **Umfang der Rechnungslegung von Kapitalgesellschaften und Aufstellungsfristen nach § 264 Abs. 1 u. 2 HGB**

   * Erweiterung des Jahresabschlusses um einen Anhang und Aufstellung eines Lageberichtes

§ 264 Abs. 1 S. 1 u. 2 HGB[1]
(1) Die gesetzlichen Vertreter einer Kapitalgesellschaft haben den Jahresabschluß (§ 242) um einen **Anhang** zu erweitern, der mit der **Bilanz** und der **Gewinn- und Verlustrechnung eine Einheit** bildet, sowie einen **Lagebericht** aufzustellen. Der Jahresabschluß und der Lagebericht sind von den gesetzlichen Vertretern in den **ersten drei Monaten des Geschäftsjahrs** für das vergangene Geschäftsjahr aufzustellen.

[1] im Original des Gesetzestextes keine Hervorhebungen

   * Anhang als gleichwertiges Informationsinstrument neben Bilanz und Gewinn- und Verlustrechnung
   * Grundsätzlich Aufstellung eines Lageberichts neben dem erweiterten Jahresabschluß
   * Aufstellung des Jahresabschlusses und des Lageberichts durch die gesetzlichen Vertreter (z.B. Vorstand bei Aktiengesellschaften)
   * Aufstellungsfrist grundsätzlich drei Monate nach Ablauf des Geschäftsjahres

2. **Einteilung der Kapitalgesellschaften in Größenklassen nach § 267 HGB**

   * Unterscheidung von kleinen, mittelgroßen und großen Kapitalgesellschaften für abgestufte Erleichterungen der Rechnungslegung

§ 267 HGB[1]
(1) **Kleine** Kapitalgesellschaften sind solche, die mindestens zwei der drei nachstehenden Merkmale nicht überschreiten:
1. Fünf Millionen dreihundertzehntausend Deutsche Mark **Bilanzsumme** nach Abzug eines auf der Aktivseite ausgewiesenen Fehlbetrags (§ 268 Abs. 3).

2. Zehn Millionen sechshundertzwanzigtausend Deutsche Mark **Umsatzerlöse** in den zwölf Monaten vor dem Abschlußstichtag.
3. Im Jahresdurchschnitt fünfzig **Arbeitnehmer**.

(2) **Mittelgroße** Kapitalgesellschaften sind solche, die mindestens zwei der drei in Absatz 1 bezeichneten Merkmale überschreiten und jeweils mindestens zwei der drei nachstehenden Merkmale nicht überschreiten:

1. Einundzwanzig Millionen zweihundertvierzigtausend Deutsche Mark Bilanzsumme nach Abzug eines auf der Aktivseite ausgewiesenen Fehlbetrags (§ 268 Abs. 3).
2. Zweiundvierzig Millionen vierhundertachtzigtausend Deutsche Mark Umsatzerlöse in den zwölf Monaten vor dem Abschlußstichtag.
3. Im Jahresdurchschnitt zweihundertfünfzig Arbeitnehmer.

(3) **Große** Kapitalgesellschaften sind solche, die mindestens zwei der drei in Absatz 2 bezeichneten Merkmale überschreiten. Eine Kapitalgesellschaft gilt stets als große, wenn Aktien oder andere von ihr ausgegebene Wertpapiere an einer Börse in einem Mitgliedstaat der Europäischen Wirtschaftsgemeinschaft zum amtlichen Handel zugelassen oder in den geregelten Freiverkehr einbezogen sind oder die Zulassung zum amtlichen Handel beantragt ist.

[1] im Original des Gesetzestextes keine Hervorhebungen

* Bilanzsumme, Umsatzerlöse und Arbeitnehmerzahl als Klassifizierungsmerkmale
    - Bilanzsumme als Summe der Aktivseite oder Passivseite abzüglich eines nicht durch Eigenkapital gedeckten Fehlbetrags
    - Einfluß der Bilanzpolitik auf die Bilanzsumme
    - Umsatzerlöse gemäß § 277 Abs. 1 HGB als Erlöse aus gewöhnlicher Geschäftstätigkeit nach Abzug von Erlösschmälerungen und Umsatzsteuer
    - Arbeitnehmerzahl als vierter Teil der Summe der Arbeitnehmer am 31.03., 30.06., 30.09. und 31.12. eines Jahres

3. **Voraussetzungen für die Einordnung in eine Größenklasse**

    * Erfüllung von mindestens zwei der drei in § 267 Abs. 1 - 3 HGB für eine Größenklasse genannten Merkmale an einem Bilanzstichtag
    * Dynamisierung der Betrachtung zur Ausschaltung von Zufälligkeiten: Erfüllung der oben genannten Bedingung an zwei aufeinanderfolgenden Stichtagen
    * Einordnung in eine Größenklasse auch dann, wenn zwei unterschiedliche Merkmale einer Größenklasse an zwei aufeinanderfolgenden Stichtagen erfüllt sind
    * stets große Kapitalgesellschaft im Fall der Zulassung von Anteilen zum amtlichen Handel, der Einbeziehung der Anteile in den geregelten Freiverkehr oder wenn Zulassung der Anteile zum amtlichen Handel beantragt

4. **Differenzierte Vereinfachungen für große, mittelgroße und kleine Kapitalgesellschaften**
    * Erleichterungen für kleine Kapitalgesellschaften gegenüber mittelgroßen und großen Kapitalgesellschaften
        - Verlängerung der Aufstellungsfrist für den Jahresabschluß auf sechs Monate
        - verkürzte Bilanzgliederung
        - keine Pflicht zur Aufstellung eines Lageberichtes
        - kein Erfordernis der Jahresabschlußprüfung
    * Erleichterungen für kleine und mittelgroße Kapitalgesellschaften gegenüber großen Kapitalgesellschaften
        - reduzierte Gliederung der GuV
    * Abgestufte Erleichterungen für kleine und mittelgroße Kapitalgesellschaften gegenüber großen Kapitalgesellschaften
        - hinsichtlich der Angabepflichten im Anhang
        - hinsichtlich der Publizitätspflichten

Größenklassen der Kapitalgesellschaft

Jahres-abschluß	Bilanzsumme DM	Umsatzerlöse DM	Arbeit-nehmer
Ermittlung	Summe der Aktiv- oder Passivseite abzüglich eines nicht durch Eigenkapital gedeckten Fehlbetrags	Erlöse aus gewöhnlicher Geschäftstätigkeit abzüglich Erlösschmälerungen und Umsatzsteuer	Durchschnitt der Arbeitnehmerzahl an den vier Quartalsenden
kleine Kapitalgesellschaft (§ 267 Abs. 1 HGB)	≤ 5,31 Mio.	≤ 10,62 Mio.	≤ 50
mittelgroße Kapitalgesellschaft (§ 267 Abs. 2 HGB)	> 5,31 bis 21,24 Mio.	> 10,62 bis 42,48 Mio.	51 bis 250
große Kapitalgesellschaft (§ 267 Abs. 3 HGB)	> 21,24 Mio.	> 42,48 Mio.	> 250
	bei (Beantragung der) Zulassung von Aktien oder anderer, von der Kapitalgesellschaft ausgegebener Wertpapiere zum amtlichen Börsenhandel oder bei Einbezug in den geregelten Freiverkehr (innerhalb der Europäischen Wirtschaftsgemeinschaft)		
	Für die Klassifizierung reicht es jeweils aus, wenn ein Unternehmen **an zwei aufeinanderfolgenden Bilanzstichtagen** mindestens **zwei** der drei Kriterien erfüllt.		

Größenabhängige Erleichterung für die Rechnungslegung von Kapitalgesellschaften

Regelungsbereich	Kapitalgesellschaften		
	klein	mittelgroß	groß
Aufstellungsfrist	Aufstellung innerhalb der ersten 6 Monate des folgenden Geschäftsjahres (§ 264 Abs. 1 S. 3)	Aufstellung innerhalb der ersten 3 Monate des folgenden Geschäftsjahres (§ 264 Abs. 1 S. 2)	
Mindestgliederung der Bilanz	nur mit Buchstaben und römischen Zahlen bezeichnete Posten als Gliederungsstruktur (§ 266 Abs. 1, § 274 a)	Ausführliche Gliederung gem. § 266 Abs. 2 und 3	
Gliederung der GuV	Zusammenfassen der Pos. § 275 Abs. 2 Nr. 1-5 (GKV) oder Abs. 3 Nr. 1-3 und 6 (UKV) zum „Rohergebnis" (§ 276)		Ausführliche Gliederung gem. § 275 Abs. 2 (GKV) oder Abs. 3 (UKV)
Angabepflichten im Anhang	Katalog von Erleichterungen (vgl. §§ 274 a, 276 S. 2 und 288 S. 1), z.B. keine Aufgliederung der Umsatzerlöse, kein Anlagespiegel	Keine Aufgliederung der Umsatzerlöse nach Tätigkeitsbereichen sowie nach geographisch bestimmten Märkten (§ 288 S.2)	Angabepflichten gem. § 284 ff., keine Erleichterungen
Aufstellung des Lageberichts	keine Aufstellungspflicht (§ 264 Abs. 1 S. 3)	Aufstellungspflicht nach § 264 Abs. 1 S. 1	
Jahresabschlußprüfung	keine Jahresabschlußprüfung erforderlich (§ 316 Abs. 1 S. 1)	Jahresabschlußprüfung nach den Vorschriften des HGB (§ 316 ff.)	
Publizität der Jahresabschlußdaten	Bilanz und Anhang, keine GuV; Anhang ohne Angaben zur GuV; Einreichung beim zuständigen Handelsregister (HR) innerhalb von 12 Monaten nach dem Bilanzstichtag und Bekanntmachung der Einreichung im HR	Verkürzte Bilanz mit bestimmten zusätzlichen Angaben des Anhangs ohne Aufgliederung der Verbindlichkeiten, ohne Angaben über steuerrechtliche Abschreibungen, den Materialaufwand bei Anwendung des UKV und ohne Erläuterungen der sonstigen Rückstellungen Einreichung beim HR innerhalb von 12 Monaten nach dem Bilanzstichtag	Sämtliche Unterlagen in vollständiger Form im Bundesanzeiger und Einreichung der Unterlagen beim HR innerhalb von 12 Monaten nach dem Bilanzstichtag (§ 325 Abs. 2 i.V.m. Abs. 1)

- Erleichterungen für kleine Kapitalgesellschaften gegenüber mittelgroßen und großen Kapitalgesellschaften
- Erleichterungen für kleine und mittelgroße Kapitalgesellschaften gegenüber großen Kapitalgesellschaften
- Abgestufte Erleichterungen für kleine und mittelgroße Kapitalgesellschaften gegenüber großen Kapitalgesellschaften

II. Bilanz der Kapitalgesellschaft

> **Literaturhinweis zur Vertiefung**
>
> **Wöhe**, Günter: Einführung in die Allgemeine Betriebswirtschaftslehre, 19. Auflage, München 1996, S. 1047-1063.

1. **Beachtung der Gliederungsstetigkeit nach § 265 Abs. 1 HGB**
   * Prinzip der formalen Bilanzkontinuität

   > **§ 265 HGB Abs. 1 HGB[1]**
   >
   > (1) Die **Form der Darstellung**, insbesondere die Gliederung der aufeinanderfolgenden Bilanzen und Gewinn- und Verlustrechnungen, ist **beizubehalten**, soweit nicht in Ausnahmefällen wegen besonderer Umstände Abweichungen erforderlich sind. Die **Abweichungen sind im Anhang anzugeben und zu begründen.**

   [1] im Original des Gesetzestextes keine Hervorhebungen

   * Beibehaltung der Gliederung in aufeinander folgenden Bilanzen
   * Vergleichbarkeit der Bilanzen verschiedener Geschäftsjahre
   * Abweichungen nur in Ausnahmefällen; Angabe der Gründe im Anhang
   * Übersichtliche Darstellung aller in der Bilanz enthaltenen Informationen

2. **Vorschriften für die Gliederung der Bilanz**
   * Über die allgemein für alle Kaufleute geltende, nur auf GoB basierende Gliederung hinausgehende Regelung für Kapitalgesellschaften
   * Detaillierte Mindestgliederung in Kontoform gemäß § 266 HGB
   * Mindestgliederung auf Grundlage des Liquiditätsgliederungsprinzips, der Gliederung nach Rechtsverhältnissen und des Prozeßgliederungsprinzips

3. **Ergänzende Regelungen zur Gliederung der Bilanz nach § 265 Abs. 2 - 8 HGB**
   * Angabe von Vorjahreswerten zu jeder Position

   > **§ 265 Abs. 2 HGB[1]**
   >
   > (2) In der Bilanz sowie in der Gewinn- und Verlustrechnung ist **zu jedem Posten der entsprechende Betrag des vorhergehenden Geschäftsjahres anzugeben.** Sind die Beträge nicht vergleichbar, so ist dies im Anhang anzugeben und zu erläutern. Wird der Vorjahresbetrag angepaßt, so ist auch dies im Anhang anzugeben und zu erläutern.

   [1] im Original des Gesetzestextes keine Hervorhebungen

* Vermerk der Mitzugehörigkeit eines Postens zu einer anderen Position; Vermerk auch im Anhang möglich

> **§ 265 Abs. 3 S. 1 HGB[1]**
>
> (3) Fällt ein Vermögensgegenstand oder eine Schuld unter mehrere Posten der Bilanz, so ist die **Mitzugehörigkeit zu anderen Posten** bei dem Posten, unter dem der Ausweis erfolgt ist, zu **vermerken** oder im Anhang anzugeben, wenn dies zur Aufstellung eines klaren und übersichtlichen Jahresabschlusses erforderlich ist.

[1] im Original des Gesetzestextes keine Hervorhebungen

* Ausweis eigener Anteile nur im Umlaufvermögen der Bilanz zulässig

> **§ 265 Abs. 3 S. 2 HGB[1]**
>
> (3) **Eigene Anteile** dürfen unabhängig von ihrer Zweckbestimmung **nur** unter dem dafür vorgesehenen Posten **im Umlaufvermögen** ausgewiesen werden.

[1] im Original des Gesetzestextes keine Hervorhebungen

* Gliederung für Unternehmen mit mehreren Geschäftszweigen

> **§ 265 Abs. 4 u. 5 HGB[1]**
>
> (4) Sind **mehrere Geschäftszweige** vorhanden und bedingt dies die Gliederung des Jahresabschlusses nach verschiedenen Gliederungsvorschriften, so ist der **Jahresabschluß nach der für einen Geschäftszweig vorgeschriebenen Gliederung aufzustellen** und nach der für die anderen Geschäftszweige vorgeschriebenen Gliederung zu ergänzen. Die Ergänzung ist im Anhang anzugeben und zu begründen.
>
> (5) Eine **weitere Untergliederung** der Posten ist **zulässig**; dabei ist jedoch die vorgeschriebene Gliederung zu beachten. **Neue Posten dürfen hinzugefügt werden**, wenn ihr Inhalt nicht von einem vorgeschriebenen Posten gedeckt wird.

[1] im Original des Gesetzestextes keine Hervorhebungen

- Aufstellung nach der für den dominierenden Geschäftszweig gültigen Gliederung
- Ergänzung um andere Geschäftszweige betreffende Gliederungspunkte

* Zusammenfassung der mit arabischen Ziffern versehenen Posten zur Vergrößerung der Klarheit oder bei unerheblichem Betrag

§ 265 Abs. 6 u. 7 HGB[1]

(6) Gliederung und Bezeichnung der mit arabischen Zahlen versehenen Posten der Bilanz und der Gewinn- und Verlustrechnung sind zu ändern, wenn dies wegen Besonderheiten der Kapitalgesellschaft zur Aufstellung **eines klaren und übersichtlichen Jahresabschlusses** erforderlich ist.

(7) Die **mit arabischen Zahlen versehenen Posten** der Bilanz und der Gewinn- und Verlustrechnung **können**, wenn nicht besondere Formblätter vorgeschrieben sind, **zusammengefaßt ausgewiesen werden**, wenn

1. sie einen Betrag enthalten, der für die Vermittlung eines den **tatsächlichen Verhältnissen** entsprechenden Bildes im Sinne des § 264 Abs. 2 nicht erheblich ist, oder

2. dadurch die **Klarheit der Darstellung vergrößert** wird; in diesem Falle müssen die zusammengefaßten Posten jedoch im Anhang gesondert ausgewiesen werden.

[1] im Original des Gesetzestextes keine Hervorhebungen

* Wahlrecht für den Ausweis einer in der abzuschließenden und der davorliegenden Perioden keinen Betrag ausweisenden Position

§ 265 Abs. 8 HGB[1]

(8) Ein **Posten** der Bilanz oder der Gewinn- und Verlustrechnung, **der keinen Betrag ausweist, braucht nicht aufgeführt zu werden**, es sei denn, daß im vorhergehenden Geschäftsjahr unter diesem Posten ein Betrag ausgewiesen wurde.

[1] im Original des Gesetzestextes keine Hervorhebungen

Handelsrechtliche Vorschrift zur Gliederung der Aktivseite der Bilanz von Kapitalgesellschaften

§ 266 Abs. 2 HGB

A. Anlagevermögen:

I. Immaterielle Vermögensgegenstände
  1. Konzessionen, gewerbliche Schutzrechte und ähnliche Rechte und Werte sowie Lizenzen an solchen Rechten und Werten;
  2. Geschäfts- oder Firmenwert;
  3. geleistete Anzahlungen;
II. Sachanlagen:
  1. Grundstücke, grundstücksgleiche Rechte und Bauten einschließlich der Bauten auf fremden Grundstücken;
  2. technische Anlagen und Maschinen;
  3. andere Anlagen, Betriebs- und Geschäftsausstattung;
  4. geleistete Anzahlungen und Anlagen im Bau;
III. Finanzanlagen:
  1. Anteile an verbundenen Unternehmen;
  2. Ausleihungen an verbundene Unternehmen;
  3. Beteiligungen;
  4. Ausleihungen an Unternehmen, mit denen ein Beteiligungsverhältnis besteht;
  5. Wertpapiere des Anlagevermögens;
  6. sonstige Ausleihungen.

B. Umlaufvermögen:

I. Vorräte:
  1. Roh-, Hilfs- und Betriebsstoffe;
  2. unfertige Erzeugnisse, unfertige Leistungen;
  3. fertige Erzeugnisse und Waren;
  4. geleistete Anzahlungen;
II. Forderungen und sonstige Vermögensgegenstände:
  1. Forderungen aus Lieferungen und Leistungen;
  2. Forderungen gegen verbundene Unternehmen;
  3. Forderungen gegen Unternehmen, mit denen ein Beteiligungsverhältnis besteht;
  4. sonstige Vermögensgegenstände;
III. Wertpapiere:
  1. Anteile an verbundenen Unternehmen;
  2. eigene Anteile;
  3. sonstige Wertpapiere;
IV. Schecks, Kassenbestand, Bundesbank- und Postgiroguthaben, Guthaben bei Kreditinstituten.

C. Rechnungsabgrenzungsposten

Handelsrechtliche Vorschrift zur Gliederung der Passivseite der Bilanz von Kapitalgesellschaften

§ 266 Abs. 3 HGB

A. Eigenkapital:

I. Gezeichnetes Kapital;
II. Kapitalrücklage;
III. Gewinnrücklagen:
    1. gesetzliche Rücklage;
    2. Rücklage für eigene Anteile;
    3. satzungsmäßige Rücklagen;
    4. andere Gewinnrücklagen;
IV. Gewinnvortrag/Verlustvortrag;
V. Jahresüberschuß/-fehlbetrag.

B. Rückstellungen:

1. Rückstellungen für Pensionen und ähnliche Verpflichtungen;
2. Steuerrückstellungen;
3. sonstige Rückstellungen.

C. Verbindlichkeiten:

1. Anleihen,
   - davon konvertibel;
2. Verbindlichkeiten gegenüber Kreditinstituten;
3. erhaltene Anzahlungen auf Bestellungen;
4. Verbindlichkeiten aus Lieferungen und Leistungen;
5. Verbindlichkeiten aus der Annahme gezogener Wchsel und der Ausstellung eigener Wechsel;
6. Verbindlichkeiten gegenüber verbundenen Unternehmen;
7. Verbindlichkeiten gegenüber Unternehmen, mit denen ein Beteiligungsverhältnis besteht;
8. sonstige Verbindlichkeiten,
   - davon aus Steuern,
   - davon im Rahmen der sozialen Sicherheit.

D. Rechnungsabgrenzungsposten

Erläuterungen zu den Positionen der Bilanz

Positionen	Bemerkungen
Aktivseite	
A. Ausstehende Einlagen — davon eingefordert:	Ausweis eingeforderter (fälliger) und nicht eingeforderter (nicht fälliger) Kapitaleinlagen gem. § 272 Abs. 1 Satz 2 HGB.
B. Aufwendungen für die Ingangsetzung und Erweiterung des Geschäftsbetriebes	Aufwendungen zum Auf- und Ausbau der Innen- und Außenorganisation („Anlaufkosten") gem. § 269 HGB.
C. Anlagevermögen	
I. Immaterielle Vermögensgegenstände	Körperlich nicht erfaßbare, aber selbständig verkehrsfähige und bewertungsfähige Vermögensgegenstände, von Dritten entgeltlich erworben.
1. Konzessionen, gewerbliche Schutzrechte und ähnliche Rechte und Werte sowie Lizenzen an solchen Rechten und Werten	Öffentlich-rechtliche Befugnis zur Ausübung wirtschaftlicher Tätigkeit (z. B. Energieversorgungs-, Wassernutzungs-, Wegerecht); Patente, Lizenzen, Urheberrechte.
2. Geschäfts- oder Firmenwert	Differenz zwischen Kaufpreis eines Unternehmens und dem Wert der einzelnen Vermögensgegenstände abzüglich der Schulden (Good Will), z. B. für Vertriebsnetz, Kundenstamm, Fertigungs- und Verfahrenstechnik und Mitarbeiterqualifikation geleistet (§ 255 Abs. 4 HGB).
3. geleistete Anzahlungen	Ausweis von geleisteten Anzahlungen auf immaterielle Vermögensgegenstände.
II. Sachanlagen	Ausweis körperlicher Vermögensgegenstände, die nicht zum Zwecke der Veräußerung angeschafft oder hergestellt worden sind.
1. Grundstücke, grundstücksgleiche Rechte und Bauten einschließlich der Bauten auf fremden Grundstücken	Ausweis von unbebauten Grundstücken und Erbbaurechten, von Grundstücken, Bergwerkseigentum, Teileigentum und Erbbaurechten mit Gebäuden sowie Kanalbauten, Brücken, Untertagebauten. Auch Hofbefestigungen, aktivierte Kosten für Grundstückszufahrten, Einzäunungen und Bepflanzung fallen unter diese Position.
2. technische Anlagen und Maschinen	Ausweis von Arbeits- und Kraftmaschinen einschließlich Ersatz- und Reserveteilen, Dampfkesseln, Kompressoren sowie Betriebsvorrichtungen und ähnlichem.
3. andere Anlagen, Betriebs- und Geschäftsausstattung	Ausweis von Transporteinrichtungen (Waggons, Kräne), Fuhrpark und Werkzeugen sowie Büromöbeln und -maschinen, Fernsprechanlagen und Ladeneinrichtungen einschließlich geringwertiger Wirtschaftsgüter mit Anschaffungskosten bis 800 DM.
4. geleistete Anzahlungen und Anlagen im Bau	Geleistete Anzahlungen auf Bauten, Maschinen, Grundstücke und andere Anlagewerte (keine Geld-, sondern Sachforderungen); Anlagen im Bau: Neubaukonto, auf das in der Regel noch keine Abschreibungen vorgenommen werden, Auflösung erfolgt durch Umbuchung.

Positionen	Bemerkungen
Aktivseite	
III. Finanzanlagen	Anteilsrechte, Ausleihungen und sonstige Kapitalanlagen, die am Abschlußstichtag dazu bestimmt sind, dauernd dem Geschäftsbetrieb zu dienen.
1. Anteile an verbundenen Unternehmen	Unternehmen, die unter einheitlicher Leitung stehen oder auf die eine Einflußmöglichkeit besteht (vgl. § 271 Abs. 2 HGB).
2. Ausleihungen an verbundene Unternehmen	Hypotheken-, Grundschuld- und Rentenschuldforderungen, Darlehen an Betriebsangehörige. Maßgebend ist die vereinbarte Ursprungslaufzeit.
3. Beteiligungen	Anteile an anderen Unternehmen, die dazu bestimmt sind, dem eigenen Geschäftsbetrieb durch Herstellung einer dauernden Verbindung zu dienen. Kriterium: Kapitalmäßige Verflechtung auf Dauer. Formen: Aktien, Kuxe, GmbH- und OHG- Anteile, Kommanditeinlagen. Im Zweifel gilt der Besitz von mindestens 20 % der Anteile einer Kapitalgesellschaft als Beteiligung (§ 271 Abs. 1 HGB). Beteiligungsähnliche Ansprüche: Anteile an BGB-Gesellschaften.
4. Ausleihungen an Unternehmen, mit denen ein Beteiligungsverhältnis besteht	Getrennter Ausweis von derartigen Ausleihungen an Unternehmen, Offenlegung von Unternehmensbeziehungen.
5. Wertpapiere des Anlagevermögens	Ausweis von Anteilsrechten, die nicht den Erfordernissen einer Beteiligung genügen, sowie anderen in Wertpapieren verbrieften Kapitalanlagen (Obligationen, Anleihen etc.), die als Daueranlage erworben wurden.
6. sonstige Ausleihungen	
D. Umlaufvermögen	Das Umlaufvermögen ist zum Verbrauch oder zur Weiterveräußerung bestimmt.
I. Vorräte	
1. Roh-, Hilfs- und Betriebsstoffe	Rohstoffe als Hauptbestandteile des Fertigerzeugnisses, Hilfsstoffe als Nebenbestandteile des Fertigerzeugnisses, Betriebsstoffe werden bei der Herstellung verbaucht.
2. unfertige Erzeugnisse, unfertige Leistungen	Ausweis teilfertiger Produkte und teilweise erbrachter Leistungen.
3. Fertige Erzeugnisse und Waren	Ausweis marktreifer Erzeugnisse und bezogener Handelswaren.
4. geleistete Anzahlungen	Ausweis von geleisteten Anzahlungen auf Vorräte.
II. Forderungen und sonstige Vermögensgegenstände	
1. Forderungen aus Lieferungen und Leistungen - davon mit einer Restlaufzeit von mehr als 1 Jahr	Ausweis von Forderungen aus Warenlieferungen, Dienstleistungen, Werkverträgen und aus Provisionen. Gemäß § 268 Abs. 4 Satz 1 HGB ist der Betrag der Forderungen mit einer Restlaufzeit von mehr als einem Jahr bei jedem gesondert ausgewiesenen Posten zu vermerken.
2. Forderungen gegen verbundene Unternehmen - davon mit einer Restlaufzeit von mehr als 1 Jahr	Ausweis von Forderungen aus Waren- und Finanzverkehr, Gewinnabführungsverträgen und Dividendenansprüchen.

Positionen	Bemerkungen
Aktivseite	
3. Forderungen gegen Unternehmen, mit denen ein Beteiligungsverhältnis besteht - davon mit einer Restlaufzeit von mehr als 1 Jahr	Getrennter ausweis von Forderungen an verbundene Unternehmen und an Unternehmen, mit denen ein Beteiligungsverhältnis besteht; Offenlegung von Unternehmensbeziehungen.
4. sonstige Vermögensgegenstände	Hauptsächlich sonstige Forderungen (z. B. kurzfristige Darlehen, Forderungen an Belegschaftsmitglieder), Finanzwechsel, Privatdiskonten sowie antizipative Rechnungsabgrenzungsposten.
III. Wertpapiere	Ausweis von Wertpapieren zur vorübergehenden Anlage flüssiger Mittel oder von Veräußerungspapieren (v. a. Schuldverschreibungen).
1. Anteile an verbunden Unternehmen	Sofern einheitliche Leitung oder Einflußmöglichkeit nur kurzfristig besteht.
2. eigene Anteile	Grundsätzlich kein Erwerb eigener Aktien erlaubt. Ausnahme: z. B. Ausgabe als Belegschaftsaktien, dann aber gesonderter Ausweis der eigenen Aktien verlangt.
3. sonstige Wertpapiere	
IV. Schecks, Kassenbestand, Bundesbank- und Postgiroguthaben, Guthaben bei Kreditinstituten	Ausweis u. a. von täglich fälligen Geldern und Termingeldern.
E. Rechnungsabgrenzungsposten	Zeitlich richtige Zuordnung von Aufwendungen zur Bestimmung des Periodenerfolges.
I. sonstige Rechnungsabgrenzungsposten	Ausweis von transitorischen Posten: Ausgabe jetzt, Aufwand später.
II. Disagio	Die Differenz zwischen Rückzahlungs- und Ausgabebetrag einer Verbindlichkeit darf gem. § 268 Abs. 6 HGB aktiviert werden. Das Disagio ist bei großen und mittelgroßen Kapitalgesellschaften gesondert in der Bilanz oder im Anhang anzugeben.
F. Abgrenzungsposten für latente Steuern	Künftige Steuerentlastungen dürfen ausgewiesen werden (§ 274 Abs. 2 HGB). Grund: Bei Besteuerung des niedrigeren Handelsbilanzergebnisses ist tatsächlicher Steueraufwand zu hoch, handelsrechtlich würde der entsprechende Steueraufwand erst später anfallen. Effektiver Mehraufwand kann durch Aktivierung neutralisiert werden, ausgewiesener Steueraufwand entspricht dann Handelsbilanzergebnis. Die Abgrenzung darf nur bei sich in absehbarem Zeitraum ausgleichenden Ergebnisdifferenzen erfolgen.
G. Nicht durch Eigenkapital gedeckter Fehlbetrag	Ausweis des Überschusses der Passivpositionen über die Akivpositionen, wenn Eigenkapital durch Verluste aufgebraucht ist (§ 268 Abs. 3 HGB).

Positionen	Bemerkungen
Passivseite	
A. Eigenkapital	Saldo zwischen Vermögen und Schulden, zeigt den in Geldeinheiten ausgedrückten Kapitalanteil der Eigentümer.
I. Gezeichnetes Kapital	Ausweis des Kapitals, auf das die Haftung der Gesellschafter gegenüber den Gläubigern beschränkt ist (§ 272 Abs. 1 Satz 1 HGB).
II. Kapitalrücklage	Ausschließlich Zuführungen von außen, die neben dem haftenden Kapital geleistet worden sind (§ 272 Abs. 2 HGB).
III. Gewinnrücklage	Beträge, die aus dem Ergebnis des laufenden oder früherer Geschäftsjahre gebildet worden sind (§ 272 Abs. 3 HGB).
1. gesetzliche Rücklage	Hier sind 5% des um den Verlustvortrag geminderten Jahresüberschusses einzustellen, bis zusammen mit der Kapitalrücklage 10% des Grundkapitals erreicht sind (§ 150 Abs. 2 AktG).
2. Rücklage für eigene Anteile	Betrag für eigene Anteile, der dem Aktivposten entspricht (§ 272 Abs. 4 HGB).
3. satzungsmäßige Rücklagen	Gewinnrücklagen aufgrund Gesellschaftsvertrag oder Satzung.
4. andere Gewinnrücklagen	Beträge, die aus dem Ergebnis gebildet werden und keinem der drei übrigen Unterposten der Gewinnrücklagen zuzurechnen sind.
IV. Gewinnvortrag/Verlustvortrag	Nicht verteilte Beträge aus dem Vorjahr.
V. Jahresüberschuß/Jahresfehlbetrag	Das Unternehmen kann im Eigenkapital den Jahresüberschuß/Jahresfehlbetrag aus der Gewinn- und Verlustrechnung übernehmen (Ergebnis vor Erfolgsverwendung) oder die Bilanz nach teilweiser oder vollständiger Verwendung des Jahreserfolges aufstellen. Bei Aufstellung nach teilweiser Verwendung des Jahresergebnisses, tritt an die Stelle des Jahresüberschusses/Jahresfehlbetrags und Gewinn-/Verlustvortrags der Posten Bilanzgewinn/Bilanzverlust (§ 268 Abs. 1 HGB).
B. Sonderposten mit Rücklageanteil	Steuerrechtlich zulässige Passivposten, die das Handelsrecht nach dem Grundsatz der Maßgeblichkeit zuläßt (§ 273 HGB).
C. Rückstellungen	Erfassung wirtschaftlicher Lasten, die dem Grunde, aber nicht der Höhe nach bekannt sind.
1. Rückstellungen für Pensionen und ähnliche Verpflichtungen	Passivierungspflicht für laufende Verpflichtungen und für Anwartschaften aufgrund betrieblicher Versorgungszusagen.
2. Steuerrückstellungen	Sind Steuern noch nicht rechtsverbindlich veranlagt, jedoch wirtschaftlich oder rechtlich entstanden oder ist mit Nachveranlagungen zu rechnen, dann ist in Höhe der voraussichtlich anfallenden Steuerzahlungen eine Rückstellung zu bilden.
3. Rückstellung für latente Steuern	Rückstellungspflicht für künftige Steuerbelastungen (§ 274 Abs. 1 HGB). Grund: Bei Besteuerung des höheren Handelsbilanzergebnisses ist tatsächlicher Steueraufwand zu niedrig, steuerrechtlich wird der entsprechende Steueraufwand erst später anfallen. Der effektive Minderaufwand muß durch Passivierung einer Rückstellung für latente Steuern neutralisiert werden. Latente Steuern dürfen jedoch nur bei zeitlich begrenzten Differenzen erfaßt werden.

Positionen	Bemerkungen
Passivseite	
4. Sonstige Rückstellungen	Passivierungspflicht u. a. für drohende Verluste aus schwebenden Geschäften, für Gewährleistungen ohne rechtliche Verpflichtungen, für unterlassene Abraumbeseitigung, die im folgenden Geschäftsjahr nachgeholt wird, und für unterlassene Instandhaltung, die innerhalb von 3 Monaten nachgeholt wird; Passivierungswahlrecht z. B. für bestimmte Aufwandsrückstellungen.
D. Verbindlichkeiten	Im Gegensatz zu den Rückstellungen stehen die Verbindlichkeiten in ihrer Höhe am Bilanzstichtag eindeutig fest. Gemäß § 268 Abs. 5 Satz 1 HGB ist der Betrag der Verbindlichkeiten mit einer Restlaufzeit bis zu einem Jahr bei jedem gesondert ausgewiesenen Posten zu vermerken.
1. Anleihen - davon konvertibel - davon Restlaufzeit bis zu 1 Jahr	Ausweis von Verbindlichkeiten aus der Ausgabe von Inhaber- und Orderschuldverschreibungen (Obligationen) sowie Wandelschuldverschreibungen.
2. Verbindlichkeiten ggü. Kreditinstituten - davon Restlaufzeit bis zu 1 Jahr	Kurz-, mittel- und langfristige Kredite.
3. erhaltene Anzahlungen auf Bestellungen - davon Restlaufzeit bis zu 1 Jahr	Verbindlichkeiten, die durch Sachleistungen erfüllt werden, im besonderen Anzahlungen auf zu liefernde Waren, unfertige Bauten und Erzeugnisse sowie auf noch nicht abgerechnete Leistungen.
4. Verbindlichkeiten aus Lieferungen und Leistungen - davon Restlaufzeit bis zu 1 Jahr	Buchkredite von Lieferanten (Kreditoren, Warenschulden).
5. Verbindlichkeiten aus der Annahme gezogener Wechsel und der Ausstellung eigener Wechsel - davon Restlaufzeit bis zu 1 Jahr	Ausweis von Wechselschulden (Akzepte, ausgestellte eigene Wechsel), denen Warenlieferungen und Leistungen zugrunde liegen und die kurzfristig fällig werden (Warenwechsel) oder denen ein Teilzahlungskredit zugrunde liegt und die länger laufen.
6. Verbindlichkeiten gegenüber verbundenen Unternehmen - davon Restlaufzeit bis zu 1 Jahr	Verbindlichkeiten aus Waren- und Finanzverkehr, aus Verlustübernahme- und Gewinnabführungsverträgen sowie Dividendenverbindlichkeiten.
7. Verbindlichkeiten gegenüber Unternehmen, mit denen ein Beteiligungsverhältnis besteht - davon Restlaufzeit bis zu 1 Jahr	Offenlegung von Unternehmensbeziehungen im Bereich der Verbindlichkeiten.
8. sonstige Verbindlichkeiten - davon aus Steuern - davon im Rahmen der sozialen Sicherheit - davon Restlaufzeit bis zu 1 Jahr	Noch abzuführende Lohn- und Kirchensteuer sowie andere veranlagte Steuern, noch abzuführende Sozialversicherungsbeiträge und antizipative Rechnungsabgrenzungsposten.
E. Rechnungsabgrenzungsposten	Transitorische Posten der Periodenabgrenzung: Einnahme jetzt, Ertrag später.

III. Gewinn- und Verlustrechnung der Kapitalgesellschaft

> **Literaturhinweis zur Vertiefung**
>
> **Coenenberg**, Adolf G.: Jahresabschluß und Jahresabschlußanalyse, 16. Auflage, Landsberg am Lech 1997, S. 307-364.

1. **Inhalt und Funktionen der Gewinn- und Verlustrechnung**
   * Erfolgsausweis durch Saldierung sämtlicher Erträge und Aufwendungen
   * Aufzeigen der Quellen des Erfolges
   * Aufwand- und Ertrags-, nicht Ausgaben- und Einnahmenrechnung
   * Rechnungsabgrenzung zum periodengerechten Erfolgsausweis

2. **Aufbau und Struktur der Gewinn- und Verlustrechnung**
   * Staffelform nach § 275 Abs. 1 HGB verbindlich
   * Bruttoprinzip durch die gesetzlich festgelegte Mindestgliederung nach § 275 Abs. 2 u. 3 HGB gewahrt
   * Identisches Mengengerüst (Produktionsmenge oder Absatzmenge) zur Bestimmung von Erträgen und Aufwendungen als Voraussetzung für eine aussagekräftige Erfolgsrechnung
   * Anpassung der Erträge an die Aufwendungen (Gesamtkostenverfahren) bzw. Anpassung der Aufwendungen an die Erträge (Umsatzkostenverfahren) als handelsrechtliche Alternativen der Gewinn- und Verlustrechnung

3. **Gliederung der Gewinn- und Verlustrechnung nach dem Gesamtkostenverfahren**
   * Gegenüberstellung der gesamten Erträge (insbesondere Umsatzerlöse, Bestandsveränderungen und aktivierte Eigenleistungen) und sämtlicher Aufwendungen einer Periode im Gesamtkostenverfahren
   * Differenzierung nach primären Kostenarten als Gliederungsprinzip
   * Darstellung der Material-, Personal- und Kapitalintensität durch Bezug der Material-, Personalaufwendungen und Abschreibungen auf die Gesamtleistung
   * Anwendung überwiegend bei kleineren Unternehmen

4. **Gliederung der Gewinn- und Verlustrechnung nach dem Umsatzkostenverfahren**
   * Gegenüberstellung der gesamten Umsatzerlöse und der durch die Absatzmenge verursachten Aufwendungen im Umsatzkostenverfahren
   * Differenzierung nach Funktionalbereichen als Gliederungsprinzip
   * Ausgebaute Kostenstellenrechnung als Voraussetzung für Anwendung des Umsatzkostenverfahrens
   * Anwendung überwiegend bei großen Unternehmen
   * Angabe der Material- und Personalaufwendungen im Anhang nach § 285 Nr. 8 HGB
   * Keine Ermittlung von Material-, Personal- und Kapitalintensität möglich, da die Bezugsgröße Gesamtleistung nicht ersichtlich ist

Gegenüberstellung von Gesamtkostenverfahren und Umsatzkostenverfahren

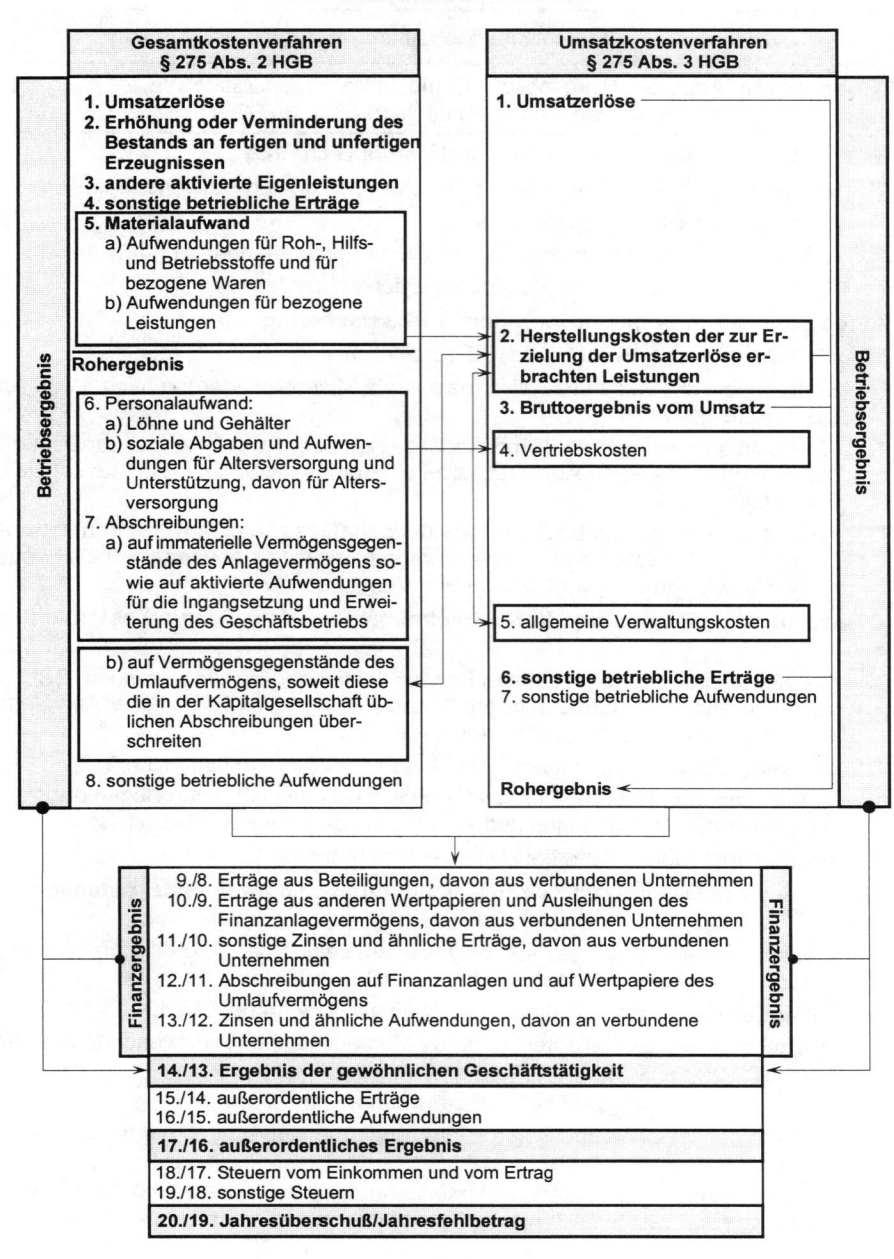

Gesamtkostenverfahren
§ 275 Abs. 2 HGB

Betriebsergebnis:

1. Umsatzerlöse
2. Erhöhung oder Verminderung des Bestands an fertigen und unfertigen Erzeugnissen
3. andere aktivierte Eigenleistungen
4. sonstige betriebliche Erträge
5. Materialaufwand
   a) Aufwendungen für Roh-, Hilfs- und Betriebsstoffe und für bezogene Waren
   b) Aufwendungen für bezogene Leistungen

Rohergebnis

6. Personalaufwand:
   a) Löhne und Gehälter
   b) soziale Abgaben und Aufwendungen für Altersversorgung und Unterstützung, davon für Altersversorgung
7. Abschreibungen:
   a) auf immaterielle Vermögensgegenstände des Anlagevermögens sowie auf aktivierte Aufwendungen für die Ingangsetzung und Erweiterung des Geschäftsbetriebs
   b) auf Vermögensgegenstände des Umlaufvermögens, soweit diese die in der Kapitalgesellschaft üblichen Abschreibungen überschreiten
8. sonstige betriebliche Aufwendungen

Umsatzkostenverfahren
§ 275 Abs. 3 HGB

Betriebsergebnis:

1. Umsatzerlöse
2. Herstellungskosten der zur Erzielung der Umsatzerlöse erbrachten Leistungen
3. Bruttoergebnis vom Umsatz
4. Vertriebskosten
5. allgemeine Verwaltungskosten
6. sonstige betriebliche Erträge
7. sonstige betriebliche Aufwendungen

Rohergebnis

Finanzergebnis:

9./8. Erträge aus Beteiligungen, davon aus verbundenen Unternehmen
10./9. Erträge aus anderen Wertpapieren und Ausleihungen des Finanzanlagevermögens, davon aus verbundenen Unternehmen
11./10. sonstige Zinsen und ähnliche Erträge, davon aus verbundenen Unternehmen
12./11. Abschreibungen auf Finanzanlagen und auf Wertpapiere des Umlaufvermögens
13./12. Zinsen und ähnliche Aufwendungen, davon an verbundene Unternehmen

14./13. Ergebnis der gewöhnlichen Geschäftstätigkeit

15./14. außerordentliche Erträge
16./15. außerordentliche Aufwendungen

17./16. außerordentliches Ergebnis

18./17. Steuern vom Einkommen und vom Ertrag
19./18. sonstige Steuern

20./19. Jahresüberschuß/Jahresfehlbetrag

Erläuterungen zu den Positionen der Gewinn- und Verlustrechnung nach § 275 HGB bei Anwendung des Gesamtkostenverfahrens

Positionen bei Anwendung des Gesamtkostenverfahrens	
Positionen	Bemerkungen
1. Umsatzerlöse	Ausweis der Erlöse aus dem Verkauf bzw. der Vermietung oder Verpachtung von für die gewöhnliche Geschäftstätigkeit der Kapitalgesellschaft typischen Erzeugnissen und Waren oder Dienstleistungen nach Abzug von Erlösschmälerungen und Umsatzsteuer (§ 277 Abs. 1 HGB).
2. Erhöhung oder Verminderung des Bestandes an fertigen und unfertigen Erzeugnissen	Ausweis von Bestandsveränderungen sowohl hinsichtlich der Mengen- als auch hinsichtlich der Wertkomponente. Ausweis von Abschreibungen nur insoweit, als diese die in der Kapitalgesellschaft sonst üblichen Abschreibungen nach dem Niederstwertprinzip (§ 253 Abs. 3 Satz 1 und 2 HGB) nicht überschreiten (§ 277 Abs. 2 HGB). Gesonderter Ausweis von außerplanmäßigen Abschreibungen nach § 253 Abs. 2 Satz 3 und Abs. 3 Satz 3 HGB oder Angabe im Anhang (§ 277 Abs. 3 Satz 1 HGB).
3. Andere aktivierte Eigenleistungen	Ausweis des Ertrages aus der Aktivierung selbsterstellter Anlagen, z.B. Maschinen für den eigenen Betrieb.
4. Sonstige betriebliche Erträge	Ausweis von Erträgen, die nicht Umsatzerlöse, Bestandserhöhungen, aktivierte Eigenleistungen, Finanzerträge oder außerordentliche Erträge sind, d.h. Erträge aus der Auflösung von Rückstellungen, Buchgewinne aus Abgängen von Sachanlagen etc.
5. Materialaufwand	
a) Aufwendungen für Roh-, Hilfs- und Betriebsstoffe und für bezogene Waren	Materialien, die im Rahmen der gewöhnlichen Geschäftstätigkeit be- oder verarbeitet bzw. gehandelt werden sowie Abschreibungen auf Vorräte.
b) Aufwendungen für bezogene Leistungen	Ausweis von Fremdleistungen, die unmittelbar in das Erzeugnis eingehen.
6. Personalaufwand	
a) Löhne und Gehälter	Ausweis der Aufwendungen für Gehälter einschließlich Gratifikationen, Tantiemen, Trennungs- und Aufwandsentschädigungen etc.
b) Soziale Abgaben und Aufwendungen für Altersversorgung und für Unterstützung - davon Altersversorgung	Ausweis der Aufwendungen für Pflichtbeiträge zur Sozialversicherung (Arbeitgeberanteile), Berufsgenossenschaft (einschließlich Umlage für Konkursausfallgeld) und Familienausgleichskasse, Aufwendungen für Beihilfen und Unterstützungskassen, Zuführungen zu Pensionsrückstellungen und Pensionszahlungen.
7. Abschreibungen	
a) Auf immaterielle Vermögensgegenstände des Anlagevermögens und Sachanlagen sowie auf aktivierte Aufwendungen für die Ingangsetzung und Erweiterung des Geschäftsbetriebes	Ausweis von planmäßigen und außerplanmäßigen Abschreibungen auf Sachanlagen und immaterielle Anlagenwerte einschließlich des Aufwands für geringwertige Wirtschaftsgüter. Außerplanmäßige Abschreibungen nach § 253 Abs. 2 Satz 3 sind hier mit einem "davon"-Vermerk gesondert auszuweisen oder im Anhang anzugeben. Steuerrechtlich zulässige Abschreibungen sind nur einzubeziehen, wenn sie aktivisch und nicht als Wertberichtigung nach § 281 Abs. 1 Satz 1 vorgenommen werden.

Positionen	Bemerkungen
b) Auf Vermögensgegenstände des Umlaufvermögens, soweit diese die in der Kapitalgesellschaft üblichen Abschreibungen überschreiten	Ausweis aller "nicht üblichen" Abschreibungen bei den Vorräten sowie Forderungen und sonstigen Vermögensgegenständen des Umlaufvermögens, zu denen auch solche gehören, die zur Berücksichtigung von Wertschwankungen der nächsten Zukunft gemäß § 253 Abs. 3 Satz 3 HGB oder aus steuerlichen Zwecken nach § 254 vorgenommen werden. Die Abschreibungen nach § 253 Abs. 3 Satz 3 und § 254 sind gesondert auszuweisen oder im Anhang anzugeben.
8. Sonstige betriebliche Aufwendungen	Auffangtatbestand für alle dem Betriebsbereich zuzurechnenden Aufwendungen, die nicht als Material- bzw. Personalaufwand oder als Abschreibungen gesondert ausgewiesen werden. Hierunter fallen insbesondere Ausgangsfrachten, Mieten und Pachten, Kosten des Zahlungsverkehrs, Instandhaltungsaufwendungen, Abschreibungen auf Forderungen und sonstige Vermögensgegenstände des Umlaufvermögens, Verluste aus der Veräußerung von Anlagewerten, deren Buchwert über dem Veräußerungspreis lag.
9. Erträge aus Beteiligungen - davon aus verbundenen Unternehmen	Ausweis von Gewinnen (Dividenden) aus Beteiligungen, wobei Beteiligungserträge von verbundenen Unternehmen gesondert anzugeben sind.
10. Erträge aus anderen Wertpapieren und Ausleihungen des Finanzanlagevermögens - davon aus verbundenen Unternehmen	Ausweis von Zinsen und Dividenden aus Wertpapieren des Anlagevermögens und aus langfristigen Ausleihungen.
11. Sonstige Zinsen und ähnliche Erträge - davon aus verbundenen Unternehmen	Ausweis von Zinsen und Dividenden aus Wertpapieren des Umlaufvermögens sowie von Diskonterträgen und Zinsen aus Bankguthaben und erhaltene Skonti, sofern sie nicht bereits vom Materialaufwand oder Wareneinsatz gekürzt sind.
12. Abschreibungen auf Finanzanlagen und auf Wertpapiere des Umlaufvermögens	Ausweis von Abschreibungen auf Beteiligungen und Anlagewertpapiere sowie Einzelwertberichtigungen und Abschreibungen auf langfristige Ausleihungen sowie Abschreibungen auf Wertpapiere des Umlaufvermögens.
13. Zinsen und ähnliche Aufwendungen - davon an verbundene Unternehmen	Ausweis von Sollzinsen aller Art einschließlich aufgewendetem Diskont, Abschreibungen des aktivierten Agios und Disagios (Damnum), der Zinsen für Hypotheken und Gewinnkreditabgabe sowie der Gewinnanteile (Zinsen) für stille Gesellschafter.
Gemäß § 277 Abs. 3 Satz 2 HGB	Jeweils gesonderter Ausweis von Erträgen und Aufwendungen aus Verlustübernahme und von aufgrund einer Gewinngemeinschaft, eines Gewinnabführungs- oder eines Teilgewinnabführungsvertrages erhaltenen oder abgeführten Gewinnen. Zweckmäßig ist ein gesonderter Ausweis unter den Erträgen im Anschluß an Position 10 und Aufwendungen im Anschluß an Position 12.
14. Ergebnis der gewöhnlichen Geschäftstätigkeit	Saldo der obigen Positionen. Dieser umfaßt das Betriebs- und das Finanzergebnis.
15. Außerordentliche Erträge	Ausweis der außerhalb der gewöhnlichen Geschäftstätigkeit anfallenden Erträge. Erläuterung der Posten hinsichtlich Betrag und Art im Anhang, soweit nicht von untergeordneter Bedeutung (§ 277 Abs. 4 HGB, nicht jedoch bei kleinen Kapitalgesellschaften). Hierzu gehören untypische und unregelmäßige Erträge in wesentlicher Höhe, wie z.B. Buchgewinne aus Anlageabgängen.

Positionen	Bemerkungen
16. Außerordentliche Aufwendungen	Ausweis der außerhalb der gewöhnlichen Geschäftstätigkeit anfallenden Aufwendungen. Erläuterung der Posten hinsichtlich Betrag und Art im Anhang, soweit nicht von untergeordneter Bedeutung (§ 277 Abs. 4 HGB, nicht jedoch bei kleinen Kapitalgesellschaften). Hierzu gehören untypische und unregelmäßige Aufwendungen in wesentlicher Höhe, wie z.B. Buchverluste aus Anlageabgängen oder Betriebsstillegungen.
17. Außerordentliches Ergebnis	Ausweis der Saldogröße aus den Positionen 15 und 16.
18. Steuern vom Einkommen und vom Ertrag	Die Steuern vom Einkommen und vom Ertrag sind auf der Grundlage des Beschlusses über die Verwendung des Ergebnisses zu berechnen. Liegt der Beschluß noch nicht vor, so ist vom Vorschlag über die Verwendung auszugehen (§ 278 HGB). Berechnung der Steuerlast nach jeweils anzuwendendem Körperschaftsteuersatz.
19. Sonstige Steuern	Ausweis insbesondere der Vermögen- und Gewerbekapitalsteuer.
20. Jahresüberschuß/ Jahresfehlbetrag	Saldo aus gesamten Erträgen und gesamten Aufwendungen.

Erläuterungen zu den gegenüber dem Gesamtkostenverfahren abweichenden Positionen der Gewinn- und Verlustrechnung nach § 275 HGB bei Anwendung des Umsatzkostenverfahrens

Abweichende Positionen bei Anwendung des Umsatzkostenverfahrens	
Positionen	Bemerkungen
2. Herstellungskosten der zur Erzielung der Umsatzerlöse erbrachten Leistungen	Ausweis der (vollen) Herstellungskosten der abgesetzten Erzeugnisse und Leistungen. Einzubeziehen sind alle in Verbindung mit der Beschaffung, Produktion und Lagerung anfallenden (anteiligen) Aufwendungen.
3. Bruttoergebnis vom Umsatz	Saldogröße aus den Umsatzerlösen und den Herstellungskosten der zur Erzielung der Umsatzerlöse erbrachten Leistungen.
4. Vertriebskosten	Ausweis aller Aufwendungen der Periode für die Absatzförderung der Produkte und die Imagepflege des Unternehmens, z.B. Aufwendungen für Werbung, Personal- und Materialaufwand des Vertriebs sowie anteilige Anlage-, Energie- und Instandhaltungsaufwendungen.
5. Allgemeine Verwaltungskosten	Ausweis der Aufwendungen für übergreifende Abteilungen, z.B. Geschäftsführung, Rechtsabteilung, Rechnungswesen, Datenverarbeitung sowie anteilige Anlage-, Energie-, Personal- und Materialaufwendungen.

IV. Anhang der Kapitalgesellschaft

> **Literaturhinweis zur Vertiefung**
>
> **Coenenberg**, Adolf G.: Jahresabschluß und Jahresabschlußanalyse, 16. Auflage, Landsberg am Lech 1997, S. 368-369.
> **Baetge**, Jörg: Bilanzen, 4. Auflage, Düsseldorf 1996, S. 605-635.

1. **Anhang als Teil des Jahresabschlusses**
   * Anhang als gleichwertiger Pflichtbestandteil des Jahresabschlusses neben Bilanz und Gewinn- und Verlustrechnung
   * Bilanz und Gewinn- und Verlustrechnung mit quantitativen Informationen
   * Zur Erfüllung der Generalnorm zusätzliche, im wesentlichen qualitative Informationen des Anhangs notwendig
   * Größenabhängige Erleichterungen für kleine und mittlere Kapitalgesellschaften (§§ 274a, 276 S. 2 u. 288 HGB)

2. **Funktionen des Anhangs**
   * Entlastungsfunktion:
     Gleichsetzung mit Bilanz und GuV ermöglicht Verlagerung von Informationen in den Anhang ohne Informationsverlust (Wahlrechte des Ausweises in Bilanz bzw. GuV oder Anhang)
   * Ergänzungsfunktion:
     Bereitstellung von zusätzlichen Informationen ohne unmittelbarem Bezug zu den anderen beiden Bestandteilen des Jahresabschlusses
   * Erläuterungsfunktion:
     Durch Angabe der Bilanzierungs- und Bewertungsmethoden, Angabe und Begründung der Abweichungen von bisher angewandten Methoden sowie sonstigen Informationen zu einzelnen Posten erhöhtes Verständnis von Bilanz und Gewinn- und Verlustrechnung
   * Korrekturfunktion:
     Gemäß den Anforderungen insbesondere des § 264 Abs. 2 HGB ist ein infolge besonderer Umstände nicht den tatsächlichen Verhältnissen entsprechendes Bild der Vermögens-, Finanz- und Ertragslage in Bilanz und GuV durch darüberhinausgehende Angaben im Anhang zu korrigieren

3. **Informationsumfang des Anhangs**
   * Gesetzlich vorgeschriebene Informationen insbesondere nach § 284 u. § 285 HGB; daneben nach zahlreichen anderen Paragraphen des HGB
   * Neben den allgemein für Kapitalgesellschaften geltenden Vorschriften des HGB rechtsformspezifische Regelungen in HGB, AktG und GmbHG
   * Freiwillige Zusatzangaben und Graphiken, soweit Übersichtlichkeit und Klarheit nicht gefährdet

Handelsrechtliche Angabepflichten im Anhang von Kapitalgesellschaften

Aufzunehmender Sachverhalt und Rechtsgrundlage	Pflicht- oder Wahlpflichtangabe	gültig für folgende Kapitalgesellschaften
1. Grundsätzliche Angaben zur Charakterisierung des Unternehmens		
- § 285 Nr. 10	P	K,M,G
Angabe aller Mitglieder des **Geschäftsführungsorgans** und eines **Aufsichtsrates** mit Familiennamen und Vornamen. Der Vorsitzende eines Aufsichtsrates, seine Stellvertreter sowie ein etwaiger Vorsitzender des Geschäftsführungsorganes sind als solche zu bezeichen		
- § 285 Nr. 7	P	M,G
Angabe der - nach Gruppen getrennten - durchschnittlichen **Zahl der** während des Geschäftsjahres beschäftigten **Arbeitnehmer**		
- § 285 Nr. 14	P	K,M,G
Name und Sitz derjenigen **Mutterunternehmen**, die den Konzernabschluß mit dem jeweils größten bzw. kleinsten Konsolidierungskreis aufstellen		
2. Allgemeine Angaben zur Bilanzierung und Bewertung sowie Währungsumrechnung		
- § 264 Abs. 2 S. 2	P	K,M,G
Zusätzliche Angaben, wenn der Jahresabschluß trotz Beachtung der GoB aufgrund besonderer Umstände ein den tatsächlichen Verhältnissen entsprechendes Bild der Vermögens-, Finanz- und Errtragslage nicht vermittelt		
- § 265 Abs. 1	P	K,M,G
Abgabe und Begründung bei **Unterbrechung der Darstellungsstetigkeit** in Bilanz und /oder GuV		
- § 265 Abs. 4	P	K,M,G
Angabe und Begründung, falls aufgrund **unterschiedlicher Geschäftszweige** verschiedene Gliederungsvorschriften zu beachten sind		
- § 284 Abs. 2 Nr. 1 u. 3	P	K,M,G
Angabe der auf die Posten von Bilanz und Gewinn- und Verlustrechnung angewandten **Bilanzierungs- und Bewertungsmethoden** sowie Angabe und Begründung, falls von Bilanzierungs- und Bewertungsmethoden abgewichen wurde; gesonderte Darstellung des Einflusses auf die Vermögens-, Finanz- und Ertragslage		
- § 284 Abs. 2 Nr. 2	P	K,M,G
Angabe der Grundlagen für die **Umrechnung** in DM (insbesondere zugrundeliegende Wechselkurse)		

Fortsetzung

Aufzunehmender Sachverhalt und Rechtsgrundlage	Pflicht- oder Wahlpflicht angabe	gültig für folgende Kapitalge- sellschaften
- § 284 Abs. 2 Nr. 5 Angabe, falls **Fremdkapitalzinsen** in die Herstellungskosten einbezogen wurden	P	K,M,G
3. Informationen zur Bilanz **a) Grundsätzliches**		
- § 265 Abs. 7 Nr. 2 Gesonderter Ausweis von in der Bilanz zur Erreichung größerer Klarheit **zusammengefaßten Posten** nach § 266	W	K,M,G
- § 265 Abs. 3 Angabe, wenn ein **Vermögensgegenstand unter mehrere Posten** fällt (z.B. eine „Forderung aus Lieferung und Leistung", die gleichzeitig eine „Forderung gegen verbundene Unternehmen" ist, ist unter einer Position in der Bilanz anzugeben und unter der anderen im Anhang zu vermerken)	W	K,M,G
- § 265 Abs. 2 Angabe und Erläuterung, wenn in der Bilanz **Vorjahresbeträge** mit den aktuellen Beträgen **nicht vergleichbar** sind bzw. der Vorjahresbetrag angepaßt wurde	P	K,M,G
b) Aktiva		
- § 269 S. 1 Erläuterungen des Postens **„Aufwendungen für die Ingangsetzung und Erweiterung des Geschäftsbetriebes"**. Es muß erkennbar sein, daß die Aufwendungen nicht bilanzierungsfähig und im Rahmen des Aufbaus oder der Erweiterung der Innen- und Außenorganisation angefallen sind.	P	M,G
- § 285 Nr. 13 Angabe der Gründe für die planmäßige **Abschreibung des Geschäfts- oder Firmenwertes**, falls Abschreibung nicht linear zu mindestens einem Viertel	P	K,M,G
- § 285 Nr. 11, § 286 Abs. 3 und § 287 Angabe von **Name, Sitz, Beteiligungsquote, Eigenkapital und Jahresergebnis** von Unternehmen, an denen die Kapitalgesellschaft mindestens 20% der Nateile besitzt. Die Angabe kann unterbleiben, wenn sie für die Darstellung der Vermögens-, Finanz- und Ertragslage von untergeordneter Bedeutung oder nach vernünftiger kaufmännischer Beurteilung geeignet ist, der Kapitalgesellschaft oder dem anderen Unternehmen einen erheblichen Nachteil zuzufügen. Die Angabe des Eigenkapitals und des Jahresergenisses kann unterbleiben, wenn das Unternehmen, über das zu berichten ist,	P	K,M,G

Fortsetzung

Aufzunehmender Sachverhalt und Rechtsgrundlage	Pflicht- oder Wahlpflichtangabe	gültig für folgende Kapitalgesellschaften
seinen Jahresabschluß nicht offenzulegen hat und die berichtende Kapitalgesellschaft weniger als die Hälfte der Anteile besitzt. Die Angaben könne auch gesondert in einer Aufstellung des Anteilbesitzes gemacht werden, die dann Bestandteil des Aushangs ist		
- § 268 Abs. 2 Darstellung der Entwicklung der einzelnen Posten des Anlagevermögens (**Anlagespiegel**) und des Postens „Aufwendungen für die Ingangsetzung und Erweiterung des Geschäftsbetriebes", insbesondere Ausweis der **Abschreibungen**	W	M,G
- § 284 Abs. 2 Nr. 4 Ausweis des **Differenzbetrages zum Börsen- oder Marktwert** bei erheblicher Abweichung von dem mittels Durchschnittsbewertung oder Verbrauchsfolgeverfahren ermittelten Wert	P	M,G
- § 268 Abs. 4 S. 2 Erläuterung von Beträgen größeren Umfangs unter den „**Sonstigen Vermögensgegenständen**", wenn diese erst nach dem Abschlußstichtag rechtlich entstehen (d.h. antizipative Aktiva)	P	M,G
- § 281 Abs. 2 S. 1 Angabe und Begründung der nach **steuerrechtlichen** Vorschriften vorgenommenen **Abschreibungen**, getrennt nach Anlage- und Umlaufvermögen	W	K,M,G
- § 280 Abs. 3 Angabe und Begründung der aus steuerlichen Gründen **unterlassenen Zuschreibungen**	P	K,M,G
- § 274 Abs. 2 Erläuterung eines aktiven **Abgrenzungspostens für latente Steuern**	P	K,M,G
- § 268 Abs. 6 Angabe eines im Rechnungsabgrenzungsposten aktivierten **Disagios**	W	M,G
- § 268 Abs. 1 Gesonderter Ausweis eines **Gewinn- oder Verlustvortrages** bei Bilanzerstellung nach teilweiser Ergebnisverwendung	W	K,M,G
c) Passiva		
- § 273; § 281 Abs. 1 S. 2 Angabe der Vorschriften, nach denen **Sonderposten mit Rücklagenanteil** gebildet werden	W	K,M,G

Fortsetzung

Aufzunehmender Sachverhalt und Rechtsgrundlage	Pflicht- oder Wahlpflichtangabe	gültig für folgende Kapitalgesellschaften
- § 274 Abs. 1 Gesonderte Angabe der **Rückstellungen für latente Steuern**	W	K,M,G
- § 285 Nr. 12 Erläuterung von Rückstellungen mit einem nicht unerheblichen Umfang, die unter den **„Sonstigen Rückstellungen"** nicht gesondert ausgewiesen wurden	P	M,G
- § 285 Nr. 1a Angabe des Gesamtbetrags des **Verbindlichkeiten mit einer Restlaufzeit von mehr als 5 Jahren**	P	K,M,G
- § 285 Nr. 1b Angabe des Gesamtbetrags der **durch Pfandrechte oder ähnliche Rechte gesicherten Verbindlichkeiten** unter Angabe von Art und Form der Sicherheiten	P	K,M,G
- § 285 Nr. 2 Angabe des Betrages mit einer **Restlaufzeit von mehr als 5 Jahren** des durch Pfandrechte oder ähnliche Rechte **gesicherten Betrages** mit Angabe von Art und Form der Sicherheit **für alle Positionen der Verbindlichkeiten**	P	M,G
- § 268 Abs. 5 S. 3 Erläuterung von Beträgen größeren Umfangs unter den „Verbindlichkeiten", wenn diese erst nach dem Abschlußstichtag rechtlich entstehen (d.h. **antizipative Passiva**)	P	M,G
4. Informationen zur GuV		
- § 265 Abs. 7 Nr. 2 Gesonderter Ausweis von in der GuV zugunsten der Klarheit **zusammengefaßt ausgewiesenen Posten** nach § 275	W	K,M,G
- § 285 Nr. 4 Aufgliederung der **Umsatzerlöse** nach Tätigkeitsbereichen sowie geographisch bestimmten Märkten; diese Aufgliederung kann unterbleiben, soweit sie nach vernünftiger kaufmännischer Beurteilung geeignet ist, der Kapitalgesellschaft oder einem Unternehmen, von dem sie mindestens 20% der Anteile besitzt, einen erheblichen Nachteil zuzufügen (§ 268 Abs. 2)	P	G
- § 277 Abs. 3 Nr. 1 Angabe **außerplanmäßiger Abschreibungen** des Anlagevermögens (§ 253 Abs. 2 S. 3) und des Umlaufvermögens (§ 253 Abs. 3 S. 3)	W	K,M,G

Fortsetzung

Aufzunehmender Sachverhalt und Rechtsgrundlage	Pflicht- oder Wahlpflicht angabe	gültig für folgende Kapitalgesellschaften
- § 285 Nr. 5 Angaben über das Ausmaß der **Ergebnisbeeinflussung durch Ausübung steuerlicher Sondervorschriften** nach den §§ 254 (außerordentliche steuerrechtliche Abschreibungen), 273 (Sonderposten mit Rücklageanteil) und 280 Abs. 2 (Verzicht auf Zuschreibung); Angaben über das Ausmaß erheblicher künftiger Belastungen, die aus diesen Maßnahmen resultieren	P	M,G
- § 281 Abs. 2 S. 2 Angabe der Erträge aus der Auflösung des **Sonderpostens mit Rücklageanteil** und der Aufwendungen aus der Einstellung in diesen	W	K,M,G
- § 277 Abs. 4 S. 3 Erläuterung **aperiodischer Erträge und Aufwendungen** hinsichtlich Betrag und Art	P	M,G
- § 277 Abs. 4 S. 2 Erläuterungen ausgewiesener **außerordentlicher Aufwendungen und Erträge** hinsichtlich Betrag und Art	P	M,G
- § 285 Nr. 6 Angabe, in welchem Umfang **Ertragsteuern** das ordentliche und außerordentliche Ergebnis belasten	P	M,G
- Abgaben bei Anwendung des **Umsatzkostenverfahrens** a) § 285 Nr. 8a **Materialaufwand** des Geschäftsjahres, gegliedert entsprechend § 275 Abs. 2 Nr. 5	P	M,G
b) § 285 Nr. 8b **Personalaufwand** des Geschäftsjahres, gegliedert entsprechend § 275 Abs. 2 Nr. 6	P	K,M,G
5. Haftungsverhältnisse und sonstige finanzielle Verpflichtungen		
- § 268 Abs. 7 Gesonderte Angabe von a) **Verpflichtungen** aus der Begebung und Übertragung von Wechseln, aus Bürgschaften, aus Wechsel- und Scheckbürgschaften und aus Gewährleistungsverträgen, b) **Haftungsverhältnissen** aus der Bestellung von Sicherheiten für fremde Verbindlichkeiten, jeweils unter Angabe gewährter Pfandrechte oder sonstiger Sicherheiten; davon separater Ausweis der in § 251 bezeichneten Haftungsverhältnisse gegenüber verbundenen Unternehmen	W	K,M,G

Fortsetzung

Aufzunehmender Sachverhalt und Rechtsgrundlage	Pflicht- oder Wahlpflicht angabe	gültig für folgende Kapitalge- sellschaften
- § 285 Nr. 3 Angabe des Gesamtbetrages der **sonstigen finanziellen Verpflichtungen** (z.B. aus Leasingverträgen), die nicht in der Bilanz erscheinen und auch nicht nach § 251 anzugeben sind, sofern für die Beurteilung der Finanzlage von Bedeutung; davon gesonderte Angabe der Verpflichtungen gegenüber verbundenen Unternehmen	P	M,G
6. Aufwendungen für Organe und Organkredite		
- § 285 Nr. 9a Angabe der **Gesamtbezüge** jeweils des a) Geschäftsführungsorgans, b) Aufsichtsrats, c) Beirats oder d) einer ähnlichen Einrichtung	P	M,G
- § 285 Nr. 9b Angabe der Gesamtbezüge der **früheren Mitglieder** dieser Organe und ihrer Hinterbliebenen. Außerdem Angabe der für diese gebildeten sowie nicht gebildeten Pensionsrückstellungen	P	M,G
- § 285 Nr. 9c Angabe der **Vorschüsse und Kredite** an die Mitglieder dieser Organe, einschließlich wesentlicher Bedingungen, zurückgezahlter Beträge sowie der zugunsten dieser eingegangenen Haftungsverhältnisse	P	K,M,G

Legende:

P: Angabe verpflichtend im Anhang

W: Wahlrecht zur Aufnahme der Angabe in die Bilanz/GuV oder in den Anhang

K: Angabe im Anhang von kleinen Kapitalgesellschaften

M: Angabe im Anhang von mittelgroßen Kapitalgesellschaften

G: Angabe im Anhang von großen Kapitalgesellschaften

V. Lagebericht der Kapitalgesellschaft

> **Literaturhinweis zur Vertiefung**
>
> **Coenenberg**, Adolf G.: Jahresabschluß und Jahresabschlußanalyse, 16. Auflage, Landsberg am Lech 1997, S. 400-403.
> **Baetge**, Jörg: Bilanzen, 4. Auflage, Düsseldorf 1996, S. 637-647.

1. **Ergänzung des Jahresabschlusses von Kapitalgesellschaften durch den Lagebericht**
   * Mittelgroße und große Kapitalgesellschaften mit Pflicht zur Aufstellung eines Lageberichts neben dem Jahresabschluß als ergänzendes Informationsinstrument zur Erfüllung der Generalnorm (§ 264 Abs. 1 HGB)
   * Zusätzliche Informationen sachlicher Art durch weitere Angaben über Unternehmen und unternehmensrelevante Umwelt, zeitlicher Art durch Zukunftsorientierung

2. **Informationscharakter des Lageberichts**
   * Gesamtbeurteilung der gegenwärtigen und künftigen wirtschaftlichen Situation des Unternehmens und seiner Marktstellung
   * Informationen ohne unmittelbarem Bezug zu Einzelposten des Jahresabschlusses als allgemeine und tendenzielle Aussagen

3. **Aufstellungsgrundsätze**
   * Vermittlung eines den tatsächlichen Verhältnissen entsprechenden Bildes
   * Beachtung der allgemeinen Berichtsgrundsätze der Vollständigkeit, Richtigkeit und Klarheit

4. **Inhalt des Lageberichts**
   * Gemäß § 289 vier Berichtsbereiche:
     - Darstellung von Geschäftsverlauf und Lage, d.h. ergänzende Informationen zur Entwicklung von Unternehmen und Unternehmensumwelt während des Geschäftsjahres sowie zu künftigen für die wirtschaftliche Lagebeurteilung relevanten Tatbeständen
     - Nachtragsbericht als Instrument zur Schilderung von zwischen Bilanzstichtag und Aufstellungsdatum bekannt gewordenen Sachverhalten
     - Prognosebericht mit Vorstellungen hinsichtlich der voraussichtlichen Entwicklung des Unternehmens
     - Forschungs- und Entwicklungsbericht als Ausdruck für die langfristige Konkurrenzfähigkeit
   * Darstellung von Geschäftsverlauf und Lage als "Muß"-Vorschrift; Nachtragsbericht, Prognosebericht sowie Forschungs- und Entwicklungsbericht als "Soll"-Vorschrift, d.h. Pflichtangaben nur für den Fall, daß das Unternehmen dazu in der Lage ist

8. Kapitel:
Spezifische Bilanzierungsfragen des Jahresabschlusses von Kapitalgesellschaften

I. Bilanzierungshilfe nach §§ 269, 282 HGB

1. **Wesen und Bedeutung der Bilanzierungshilfe**

   * Aufwendungen für die Ingangsetzung und Erweiterung des Geschäftsbetriebes als Ansatzwahlrecht nur für Kapitalgesellschaften

   > **§ 269 HGB**[1]
   >
   > Die **Aufwendungen für die Ingangsetzung des Geschäftsbetriebs** und dessen **Erweiterung** dürfen, soweit sie nicht bilanzierungsfähig sind, als **Bilanzierungshilfe** aktiviert werden; der Posten ist in der Bilanz unter der Bezeichnung „Aufwendungen für die Ingangsetzung und Erweiterung des Geschäftsbetriebs" vor dem Anlagevermögen auszuweisen und im Anhang zu erläutern. (...)

   [1] im Original des Gesetzestextes keine Hervorhebungen

   * Abgrenzung der Aufwendungen für Ingangsetzung
     - Aufwendungen nach der Gründung zum Aufbau der Innen- und Außenorganisation des Geschäftsbetriebes (Anlaufkosten)
     - Abgrenzung zu den die Gründung und damit juristische Aspekte betreffenden Aufwendungen, z.B. Eintragung in das Handelsregister
   * Abgrenzung der Erweiterungsaufwendungen
     - Aufwendungen für einen sich nicht regelmäßig wiederholenden Ausbau, nicht nur Umstrukturierung der Organisation
     - zeitliche Abgrenzbarkeit, bedeutende Höhe und außerordentlicher Charakter der Aufwendungen als Voraussetzungen

2. **Zweck der Bilanzierungshilfe**

   * Schutz vor buchmäßiger Überschuldung in der Anlauf- und Erweiterungsphase durch Verteilung der Aufwendungen auf die folgenden Geschäftsjahre mittels Abschreibung
   * keine direkte Wirkung auf Überschuldungstatbestand wegen Verbot des Ansatzes von Aufwendungen für Ingangsetzung und Erweiterung in einer Überschuldungsbilanz
   * Abschreibung in den auf den Ansatz folgenden Jahren zu mindestens 25 %

   > **§ 282 HGB**[1]
   >
   > Für die Ingangsetzung und Erweiterung des Geschäftsbetriebs ausgewiesene Beträge sind in jedem folgenden Geschäftsjahr zu **mindestens** einem **Viertel durch Abschreibungen** zu **tilgen**.

   [1] im Original des Gesetzestextes keine Hervorhebungen

II. Besonderheiten der Bilanzierung des Anlagevermögens

1. **Bedeutung des Anlagespiegels nach § 268 Abs. 2 HGB**
   * Anlagespiegel verbindlich vorgeschrieben für mittelgroße und große Kapitalgesellschaften

   > **§ 268 Abs. 2 HGB[1]**
   >
   > (2) In der Bilanz oder im Anhang ist die Entwicklung der einzelnen Posten des **Anlagevermögens** und des Postens **"Aufwendungen für die Ingangsetzung und Erweiterung des Geschäftsbetriebs"** darzustellen. Dabei sind, ausgehend von den gesamten Anschaffungs- und Herstellungskosten, die **Zugänge**, **Abgänge**, **Umbuchungen** und **Zuschreibungen** des Geschäftsjahres sowie die **Abschreibungen** in ihrer **gesamten Höhe** gesondert aufzuführen. Die Abschreibungen des Geschäftsjahrs sind entweder in der Bilanz bei dem betreffenden Posten zu vermerken oder im Anhang in einer der Gliederung des Anlagevermögens entsprechenden Aufgliederung anzugeben.

   [1] im Original des Gesetzestextes keine Hervorhebungen

   * Ausweis des Anlagespiegels in Bilanz oder Anhang
   * Instrument im Interesse der Bilanzklarheit
   * Darstellung der Entwicklung der Gegenstände des Anlagevermögens und des Postens "Aufwendungen für die Ingangsetzung und Erweiterung des Geschäftsbetriebes"

2. **Besonderheiten beim Ansatz außerplanmäßiger Abschreibungen nach § 279 HGB**
   * Einschränkungen für Kapitalgesellschaften bei außerplanmäßigen Abschreibungen

   > **§ 279 HGB[1]**
   >
   > (1) § 253 Abs. 4 ist **nicht anzuwenden**. § 253 Abs. 2 Satz 3 darf, wenn es sich nicht um eine voraussichtlich dauernde Wertminderung handelt, nur auf Vermögensgegenstände, die **Finanzanlagen** sind, angewendet werden.
   >
   > (2) Abschreibungen nach § 254 dürfen nur insoweit vorgenommen werden, als das Steuerrecht ihre Anerkennung bei der steuerrechtlichen Gewinnermittlung davon abhängig macht, **daß sie sich aus der Bilanz ergeben**.

   [1] im Original des Gesetzestextes keine Hervorhebungen

   * Beschränkung des Abschreibungswahlrechtes bei vorübergehender Wertminderung des Anlagevermögens nach § 253 Abs. 2 S. 3 auf das Finanzanlagevermögen, d.h. Abschreibungsverbot für Sachanlagen und immaterielle Vermögensgegenstände
   * Ausschluß von Abschreibungen im Rahmen vernünftiger kaufmännischer Beurteilung nach § 253 Abs. 4 HGB

- Zwingende umgekehrte Maßgeblichkeit als Voraussetzung von Abschreibungen, um Vermögensgegenstände des Anlagevermögens mit niedrigerem Wert anzusetzen, der auf einer nur steuerrechtlich zulässigen Abschreibung beruh (§ 254 S.1 HGB); faktisch immer erfüllt aufgrund § 5 Abs. 1 S. 2 EStG

3. Besonderheiten bei Zuschreibungen

- Ergänzende Vorschriften zu Zuschreibungen für Kapitalgesellschaften

---

§ 280 HGB[1]

(1) Wird bei einem Vermögensgegenstand eine Abschreibung nach § 253 Abs. 2 Satz 3 oder Abs. 3 oder § 254 Satz 1 vorgenommen und stellt sich in einem späteren Geschäftsjahr heraus, daß die Gründe dafür nicht mehr bestehen, so **ist der Betrag dieser Abschreibung** im Umfang der Werterhöhung unter Berücksichtigung der Abschreibungen, die inzwischen vorzunehmen gewesen wären, **zuzuschreiben.** § 253 Abs. 5, § 254 Abs. 2 sind insoweit nicht anzuwenden.

(2) Von der Zuschreibung nach Absatz 1 **kann abgesehen werden,** wenn der niedrigere Wertansatz bei der **steuerrechtlichen Gewinnermittlung** beibehalten werden kann und wenn Voraussetzung für die Beibehaltung ist, daß der niedrigere Wertansatz auch in der Bilanz beibehalten wird.

(3) Im Anhang ist der Betrag der im Geschäftsjahr aus steuerrechtlichen Gründen unterlassenen Zuschreibungen anzugeben und hinreichend zu begründen.

---

[1] im Original des Gesetzestextes keine Hervorhebungen

- Grundsätzlich Zuschreibungsgebot für Kapitalgesellschaften nach Wegfall der Gründe

- Von der Zuschreibung kann abgesehen werden, wenn steuerrechtlich ein Beibehaltungswahlrecht existiert, unter der Voraussetzung, daß auch in der Handelsbilanz der niedrigere Wertansatz beibehalten wird (§ 280 Abs. 2 HGB)

- Steuerrechtliches Zuschreibungs- bzw. Beibehaltungswahlrecht auch für Kapitalgesellschaften gültig aufgrund der faktisch erfüllten zwingenden umgekehrten Maßgeblichkeit (§ 5 Abs. 1 S. 2 EStG)

- Wertaufholungsgebot damit faktisch nicht relevant, d.h. Milderung der zunächst restriktiven handelsrechtlichen Bestimmungen

Überblick über die Unterschiede in der Bewertung des Anlagevermögens von Kapitalgesellschaften und anderen Kaufleuten

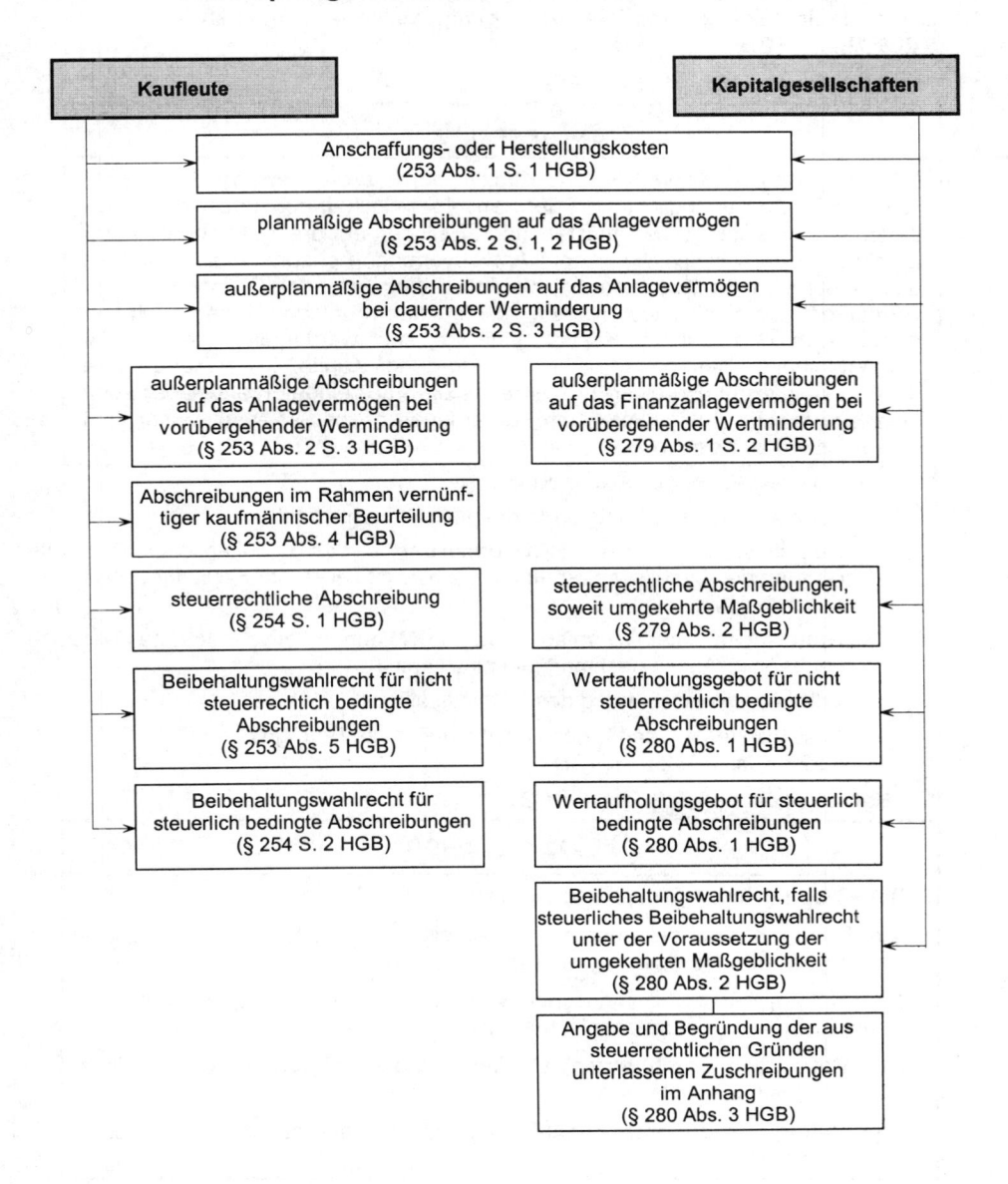

Kaufleute | **Kapitalgesellschaften**

- Anschaffungs- oder Herstellungskosten (253 Abs. 1 S. 1 HGB)
- planmäßige Abschreibungen auf das Anlagevermögen (§ 253 Abs. 2 S. 1, 2 HGB)
- außerplanmäßige Abschreibungen auf das Anlagevermögen bei dauernder Werminderung (§ 253 Abs. 2 S. 3 HGB)

Kaufleute:
- außerplanmäßige Abschreibungen auf das Anlagevermögen bei vorübergehender Werminderung (§ 253 Abs. 2 S. 3 HGB)
- Abschreibungen im Rahmen vernünftiger kaufmännischer Beurteilung (§ 253 Abs. 4 HGB)
- steuerrechtliche Abschreibung (§ 254 S. 1 HGB)
- Beibehaltungswahlrecht für nicht steuerrechtich bedingte Abschreibungen (§ 253 Abs. 5 HGB)
- Beibehaltungswahlrecht für steuerlich bedingte Abschreibungen (§ 254 S. 2 HGB)

Kapitalgesellschaften:
- außerplanmäßige Abschreibungen auf das Finanzanlagevermögen bei vorübergehender Wertminderung (§ 279 Abs. 1 S. 2 HGB)
- steuerrechtliche Abschreibungen, soweit umgekehrte Maßgeblichkeit (§ 279 Abs. 2 HGB)
- Wertaufholungsgebot für nicht steuerrechtlich bedingte Abschreibungen (§ 280 Abs. 1 HGB)
- Wertaufholungsgebot für steuerlich bedingte Abschreibungen (§ 280 Abs. 1 HGB)
- Beibehaltungswahlrecht, falls steuerliches Beibehaltungswahlrecht unter der Voraussetzung der umgekehrten Maßgeblichkeit (§ 280 Abs. 2 HGB)
- Angabe und Begründung der aus steuerrechtlichen Gründen unterlassenen Zuschreibungen im Anhang (§ 280 Abs. 3 HGB)

III. Bilanzierung des Eigenkapitals von Kapitalgesellschaften

1. **Bestandteile des Eigenkapitals von Kapitalgesellschaften gemäß § 266 Abs. 3 HGB**

   * Gezeichnetes Kapital (§ 272 Abs. 1 HGB)

§ 272 Abs. 1 HGB[1]
(1) **Gezeichnetes Kapital** ist das Kapital, auf das die **Haftung** der Gesellschafter für die Verbindlichkeiten der Kapitalgesellschaft gegenüber den Gläubigern **beschränkt** ist. Die ausstehenden Einlagen auf das gezeichnete Kapital sind auf der Aktivseite vor dem Anlagevermögen gesondert auszuweisen und entsprechend zu bezeichnen; die davon eingeforderten Einlagen sind zu vermerken. Die nicht eingeforderten ausstehenden Einlagen dürfen auch von dem Posten "Gezeichnetes Kapital" offen abgesetzt werden; in diesem Fall ist der verbleibende Betrag als Posten "Eingefordertes Kapital" in der Hauptspalte der Passivseite auszuweisen und ist außerdem der eingeforderte, aber noch nicht eingezahlte Betrag unter den Forderungen gesondert auszuweisen und entsprechend zu bezeichnen.

   [1] im Original des Gesetzestextes keine Hervorhebungen

   - Konstantes Kapitalkonto (Grundkapital, Stammkapital)
   - Gemäß § 272 Abs. 1 S. 1 HGB formal der Teil des Eigenkapitals, auf den die Haftung der Gesellschafter für die Verbindlichkeiten der Kapitalgesellschaft beschränkt ist
   - Grundkapital einer AG (mind. 100.000 DM) durch die Nennbeträge aller ausgegebenen Aktien bestimmt (Nominalkapital)
   - Verbot der Ausschüttung des Nominalkapitals
   - Ausweisalternativen für noch nicht einbezahlte Beträge gemäß § 272 Abs. 1 S. 2 u. 3 HGB

   * Kapitalrücklage (§ 272 Abs. 2 HGB)

§ 272 Abs. 2 HGB[1]
(2) Als **Kapitalrücklage** sind auszuweisen
1. der Betrag, der bei der Ausgabe von Anteilen einschließlich von Bezugsanteilen **über den Nennbetrag hinaus** erzielt wird;
2. der Betrag, der bei der Ausgabe von Schuldverschreibungen für Wandlungsrechte und Optionsrechte zum Erwerb von Anteilen erzielt wird;
3. der Betrag von **Zuzahlungen**, die Gesellschafter gegen Gewährung eines Vorzugs für ihre Anteile leisten;
4. der Betrag von **anderen Zuzahlungen**, die Gesellschafter in das Eigenkapital leisten.

   [1] im Original des Gesetzestextes keine Hervorhebungen

- Variables Kapitalkonto zum Zwecke der Verlustabdeckung, Finanzierung und Verbesserung der Kapitalstruktur
- Von den Eignern zusätzlich zum gezeichneten Kapital von außen zugeführt (Außenfinanzierung)
- Beträge, die bei der Ausgabe von Anteilen über den Nennwert hinaus erzielt werden (Agio)
- Beträge, die bei der Ausgabe von Schuldverschreibungen für Wandlungs- und Optionsrechte zum Erwerb von Anteilen erzielt werden
- Beträge, die für Vorzugsrechte erzielt werden (insbesondere im Rahmen von Vorzugsaktien)
- Andere Zuzahlungen der Gesellschafter (monetäre und nicht monetäre)
- Einstellung und Auflösung vor Aufstellung der Bilanz

* Gewinnrücklagen

> **§ 272 Abs. 3 HGB**[1]
>
> (3) Als **Gewinnrücklagen** dürfen nur Beträge ausgewiesen werden, die im Geschäftsjahr oder in einem früheren Geschäftsjahr **aus dem Ergebnis** gebildet worden sind. Dazu gehören **aus dem Ergebnis** zu bildende gesetzliche oder auf Gesellschaftsvertrag oder Satzung beruhende Rücklagen und andere Gewinnrücklagen.

[1] im Original des Gesetzestextes keine Hervorhebungen

- Variables Kapitalkonto
- Gemäß § 272 Abs. 3 HGB Beträge, die aus dem Ergebnis gebildet wurden (Innenfinanzierung)
- Gesetzliche Rücklage aufgrund gesetzlicher Vorschriften zu bilden; gemäß § 150 Abs. 2 AktG sind solange 5% des Jahresüberschusses einzustellen, bis die gesetzliche zusammen mit der Kapitalrücklage (ohne "andere" Zuzahlungen der Gesellschafter) 10% des Grundkapitals erreicht haben
- Rücklage für eigene Anteile in Höhe der auf der Aktivseite der Bilanz offen ausgewiesenen eigenen Aktien (z.B. vor Ausgabe von Belegschaftsaktien) mit Ausschüttungssperrfunktion
- Satzungsmäßige Rücklagen, die aufgrund von Satzungsbestimmungen zweckgebunden oder zweckfrei gebildet werden können
- Andere Gewinnrücklagen, in die Beträge durch den Vorstand oder die Hauptversammlung mit und ohne Zweckbindung eingestellt werden können
- Gesonderte Angabe der aus dem Jahresüberschuß in die anderen Gewinnrücklagen eingestellten Beträge in der Bilanz oder im Anhang (§ 152 Abs. 3 AktG)

* Gewinnvortrag/Verlustvortrag als Übertrag aus dem Vorjahresabschluß, wenn ein Teil des Bilanzgewinns aus der Vorperiode nicht ausgeschüttet wurde oder das Vorjahr mit einem Bilanzverlust abschloß

* Jahresüberschuß/Jahresfehlbetrag als Differenz zwischen Aufwendungen und Erträgen des Geschäftsjahres

2. Bestimmungen zur Auflösung der Eigenkapitalbestandteile

* Keine Verwendungsbeschränkungen für die "anderen" Zuzahlungen der Gesellschafter
* Verfügung über alle sonstigen Bestandteile der Kapitalrücklage sowie über die gesetzliche Rücklage, sofern sie zusammen weniger als 10% des Grundkapitals ausmachen, ausschließlich zum Ausgleich eines Jahresfehlbetrages oder Verlustvortrages, soweit nicht durch Gewinnvortrag bzw. Jahresüberschuß gedeckt und nicht durch Auflösung anderer Gewinnrücklagen ausgleichbar (§ 150 Abs. 3 AktG)
* Verwendung eines über 10% des Grundkapitals hinausgehenden Betrages zum Ausgleich eines Jahresfehlbetrages oder Verlustvortrages unabhängig vom Bestehen anderer Gewinnrücklagen (§ 150 Abs. 4 AktG)
* Auflösung der Rücklage für eigene Anteile nur wenn die Aktien ausgegeben, veräußert oder eingezogen werden; teilweise Auflösung bei Abschreibung der Aktien gemäß dem Niederstwertprinzip (§ 272 Abs. 4 HGB)
* Auflösung satzungsmäßiger Rücklagen gemäß Satzungsbestimmungen
* Auflösung von "anderen" Gewinnrücklagen nach freiem Ermessen, soweit keine Zweckbindung

3. Verwendung des Jahresergebnisses aus der Gewinn- und Verlustrechnung

* Aufstellung des Jahresabschlusses durch den Vorstand
* Feststellung des Jahresabschlusses im Regelfall durch "Billigung" des aufgestellten Jahresabschlusses durch den Aufsichtsrat (§ 172 AktG)
* Im Ausnahmefall Feststellung durch die Hauptversammlung, wenn Vorstand und Aufsichtsrat der Hauptversammlung die Feststellung überlassen oder der Aufsichtsrat den Jahresabschluß nicht billigt (§ 173 Abs. 1 AktG)
* Verwendung eines Jahresüberschusses, falls Vorstand und Aufsichtsrat den Jahresabschluß feststellen (Regelfall):
  - Pflicht zur Einstellung in die gesetzliche Rücklage (§ 150 Abs. 2 AktG)
  - Pflicht zur Einstellung in die Rücklage für eigene Anteile in Höhe des zu aktivierenden Betrages (§ 272 Abs. 4 HGB)
  - Pflicht zur Einstellung in die satzungsmäßigen Rücklagen aufgrund einer zwingenden Satzungsbestimmung
  - Keine aufgrund einer satzungsmäßigen Verpflichtung erlaubte Dotierung "anderer" Gewinnrücklagen (§ 58 Abs. 1 AktG)
  - Wahlrecht zur Einstellung von maximal 50 % des korrigierten Jahresüberschusses in die "anderen" Gewinnrücklagen; höhere Einstellung aufgrund einer satzungsmäßigen Ermächtigung bis zu insgesamt 50% des Grundkapitals möglich (§ 58 Abs. 2 AktG)

- Vorlage eines Gewinnverwendungsvorschlags gemäß § 170 Abs. 2 AktG durch den Vorstand an die Hauptversammlung mit den Positionen
  - An die Aktionäre auszuschüttender Betrag
  - Betrag zur Einstellung in die Gewinnrücklagen
  - Gewinnvortrag
  - Bilanzgewinn
- Möglichkeiten der Hauptversammlung zur Verwendung des Bilanzgewinns (§ 58 Abs. 3 AktG):
  - Teilweise oder vollständige Ausschüttung an die Aktionäre
  - Weitere Einstellung in die Gewinnrücklagen über die vom Vorstand bereits eingestellten Beträge hinaus
  - Vortrag auf neue Rechnung
  - Im Falle einer Satzungsermächtigung auch andere Verwendung möglich
- Verwendung eines Jahresüberschusses, falls die Hauptversammlung den Jahresabschluß feststellt:
  - Pflicht zur Einstellung in die gesetzliche Rücklage (§ 150 Abs. 2 AktG)
  - Pflicht zur Einstellung in die Rücklage für eigene Anteile in Höhe des zu aktivierenden Betrages (§ 272 Abs. 4 HGB)
  - Keine Dotierung von satzungsmäßigen Rücklagen durch Satzungsbestimmungen möglich
  - Pflicht zur Dotierung der "anderen" Gewinnrücklagen aufgrund von zwingenden satzungsmäßigen Bestimmungen bis zu 50% des Jahresüberschusses (§ 58 Abs. 1 AktG)

4. **Bilanzierung des Eigenkapitals vor Verwendung des Ergebnisses nach § 266 Abs. 3 HGB**

- Möglich, wenn bilanzerstellende Organe nicht gesetzlich oder satzungsmäßig zur Einstellung in die Rücklagen verpflichtet

§ 266 Abs. 3 HGB
(3) A. Eigenkapital:
I. Gezeichnetes Kapital;
II. Kapitalrücklage;
III. Gewinnrücklagen:
1. gesetzliche Rücklage;
2. Rücklage für eigene Anteile;
3. satzungsmäßige Rücklagen;
4. andere Gewinnrücklagen;
IV. Gewinnvortrag/Verlustvortrag;
V. Jahresüberschuß/Jahresfehlbetrag.

5. Bilanzierung des Eigenkapitals nach teilweiser Verwendung des Ergebnisses nach § 268 Abs. 1 HGB

* Wenn ein Teil des Jahresüberschusses bereits den Rücklagen zugeführt wurde

> **§ 268 Abs. 1 HGB**[1]
>
> (1) Die Bilanz darf auch unter Berücksichtigung der vollständigen oder **teilweisen Verwendung des Jahresergebnisses** aufgestellt werden. Wird die Bilanz unter Berücksichtigung der teilweisen Verwendung des Jahresergebnisses aufgestellt, so tritt an die Stelle der Posten "Jahresüberschuß/Jahresfehlbetrag" und "Gewinnvortrag/Verlustvortrag" der Posten **"Bilanzgewinn/Bilanzverlust"**; ein vorhandener Gewinn- oder Verlustvortrag ist in den Posten "Bilanzgewinn/Bilanzverlust" einzubeziehen und in der Bilanz oder im Anhang gesondert anzugeben.

[1] im Original des Gesetzestextes keine Hervorhebungen

* Jahresüberschuß/-fehlbetrag und Gewinnvortrag/Verlustvortrag werden ersetzt durch den Bilanzgewinn/Bilanzverlust
* Gliederung des Eigenkapitals
   I. Gezeichnetes Kapital
   II. Kapitalrücklage
   III. Gewinnrücklagen
   V. Bilanzgewinn/-verlust

6. Negatives Eigenkapital nach § 268 Abs. 3 HGB

* Ausweis eines über das Eigenkapital hinausgehenden Fehlbetrags unter "Nicht durch Eigenkapital gedeckter Fehlbetrag" auf der Aktivseite

> **§ 268 Abs. 3 HGB**[1]
>
> (3) Ist das Eigenkapital durch Verluste aufgebraucht und ergibt sich ein Überschuß der Passivposten über die Aktivposten, so ist dieser Betrag am Schluß der Bilanz auf der Aktivseite gesondert unter der Bezeichnung **"Nicht durch Eigenkapital gedeckter Fehlbetrag"** auszuweisen.

[1] im Original des Gesetzestextes keine Hervorhebungen

* Vermeidung eines negativen Betrages auf der Passivseite
* Kein Konkursgrund, solange infolge stiller Reserven keine echte Überschuldung besteht

7. Eigene Anteile nach § 272 Abs. 4 HGB

* Zulässigkeit des Erwerbs von eigenen Anteilen nur für die in § 71 Abs. 1 AktG genannten Zwecke bis zu einer maximalen Höhe von 10 % des Grundkapitals

> **§ 272 Abs. 4 HGB[1]**
>
> (4) In eine Rücklage für eigene Anteile ist ein Betrag einzustellen, der dem auf der Aktivseite der Bilanz für die **eigenen Anteile** anzusetzenden Betrag entspricht. Die Rücklage darf nur aufgelöst werden, soweit die eigenen Anteile **ausgegeben**, **veräußert** oder **eingezogen** werden oder soweit nach § 253 Abs. 3 auf der Aktivseite ein niedrigerer Betrag angesetzt wird. Die Rücklage, die bereits bei der Aufstellung der Bilanz vorzunehmen ist, darf aus vorhandenen Gewinnrücklagen gebildet werden, soweit diese frei verfügbar sind. Die Rücklage nach Satz 1 ist auch für Anteile eines herrschenden oder eines mit Mehrheit beteiligten Unternehmens zu bilden.

[1] im Original des Gesetzestextes keine Hervorhebungen

* Doppelcharakter der eigenen Anteile
    - echte Vermögenswerte im Fall der Absicht der Veräußerung oder der Ausgabe von Belegschaftsaktien
    - Korrekturposten zum Eigenkapital im Fall der Liquidation oder Sanierung
* Bildung einer Rücklage in Höhe der aktivierten eigenen Anteile aus dem Jahresüberschuß oder aus vorhandenen, frei verfügbaren Gewinnrücklagen nach § 272 Abs. 4 HGB
    - Ausschüttungssperrfunktion dieser Rücklage zum Schutz der Gläubiger
    - Bildung der Rücklage bereits bei Aufstellung der Bilanz

Komponenten unterschiedlicher Eigenkapitalbegriffe

Bestandteile des Eigenkapitals		Nominal-kapital	bilanzielles Eigenkapital	rechnerisches Eigenkapital	effektives Eigenkapital
eingefordertes gezeichnetes Kapital	eingezahltes gezeichnetes Kapital				
	noch nicht eingezahltes gezeichnetes Kapital				
nicht eingefordertes gezeichnetes Kapital					
Kapitalrücklage					
Gewinnrücklagen					
Sonderposten mit Rücklageanteil	EK-Anteil				
	FK-Anteil				
stille Reserven					

Alternativen für die Darstellung ausstehender Einlagen gemäß § 272 Abs. 1 HGB

Bilanzausweis-Alternative 1

Aktiva		Passiva	
A. Ausstehende Einlagen auf das gezeichnete Kapital 500		A. Eigenkapital	
- davon eingefordert 200		I. Gezeichnetes Kapital	2.000
		II. Kapitalrücklage	100
B. Anlagevermögen	4.300	III. Gewinnrücklage	400
C. Umlaufvermögen	2.000	IV. Bilanzgewinn	200
D. Rechnungsabgrenzung	200	B. Rückstellungen	1.000
		C. Verbindlichkeiten	3.000
		D. Rechnungsabgrenzung	300
	7.000		**7.000**

Bilanzausweis-Alternative 2

Aktiva		Passiva	
A. Anlagevermögen	4.300	A. Eigenkapital	
B. Umlaufvermögen		I. **Gezeichnetes Kapital** 2.000	
I. Vorräte	1.200	- nicht eingeforderte ausstehende Einlagen ./. 300	
II. Forderungen und sonstige Vermögensgegenstände	300	- eingefordertes Kapital	1.700
- davon eingefordertes, noch nicht einbezahltes Kapital 200		II. Kapitalrücklage	100
		III. Gewinnrücklage	400
III. Wertpapiere	100	IV. Bilanzgewinn	200
IV. Schecks, Kasse, usw.	600	B. Rückstellungen	1.000
C. Rechnungsabgrenzung	200	C. Verbindlichkeiten	3.000
		D. Rechnungsabgrenzungsposten	300
	6.700		**6.700**

Einstellungen in die Rücklagen im Rahmen der Gewinnverwendung

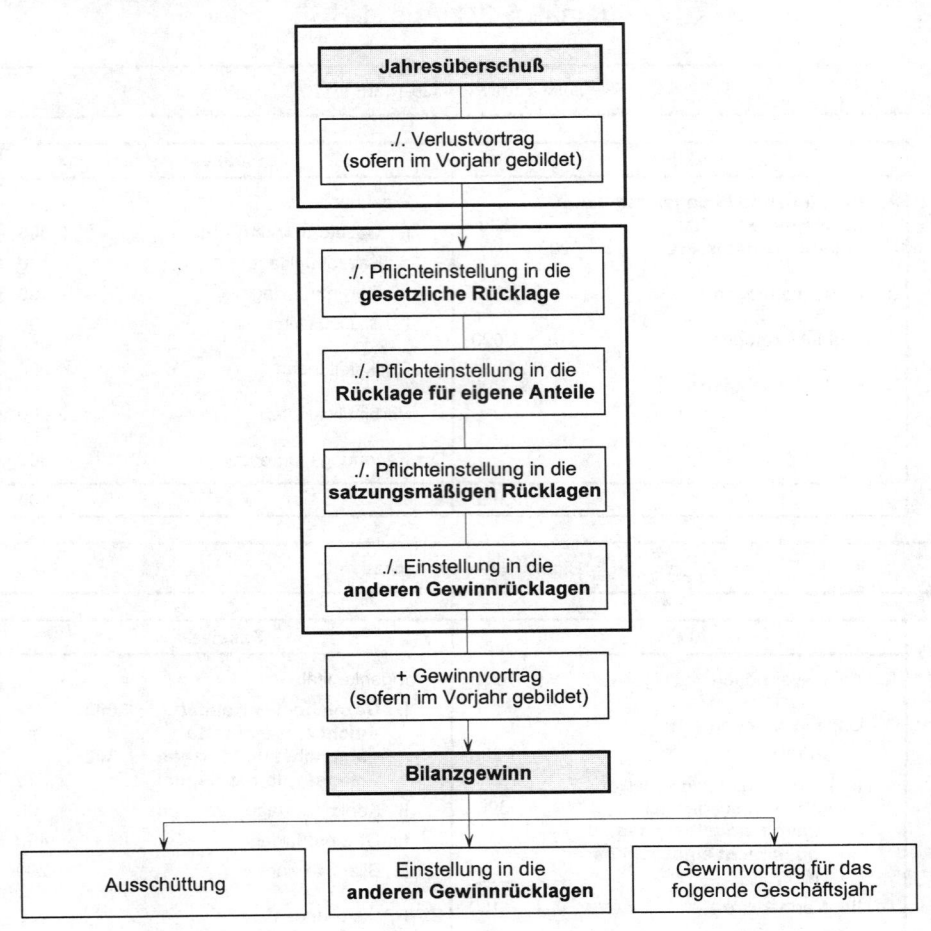

Jahresüberschuß

./. Verlustvortrag
(sofern im Vorjahr gebildet)

./. Pflichteinstellung in die **gesetzliche Rücklage**

./. Pflichteinstellung in die **Rücklage für eigene Anteile**

./. Pflichteinstellung in die **satzungsmäßigen Rücklagen**

./. Einstellung in die **anderen Gewinnrücklagen**

+ Gewinnvortrag
(sofern im Vorjahr gebildet)

Bilanzgewinn

- Ausschüttung
- Einstellung in die **anderen Gewinnrücklagen**
- Gewinnvortrag für das folgende Geschäftsjahr

Bilanzierung des Eigenkapitals vor Gewinnverwendung

Ausweis des Eigenkapitals in der Bilanz des Vorjahres

Ausweis des Eigenkapitals

I. Gezeichnetes Kapital	500.000
II. Kapitalrücklage	20.000
III. Gewinnrücklagen	
1. gesetzliche Rücklage	30.000
2. Rücklage für eigene Anteile	0
3. satzungsmäßige Rücklagen	80.000
4. andere Gewinnrücklagen	120.000

Gewinn- und Verlustrechnung des laufenden Jahres

Gewinn- und Verlustrechnung

1. Erträge	2.000.000
2. Aufwendungen	1.940.000
3. Jahresüberschuß	**60.000**

Ausweis des Eigenkapitals in der Bilanz des laufenden Jahres

Ausweis des Eigenkapitals

I. Gezeichnetes Kapital	500.000
II. Kapitalrücklage	20.000
III. Gewinnrücklagen	
1. gesetzliche Rücklage	30.000
2. Rücklage für eigene Anteile	0
3. satzungsmäßige Rücklagen	80.000
4. andere Gewinnrücklagen	120.000
IV. Jahresüberschuß	**60.000**

Bilanzierung des Eigenkapitals nach teilweiser Gewinnverwendung

Ausweis des Eigenkapitals in der Bilanz des Vorjahres

Ausweis des Eigenkapitals

I. Gezeichnetes Kapital	500.000
II. Kapitalrücklage	20.000
III. Gewinnrücklagen	
1. gesetzliche Rücklage	25.000
2. Rücklage für eigene Anteile	0
3. satzungsmäßige Rücklagen	80.000
4. andere Gewinnrücklagen	120.000

Gewinn- und Verlustrechnung des laufenden Jahres

Gewinn- und Verlustrechnung

1. Erträge	2.000.000
2. Aufwendungen	1.940.000
3. Jahresüberschuß	**60.000**
4. Einstellungen in die Gewinnrücklagen	
a) in die gesetzliche Rücklage	3.000
b) in die anderen Gewinnrücklagen	20.000
5. Bilanzgewinn	**37.000**

Ausweis des Eigenkapitals in der Bilanz des laufenden Jahres

Ausweis des Eigenkapitals

I. Gezeichnetes Kapital	500.000
II. Kapitalrücklage	20.000
III. Gewinnrücklagen	
1. gesetzliche Rücklage	28.000
2. Rücklage für eigene Anteile	0
3. satzungsmäßige Rücklagen	80.000
4. andere Gewinnrücklagen	140.000
IV. Bilanzgewinn	37.000

Bilanzierung des Eigenkapitals nach teilweiser Gewinnverwendung im Fall eines Gewinnvortrags aus dem Vorjahr

Ausweis des Eigenkapitals in der Bilanz des Vorjahres

Ausweis des Eigenkapitals	
I. Gezeichnetes Kapital	500.000
II. Kapitalrücklage	20.000
III. Gewinnrücklagen	
1. gesetzliche Rücklage	25.000
2. Rücklage für eigene Anteile	0
3. satzungsmäßige Rücklagen	50.000
4. andere Gewinnrücklagen	300.000
IV. Bilanzgewinn	**100.000**

Beschluß der Hauptversammlung über die Verwendung des Bilanzgewinns

Die Hauptversammlung beschließt im laufenden Jahr, den in der Bilanz des Vorjahres ausgewiesenen Bilanzgewinn in Höhe von 80 TDM auszuschütten und einen Gewinnvortrag in Höhe von 20 TDM zu bilden.

Gewinn- und Verlustrechnung des laufenden Jahres

Gewinn- und Verlustrechnung	
1. Erträge	1.900.000
2. Aufwendungen	1.700.000
3. Jahresüberschuß	**200.000**
4. Gewinnvortrag	**20.000**
5. Einstellungen in die Gewinnrücklagen	
a) in die gesetzliche Rücklage	**5.000**
b) in die anderen Gewinnrücklagen	**100.000**
6. Bilanzgewinn	**115.000**

Ausweis des Eigenkapitals in der Bilanz des laufenden Jahres

Ausweis des Eigenkapitals	
I. Gezeichnetes Kapital	500.000
II. Kapitalrücklage	20.000
III. Gewinnrücklagen	
1. gesetzliche Rücklage	30.000
2. Rücklage für eigene Anteile	0
3. satzungsmäßige Rücklagen	50.000
4. andere Gewinnrücklagen	400.000
IV. Bilanzgewinn	**115.000**

Gliederung des Eigenkapitals für den Fall der Aufzehrung des Eigenkapitals durch Verluste

Ausgangsdaten

Gezeichnetes Kapital	100.000 DM
Kapitalrücklage	10.000 DM
Gewinnrücklagen	0 DM
Verlustvortrag	5.000 DM
Jahresfehlbetrag	200.000 DM

Bilanz

Aktiva		Passiva	Vorspalte	Hauptspalte
A. Anlagevermögen	300.000	A. **Eigenkapital**		
		I. Gezeichnetes Kapital	100.000	
		II. Kapitalrücklage	10.000	
B. Umlaufvermögen	200.000	III. Gewinnrücklagen	0	
		IV. Verlustvortrag	5.000	
		V. Jahresfehlbetrag	200.000	
C. Rechnungsabgrenzungsposten	30.000		**- 95.000**	0
		B. Rückstellungen		200.000
		C. Verbindlichkeiten		400.000
D. Nicht durch Eigenkapital gedeckter Fehlbetrag	**95.000**	D. Rechnungsabgrenzungsposten		25.000
	625.000			625.000

IV. Latente Steuern

1. Abgrenzungsposten für latente Steuern nach § 274 HGB

* Diskrepanzen zwischen handelsrechtlich ausgewiesenem Erfolg und steuerrechtlich ermitteltem Einkommen aufgrund teilweise unterschiedlicher Ansatz- und Bewertungsvorschriften in Handels- und Steuerbilanz

> **§ 274 HGB**[1]
>
> (1) Ist der dem Geschäftsjahr und früheren Geschäftsjahren zuzurechnende **Steueraufwand zu niedrig, weil der nach den steuerrechtlichen Vorschriften zu versteuernde Gewinn niedriger als das handelsrechtliche Ergebnis ist**, und gleicht sich der zu niedrige Steueraufwand des Geschäftsjahrs und früherer Geschäftsjahre in späteren Geschäftsjahren voraussichtlich aus, so **ist** in Höhe der voraussichtlichen Steuerbelastung nachfolgender Geschäftsjahre eine Rückstellung nach § 249 Abs. 1 Satz 1 zu bilden und in der Bilanz oder im Anhang gesondert anzugeben. (...)
>
> (2) Ist der dem Geschäftsjahr und früheren Geschäftsjahren zuzurechnende **Steueraufwand zu hoch, weil der nach den steuerrechtlichen Vorschriften zu versteuernde Gewinn höher als das handelsrechtliche Ergebnis ist**, und gleicht sich der zu hohe Steueraufwand des Geschäftsjahrs und früherer Geschäftsjahre in späteren Geschäftsjahren voraussichtlich aus, so **darf** in Höhe der voraussichtlichen Steuerentlastung nachfolgender Geschäftsjahre ein Abgrenzungsposten als Bilanzierungshilfe auf der Aktivseite der Bilanz gebildet werden. (...)

[1] im Original des Gesetzestextes keine Hervorhebungen

* Latente Steuern als Differenz zwischen dem effektiven, nach Steuerrecht ermittelten und dem nach Handelsrecht errechneten Ertragsteueraufwand in einer Periode
* Grundsätzlich Ausweis des nach Handelsrecht errechneten Steueraufwandes im handelsrechtlichen Jahresabschluß, jedoch zunächst Verbuchung der tatsächlichen Zahlungsverpflichtung an den Fiskus

2. Bilanzierung latenter Steuern

* Bilanzierung latenter Steuern zur Beseitigung der Differenz, wenn sich diese in späteren Geschäftsjahren wieder ausgleicht
* Das handelsrechtliche Ergebnis ist größer als das steuerrechtliche Einkommen: Erhöhung des Steueraufwands im handelsrechtlichen Abschluß durch Ansatz eines Passivpostens für latente Steuern als Rückstellung nach § 274 Abs. 1 HGB (Pflicht)
* Das handelsrechtliche Ergebnis ist kleiner als das steuerrechtliche Einkommen: Verringerung des Steueraufwands im handelsrechtlichen Abschluß durch Ansatz eines Aktivpostens für latente Steuern als Abgrenzungsposten nach § 274 Abs. 2 HGB (Wahlrecht)

Abgrenzung latenter Ertragsteuern im Überblick[1]

I. **Fiktive Steuerlast auf der Grundlage des handelsrechtlichen Jahresabschlusses**

II. **./. effektive Steuerlast (tatsächliche Steuerzahlung) auf der Grundlage der Steuerbilanz**

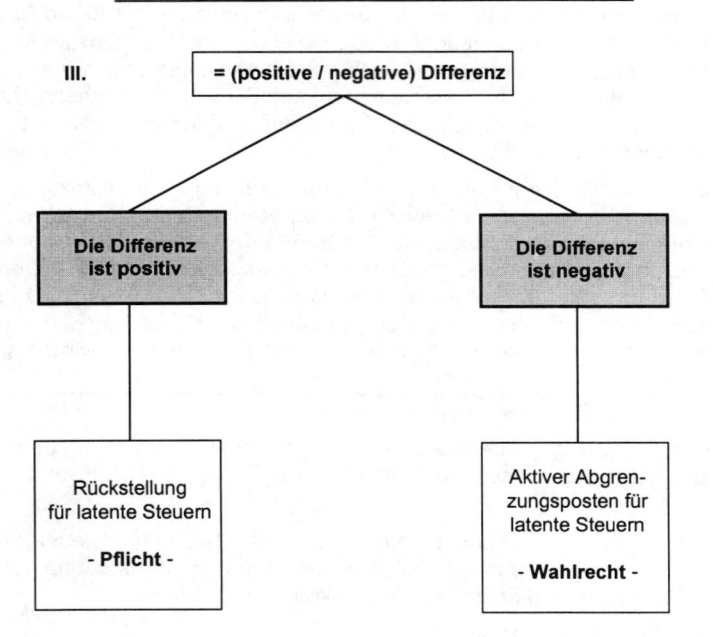

III. **= (positive / negative) Differenz**

- Die Differenz ist positiv
  - Rückstellung für latente Steuern
  - **- Pflicht -**

- Die Differenz ist negativ
  - Aktiver Abgrenzungsposten für latente Steuern
  - **- Wahlrecht -**

---

[1] Vgl. Bähr, Gottfried - Fischer-Winkelmann, Wolf F.: Buchführung und Jahresabschluß, 5. Aufl., Wiesbaden 1996, S. 246.

9. Kapitel:
Grundzüge der Konzernrechnungslegung

Literaturhinweis zur Vertiefung

Becker, Wolfgang: Konzernrechnungslegung, Wiesbaden 1989
Peemöller, Volker H.: Prüfung des Konzernabschlusses - vorlesungsbegleitende Unterlagen, Nürnberg 1997

I. Grundlagen der Konzernrechnungslegung

1. **Konzernbegriff**
   * Ein Konzern ist ein unter einheitlicher Leitung stehende Zusammenschluß von rechtlich selbständigen Unternehmen
   * Man unterscheidet zwei Grundtypen von Zusammenschlüssen:
     - Verbindungen von wirtschaftlich gleichberechtigten Unternehmen (Gleichordnungskonzern)
     - Verbindungen aufgrund wirtschaftlicher Abhängigkeitsverhältnisse (Unterordnungskonzern)

2. **Abgrenzung von Konzernunternehmen**
   * Konzernunternehmen sind die in den Konzernabschluß gemäß § 290 HGB einzubeziehenden Tochterunternehmen
   * Tochterunternehmen stehen unter der einheitlichen Leitung eines Mutterunternehmens oder können durch ein rechtliches Beherrschungspotential beeinflußt werden
   * Gemeinschaftsunternehmen unterliegen der gemeinsamen Führung mehrerer voneinander unabhängiger, gleichberechtigter Mutterunternehmen
   * Gemeinschaftsunternehmen sind keine Konzernunternehmen, unterliegen aber spezifischen Einbeziehunsvorschriften
   * Assoziierte Unternehmen unterliegen einem maßgeblichen Einfluß auf ihre Geschäftspolitik durch ein Konzernunternehmen.
   * Für assoziierte Unternehmen existieren ebenfalls besondere Einbeziehungsvorschriften

3. **Wesen des Konzernabschlusses**
   * Der Konzernabschluß ist eine Aggregation der Einzelabschlüsse rechtlich selbständiger, wirtschaftlich aber von einem übergeordneten Unternehmen beherrschter Unternehmen
   * Der Einzelabschluß eines Konzernunternehmens ist beeinflußt durch die Unternehmenspolitik des Mutterunternehmens

- * Einzelabschlüsse werden durch den Konzernabschluß zur Kompensation möglicher Informationsdefizite ergänzt
- * Im Konzernabschluß ist die Vermögens-, Finanz- und Ertragslage der einbezogenen Unternehmen so darzustellen, als ob diese Unternehmen insgesamt ein einziges Unternehmen wären

4. **Pflicht zur Erstellung eines Konzernabschlusses nach § 290 Abs. 1 u. 2 HGB**

- * Die Pflicht zur Konzernrechnungslegung ist für Kapitalgesellschaften im HGB geregelt

> **§ 290 Abs. 1 u. 2 HGB**[1]
>
> (1) Stehen in einem Konzern die Unternehmen unter der **einheitlichen Leitung** einer Kapitalgesellschaft (Mutterunternehmen) mit Sitz im Inland und gehört dem Mutterunternehmen eine **Beteiligung nach § 271 Abs. 1** an dem oder den anderen unter der einheitlichen Leitung stehenden Unternehmen (Tochterunternehmen), so haben die gesetzlichen Vertreter des Mutterunternehmens in den ersten fünf Monaten des Konzerngeschäftsjahrs für das vergangene Konzerngeschäftsjahr einen **Konzernabschluß** und einen **Konzernlagebericht** aufzustellen.
>
> (2) Eine Kapitalgesellschaft mit Sitz im Inland ist **stets zur Aufstellung** eines Konzernabschlusses und eines Konzernlageberichts **verpflichtet** (Mutterunternehmen), **wenn** ihr bei einem Unternehmen (Tochterunternehmen)
> 1. die Mehrheit der Stimmrechte der Gesellschafter zusteht,
> 2. das Recht zusteht, die Mehrheit der Mitglieder des Verwaltungs-, Leitungs- oder Aufsichtsorgans zu bestellen oder abzuberufen, und sie gleichzeitig Gesellschafter ist oder
> 3. das Recht zusteht, einen beherrschenden Einfluß auf Grund eines mit diesem Unternehmen geschlossenen Beherrschungsvertrags oder auf Grund einer Satzungsbestimmung dieses Unternehmens auszuüben.

[1] im Original des Gesetzestextes keine Hervorhebungen

- * Mutterunternehmen mit Sitz in Deutschland gilt als Grundvoraussetzung der Konzernrechnungslegungspflicht nach § 290 HGB
- * Die Ausübung der einheitlichen Leitung durch ein Mutterunternehmen sowie eine Beteiligung nach § 271 Abs. 1 HGB, d.h. Anteil von wenigstens 20% am Nennkapital des Tochterunternehmens sind Voraussetzungen für die Einbeziehung in den Konzernabschluß
- * Alternativ muß mindestens eines der drei Kriterien des § 290 Abs. 2 Nr. 1-3 HGB erfüllt sein („Control"-Konzept)
- * Konsolidierungspflicht besteht aufgrund der Möglichkeit einer beherrschenden Einflußnahme, nicht der tatsächlichen Ausübung einer Beherrschungsmacht
- * Konzernrechnungslegungspflicht für alle Nicht-Kapitalgesellschaften ist im PublG geregelt

5. **Bestandteile des Konzernabschlusses nach § 297 Abs. 1 u. § 315 Abs. 1 u. 2 HGB**

   * Konzernbilanz, Konzern-Gewinn- und Verlustrechnung und Konzernanhang sind Elemente des Konzernabschlusses

§ 297 Abs. 1 HGB[1]
(1) Der Konzernabschluß besteht aus der **Konzernbilanz**, der **Konzern-Gewinn- und Verlustrechnung** und dem **Konzernanhang**, die **eine Einheit** bilden.

   [1] im Original des Gesetzestextes keine Hervorhebungen

   * Daneben besteht die Pflicht zur Anfertigung eines Konzernlageberichtes

§ 315 Abs. 1 u. 2 HGB[1]
(1) Im Konzernlagebericht sind zumindest der **Geschäftsverlauf** und die **Lage** des Konzerns so darzustellen, daß ein den **tatsächlichen Verhältnissen** entsprechendes Bild vermittelt wird.
(2) Der Konzernlagebericht soll auch eingehen auf:
1. Vorgänge von besonderer Bedeutung, die **nach dem Schluß** des Konzerngeschäftsjahrs eingetreten sind;
2. die voraussichtliche **Entwicklung** des Konzerns;
3. den Bereich **Forschung und Entwicklung** des Konzerns.

   [1] im Original des Gesetzestextes keine Hervorhebungen

Abhängigkeit der Konsolidierungsmethode vom Beteiligungsverhältnis

beherrschender Einfluß (Mutter-Tochter-Verhältnis)	**gemeinschaftliche Leitung (Joint Venture)**	**maßgeblicher Einfluß (assoziiertes Unternehmen)**
nach § 290 Abs. 1 HGB – einheitliche Leitung – Beteiligungen gem. § 271 Abs. 1 HGB nach § 290 Abs. 2 HGB – Mehrheit der Stimmrechte oder – Organbestimmungsrechte i.V.m. Gesellschafterstellung – vertragliches oder satzungsmäßiges Beherrschungsrecht	nach § 310 Abs. 1 HGB – gemeinsame Führung eines in den Konzernabschluß eingebundenen Unternehmens mit einem nicht in den Konzernabschluß einbezogenen Unternehmen	nach § 311 Abs. 1 HGB – eines in den Konzernabschluß eingebundenen Unternehmens auf die Geschäfts- und Finanzpolitik eines nicht in den Konzernabschluß einbezogenen Unternehmens – Beteiligung nach § 271 Abs. 1 HGB – Vermutung eines maßgeblichen Einflusses, wenn Anteil der Stimmrechte ≥ 20%
↓	↓	↓
Vollkonsolidierung	Quotenkonsolidierung	Konsolidierung nach der Equity-Methode

II. Bedeutsame Grundsätze der Konzernrechnungslegung

1. **Übertragung der für Einzelabschlüsse von Kapitalgesellschaften geltenden Prinzipien**
   * Vermittlung eines den tatsächlichen Verhältnissen entsprechenden Bildes der Vermögens-, Finanz- und Ertragslage des Konzerns (§ 297 Abs. 2 HGB)

   > **§ 297 Abs. 2 Satz 1 u. 2 HGB[1]**
   >
   > (2) Der Konzernabschluß ist klar und übersichtlich aufzustellen. Er hat unter Beachtung der Grundsätze ordnungsmäßiger Buchführung ein den **tatsächlichen Verhältnissen** entsprechendes Bild der **Vermögens-, Finanz- und Ertragslage** des Konzerns zu vermitteln.
   >
   > [1] im Original des Gesetzestextes keine Hervorhebungen

   * Anwendung der Grundsätze ordnungsmäßiger Buchführung und Bilanzierung auch auf Konzernabschlüsse

2. **Grundsatz der Fiktion der rechtlichen Einheit (§ 297 Abs. 3 HGB)**
   * Erstellung des Konzernabschlusses entsprechend der sogenannten Einheitstheorie als Quasi-Einzelabschluß eines Unternehmens mit wirtschaftlich und rechtlich unselbständigen Teilbereichen

   > **§ 297 Abs. 3 Satz 1 u. 2 HGB[1]**
   >
   > (3) Im Konzernabschluß ist die **Vermögens-, Finanz- und Ertragslage** der einbezogenen Unternehmen so darzustellen, als ob diese Unternehmen insgesamt **ein einziges Unternehmen** wären. (...)
   >
   > [1] im Original des Gesetzestextes keine Hervorhebungen

   * Daraus folgt die Notwendigkeit zur Kapital-, Schulden-, Zwischenerfolgs- sowie Aufwands- und Ertragskonsolidierung

3. **Grundsatz der Vollständigkeit (§ 294 Abs. 1 HGB)**
   * Vollständige Integration der wirtschaftlichen Verhältnisse aller Konzernunternehmen gemäß § 290 HGB
   * Berücksichtigung aller Tochterunternehmen unabhängig von deren Sitz (Prinzip des Weltabschlusses)

   > **§ 294 Abs. 1 HGB[1]**
   >
   > (1) In den Konzernabschluß sind das **Mutterunternehmen und alle Tochterunternehmen** ohne Rücksicht auf den Sitz der Tochterunternehmen einzubeziehen, sofern die Einbeziehung nicht nach den §§ 295, 296 unterbleibt.
   >
   > [1] im Original des Gesetzestextes keine Hervorhebungen

4. **Grundsatz des einheitlichen Konzernabschlußstichtages (§ 299 HGB)**
    * Grundsätzliche Forderung nach einer konzerneinheitlichen Abrechnungsperiode

    > **§ 299 Abs. 2 HGB[1]**
    >
    > (2) Die **Jahresabschlüsse** der in den Konzernabschluß einbezogenen Unternehmen sollen auf den **Stichtag des Konzernabschlusses** aufgestellt werden. (...)

    [1] im Original des Gesetzestextes keine Hervorhebungen

    * Aufstellung eines Zwischenabschlusses, wenn der Bilanzstichtag eines einbezogenen Unternehmens mehr als 3 Monate vor dem Konzernabschlußstichtag liegt

5. **Grundsatz der einheitlichen Bilanzierung und Bewertung (§§ 300 und 308 Abs. 1 HGB)**
    * Anwendung gleicher Bewertungsvorschriften auf alle in den Konzernabschluß einzubeziehende Aktiva und Passiva

    > **§ 300 Abs. 2 HGB[1]**
    >
    > (2) Die **Vermögensgegenstände, Schulden und Rechnungsabgrenzungsposten sowie die Erträge und Aufwendungen** der in den Konzernabschluß einbezogenen Unternehmen sind unabhängig von ihrer Berücksichtigung in den Jahresabschlüssen dieser Unternehmen vollständig aufzunehmen, soweit nach dem **Recht des Mutterunternehmens** nicht ein Bilanzierungsverbot oder ein Bilanzierungswahlrecht besteht. Nach dem **Recht des Mutterunternehmens** zulässige Bilanzierungswahlrechte dürfen im Konzernabschluß unabhängig von ihrer Ausübung in den Jahresabschlüssen der in den Konzernabschluß einbezogenen Unternehmen ausgeübt werden.

    > **§ 308 Abs. 1 S. 1 u. 2 HGB[1]**
    >
    > (1) Die in den Konzernabschluß nach § 300 Abs. 2 übernommenen **Vermögensgegenstände und Schulden** der in den Konzernabschluß einbezogenen Unternehmen sind nach den auf den Jahresabschluß des Mutterunternehmens anwendbaren Bewertungsmethoden **einheitlich zu bewerten**. Nach dem Recht des Mutterunternehmens zulässige **Bewertungswahlrechte** können im Konzernabschluß unabhängig von ihrer Ausübung in den Jahresabschlüssen der in den Konzernabschluß einbezogenen Unternehmen ausgeübt werden.

    [1] im Original des Gesetzestextes keine Hervorhebungen

    * Bei Abweichung Umbewertungen in Einzelabschlüssen und Erstellung einer sogenannten Handelsbilanz II als Grundlage für die Konsolidierung

6. **Grundsatz der Stetigkeit der Konsolidierungsmethoden (§ 297 Abs. 3 HGB)**
    * Im Zeitablauf konstante Anwendung einmal gewählter Methoden der Konsolidierung
    * Gewährleistung der zeitlichen Vergleichbarkeit von Konzernabschlüssen

7. **Grundsatz der Wirtschaftlichkeit und Wesentlichkeit**
    * Wahrung eines angemessenen Verhältnisses zwischen dem Nutzen erreichbarer Informationen und dem dafür aufzuwendenden Einsatz

III. Konsolidierung der Einzelabschlüsse

1. **Entstehung von Konzernabschlüssen durch Konsolidierung**
   * Entwicklung des Konzernabschlusses aus den Einzelabschlüssen der einzubeziehenden Unternehmen durch Addition

   > **§ 300 Abs. 1 HGB**[1]
   >
   > (1) In dem Konzernabschluß ist der Jahresabschluß des Mutterunternehmens mit den Jahresabschlüssen der Tochterunternehmen **zusammenzufassen**. An die Stelle der dem Mutterunternehmen gehörenden Anteile an den einbezogenen Tochterunternehmen treten die Vermögensgegenstände, Schulden, Rechnungsabgrenzungsposten, Bilanzierungshilfen und Sonderposten der Tochterunternehmen, soweit sie nach dem Recht des Mutterunternehmens **bilanzierungsfähig** sind und die Eigenart des Konzernabschlusses keine Abweichungen bedingt oder in den folgenden Vorschriften nichts anderes bestimmt ist.

   [1] im Original des Gesetzestextes keine Hervorhebungen

   * Grundsätzlich Aufnahme der Vermögensgegenstände, Schulden und Rechnungsabgrenzungsposten sowie der Erträge und Aufwendungen mit ihrem vollen Betrag
   * Verzicht auf Doppelerfassungen und Ausschaltung aller Ergebnisse aufgrund von Lieferungen und Leistungen zwischen den Konzernunternehmen durch Konsolidierung zur Vermeidung einer realitätsfremden Darstellung der wirtschaftlichen Lage des Konzerns

2. **Kapitalkonsolidierung nach § 301 HGB**
   * Abhängigkeit der Konsolidierungsmethode von dem Umfang der Einflußnahme auf unternehmerische Willensbildungsprozesse im einzubeziehenden Unternehmen

   > **§ 301 Abs. 1 HGB**[1]
   >
   > (1) Der **Wertansatz** der dem Mutterunternehmen gehörenden Anteile an einem in den Konzernabschluß einbezogenen Tochterunternehmen wird mit dem auf diese Anteile entfallenden Betrag des Eigenkapitals des Tochterunternehmens verrechnet. (...)

   [1] im Original des Gesetzestextes keine Hervorhebungen

   * Grundsätzlich Vollkonsolidierung des Kapitals
   * Verrechnung von Beteiligungen an Tochterunternehmen im Einzelabschluß des Mutterunternehmens mit den darauf entfallenden anteiligen Eigenkapitalpositionen in den Bilanzen der Töchter
   * Ersatz der Beteiligungen durch Bilanzierung der Vermögensgegenstände, Schulden, Rechnungsabgrenzungsposten, Bilanzierungshilfen und Sonderposten der Tochterunternehmen, soweit nach dem Konzernbilanzrecht der Mutter bilanzierungsfähig

- Erfassung von Minderheitsanteilen anderer Gesellschafter am Eigenkapital von Tochterunternehmen in einem Ausgleichsposten innerhalb des Eigenkapitals
- Bei Abweichungen von Beteiligungsbuchwert und zu konsolidierendem Kapital Ausweis des Unterschiedsbetrags als Geschäfts- oder Firmenwert

3. **Schulden- und Forderungskonsolidierung nach § 303 HGB**
   - Aufrechnung der zwischen den Konzernunternehmen existierenden Forderungen und Verbindlichkeiten

§ 303 Abs. 1 HGB[1]
(1) Ausleihung und andere Forderungen, Rückstellungen und Verbindlichkeiten zwischen den in den Konzernabschluß einbezogenen Unternehmen sowie entsprechende Rechnungsabgrenzungsposten sind **wegzulassen**.

[1] im Original des Gesetzestextes keine Hervorhebungen

- "Forderungen und Verbindlichkeiten" nicht im bilanztechnischen Sinne, sondern im Sinne eines Schuldverhältnisses, d.h. Berücksichtigung auch von ausstehenden Einlagen, Anzahlungen, Eventualverbindlichkeiten etc.

4. **Aufwands- und Ertragskonsolidierung nach § 305 HGB**
   - Ausweis ausschließlich von Aufwendungen und Erträgen aus der Beziehung zu Konzernfremden

§ 305 Abs. 1 HGB[1]
(1) In der **Konzern-Gewinn- und Verlustrechnung** sind
1. bei den Umsatzerlösen die Erlöse aus Lieferungen und Leistungen zwischen den in den Konzernabschluß einbezogenen Unternehmen mit den auf sie entfallenden Aufwendungen **zu verrechnen**, soweit sie nicht als Erhöhung des Bestands an fertigen und unfertigen Erzeugnissen oder als andere aktivierte Eigenleistungen auszuweisen sind,
2. andere Erträge aus Lieferungen und Leistungen zwischen den in den Konzernabschluß einbezogenen Unternehmen mit den auf sie entfallenden Aufwendungen zu verrechnen, soweit sie nicht als andere aktivierte Eigenleistungen auszuweisen sind.

[1] im Original des Gesetzestextes keine Hervorhebungen

- Aufrechnung von Aufwendungen und Erträgen aus dem Geschäftsverkehr zwischen Konzernunternehmen
- Insbesondere Eliminierung von Innenumsatzerlösen

5. **Zwischenergebniseliminierung nach § 304 HGB**
   - Gewinne und Verluste aus Lieferungen und Leistungen gelten als nicht realisiert, solange die Lieferungen und Leistungen den Kreis der Konzernunternehmen nicht verlassen haben

> **§ 304 Abs. 1 HGB**[1]
>
> (1) In den Konzernabschluß zu übernehmende Vermögensgegenstände, die ganz oder teilweise auf Lieferungen oder Leistungen zwischen in den Konzernabschluß einbezogenen Unternehmen beruhen, sind in der Konzernbilanz mit einem Betrag anzusetzen, zu dem sie in der auf den Stichtag des Konzernabschlusses aufgestellten Jahresbilanz dieses Unternehmens angesetzt werden könnten, wenn die in den Konzernabschluß einbezogenen Unternehmen auch **rechtlich ein einziges Unternehmen** bilden würden.

[1] im Original des Gesetzestextes keine Hervorhebungen

* Eliminierung der Zwischenergebnisse durch Bewertung zu Konzernanschaffungs- bzw. Konzernherstellungskosten
* Realisierung des Konzernerfolgs erst beim Übergang an Konzernexterne
* Verzicht auf eine Eliminierung des Zwischenergebnisses in folgenden Fällen
  - Die Lieferung oder Leistung wurde zu üblichen Marktbedingungen vorgenommen und die Ermittlung des vorgeschriebenen Wertansatzes würde einen unverhältnismäßig hohen Aufwand erfordern (§ 304 Abs. 2 HGB)
  - Die Zwischenergebniseliminierung ist für die Vermittlung eines den tatsächlichen Verhältnissen entsprechenden Bildes von untergeordneter Bedeutung (§ 304 Abs. 3 HGB)

6. Quotenkonsolidierung und Konsolidierung nach der Equity-Methode

* Wahlrecht zur Einbeziehung von Gemeinschaftsunternehmen durch Quotenkonsolidierung oder als assoziiertes Unternehmen (§ 310 Abs. 1 HGB)
* Übernahme der Bilanzpositionen bei der Quotenkonsolidierung nicht in voller Höhe, sondern entsprechend dem Konzernanteil (§ 310 Abs. 1 HGB)
* Konsolidierung assoziierter Unternehmen durch Anwendung der Equity-Methode als Fortschreibung des Wertansatzes der Beteiligung entsprechend der Entwicklung des anteiligen Eigenkapitals des assoziierten Unternehmens (§§ 311 und 312 HGB)

Vollkonsolidierung des Kapitals bei Identität von Beteiligungsbuchwert und zu konsolidierendem Kapital sowie einer 100%-Beteiligung

Ausgangssituation

Das Mutterunternehmen ist zu 100% am Tochterunternehmen B beteiligt.

Mutterunternehmen

A	Bilanz A		P
Anlagevermögen	7.000	gezeichnetes Kapital	4.000
Beteiligung	**1.000**	Rücklagen	3.000
Umlaufvermögen	10.000	Verbindlichkeiten	11.000
	18.000		18.000

Tochterunternehmen

A	Bilanz B		P
Anlagevermögen	900	gezeichnetes Kapital	600
		Rücklagen	400
Umlaufvermögen	1.600	Verbindlichkeiten	1.500
	2.500		2.500

100 %

Kapitalkonsolidierung nach § 301 Abs. 1 HGB

A	Konzernbilanz		P
Anlagevermögen	7.900	gezeichnetes Kapital	4.000
		Rücklagen	3.000
Umlaufvermögen	11.600	Verbindlichkeiten	12.500
	19.500		19.500

Die Bilanz der Tochtergesellschaft geht vollständig in der Bilanz der Muttergesellschaft auf.

Gemäß § 301 Abs. 1 HGB wird die Beteiligung der Muttergesellschaft (1.000 GE) mit dem Eigenkapital der Tochtergesellschaft (600 GE + 400 GE = 1.000 GE) verrechnet.

Die Positionen der Einzelbilanzen entfallen insofern in der Konzernbilanz.

In der Konzernbilanz werden an Stelle der Beteiligung der Mutterunternehmung die einzelnen Vermögenspositionen (900 GE und 1.600 GE) und die Schulden (1.500 GE) der Tochtergesellschaft angesetzt.

Das Ersetzen der Beteiligung durch die Vermögenspositionen und Schulden führt infolge des Bruttoprinzips der Bilanzierung zu einer Bilanzverlängerung.

Vollkonsolidierung des Kapitals bei Identität von Beteiligungsbuchwert und zu konsolidierendem Kapital sowie einer 90%-Beteiligung

Ausgangssituation

Das Mutterunternehmen ist zu 90% am Tochterunternehmen B beteiligt.

Mutterunternehmen

A	Bilanz A		P
Anlagevermögen	7.000	gezeichnetes Kapital	4.000
Beteiligung	**900**	Rücklagen	3.000
Umlaufvermögen	10.000	Verbindlichkeiten	10.900
	17.900		17.900

Tochterunternehmen

A	Bilanz B		P
Anlagevermögen	900	**gezeichnetes Kapital**	**600**
		Rücklagen	**400**
Umlaufvermögen	1.600	Verbindlichkeiten	1.500
	2.500		2.500

90 %

Kapitalkonsolidierung nach § 301 Abs. 1 HGB

A	Konzernbilanz		P
Anlagevermögen	7.900	gezeichnetes Kapital	4.000
		Rücklagen	3.000
Umlaufvermögen	11.600	Anteile anderer Gesellschafter	100
		Verbindlichkeiten	12.400
	19.500		19.500

Die Bilanz der Tochtergesellschaft geht bilanziell vollständig in der Bilanz der Muttergesellschaft auf.

Das Kapital der Tochtergesellschaft setzt sich zu 90% aus Anteilen der Muttergesellschaft und zu 10% aus Anteilen fremder Gesellschafter zusammen.

Die Beteiligung der Muttergesellschaft (900 GE) wird mit dem anteilig auf die Muttergesellschaft entfallenden Kapital der Tochtergesellschaft (0,9 x (600 GE + 400 GE) = 900 GE) verrechnet.

Der Anteil der anderen Gesellschafter (0,1 x 1.000 GE = 100 GE) wird gesondert in der Konzernbilanz ausgewiesen.

Die Vermögenspositionen (900 GE und 1600 GE) und Schulden der Tochtergesellschaft (1.500 GE) werden vollständig in die Bilanz der Muttergesellschaft übernommen.

Vollständige Kapitalkonsolidierung bei Abweichung von Beteiligungsbuchwert und zu konsolidierendem Kapital

Ausgangssituation

Mutterunternehmen

A	Bilanz A		P
Anlagevermögen	7.000	gezeichnetes Kapital	4.000
Beteiligung (100%)	**1.200**	Rücklagen	3.000
Umlaufvermögen	10.000	Verbindlichkeiten	11.200
	18.200		18.200

Tochterunternehmen

A	Bilanz B		P
Anlagevermögen[1]	900	gezeichnetes Kapital	600
		Rücklagen	400
Umlaufvermögen	1.600	Verbindlichkeiten	1.500
	2.500		2.500

[1] Im Anlagevermögen sind stille Reserven im Ausmaß von 100 GE enthalten, die aufgelöst werden können

Kapitalkonsolidierung der 100%-Beteiligung

A	Konzernbilanz		P
Anlagevermögen A	7.000	gezeichnetes Kapital	4.000
Anlagevermögen B	900		
Auflösung stiller Reserven	**100**	Rücklagen	3.000
Konzern-Anlagevermögen	8000	Verbindlichkeiten	12.700
Firmenwert	**100**		
Umlaufvermögen	11.600		
	19.700		19.700

Die Konsolidierung folgt den allgemeinen Grundsätzen der Kapitalkonsolidierung.

Der Wert der Beteiligung der Muttergesellschaft (1.200GE) übersteigt das Eigenkapital der Tochtergesellschaft (600 GE + 400 GE = 1.000 GE).

Gemäß § 301 Abs. 1 Satz 3 HGB sind die stillen Reserven der Vermögensgegenstände und Schulden der Tochtergesellschaft (100 GE) höchstens bis zur Höhe des Unterschiedsbetrages aufzulösen.

Soweit danach noch ein aktivischer Unterschiedsbetrag verbleibt (100 GE), ist dieser als Geschäfts- oder Firmenwert auf der Aktivseite der Konzernbilanz auszuweisen.

Schuldenkonsolidierung bei betragsmäßiger Identität von Forderung und Verbindlichkeit

Ausgangssituation

A	Bilanz A		P
Anlagevermögen 7.000		gezeichnetes Kapital	4.000
Beteiligung 1.000		Rücklagen	3.000
Darlehensforderung gegenüber B 1.000		Verbindlichkeiten	11.000
sonstiges Umlaufvermögen 9.000			
18.000			18.000

A	Bilanz B		P
Anlagevermögen	900	gezeichnetes Kapital	600
Umlaufvermögen	1.600	Rücklagen	400
		Darlehensverbindlichkeiten gegenüber A	1.000
		sonstige Verbindlichkeiten	500
	2.500		2.500

Kapitalkonsolidierung nach § 300 Abs. 1 HGB und Schuldenkonsolidierung nach § 303 Abs. 1 HGB

A	Konzernbilanz		P
Anlagevermögen	7.900	gezeichnetes Kapital	4.000
sonstiges Unlaufvermögen A	9.000	Rücklagen	3.000
Umlaufvermögen B	1.600	Verbindlichkeiten A	11.000
Konzern-Umlaufvermögen	**10.600**	sonstige Verbindlichkeiten B	500
		Verbindlichkeiten	**11.500**
	18.500		18.500

Aufgrund der Fiktion der rechtlichen Einheit können die in den Konzernabschluß einbezogenen Unternehmen keine Forderungen und Verbindlichkeiten untereinander haben.
Bei betragsmäßiger Identität von Forderungen und Verbindlichkeiten (1.000 GE) erfolgt die Schuldenkonsolidierung nach § 303 Abs. 1 HGB durch einfaches Weglassen.
Dies führt zu einer Verkürzung der Bilanzsumme.

Aufwands- und Ertragskonsolidierung für Leistungen zwischen Konzernunternehmen

Ausgangs-Gewinn- und Verlustrechnung zweier Konzernunternehmen A und B

Gewinn- und Verlustrechnung A	
Umsatzerlöse	1.100
Materialaufwand für Rohstoffe	200
Personalaufwand	370
Zinserträge aus Kreditvergabe an B	70
Jahresüberschuß	**600**

Gewinn- und Verlustrechnung B	
Umsatzerlöse	700
Materialaufwand für Rohstoffe	100
Personalaufwand	330
Zinsaufwand aus Kreditaufnahme bei A	70
Jahresüberschuß	**200**

Konsolidierte Konzern-Gewinn- und Verlustrechnung

Konzern-Gewinn- und Verlustrechnung	
Umsatzerlöse	1.800
Materialaufwand für Rohstoffe	300
Personalaufwand	700
Jahresüberschuß	**800**

Aufgrund der Fiktion der rechtlichen Einheit sind Erträge und Aufwendungen, die aus Geschäften zwischen den in den Konzernabschluß einbezogenen Unternehmen entstehen, gemäß § 305 Abs. 1 HGB zu verrechnen.

Korrespondieren Aufwendungen und Erträge betragsmäßig auf Seiten von Mutter- und Tochtergesellschaft (70 GE), können diese einfach weggelassen werden.

Es ergibt sich somit keine Auswirkung auf das Konzernergebnis.

Zwischenergebniseliminierung

Ausgangssituation

Das 100%ige Tochterunternehmen B lieferte an die Muttergesellschaft A Waren zum Marktpreis von 200 TDM, die noch nicht weiterveräußert wurden. Die Herstellungskosten im Tochterunternehmen B betrugen 150 TDM.

A	Bilanz	P		A	Bilanz B	P
Anlagevermögen	7.000	gezeichnetes Kapital	4.000	Anlagevermögen	900	gezeichnetes Kapital	600
Beteiligung	1.000	Rücklagen	2.400	Umlaufvermögen	1.600	Rücklagen	400
Ware von B	200	Jahresüberschuß	600			Jahresüberschuß	200
sonstiges Umlaufvermögen	9.800	Verbindlichkeiten	11.000			Verbindlichkeiten	1.300
	18.000		18.000		2.500		2.500

Gewinn- und Verlustrechnung der Einzelunternehmen

A	GuV A	P		A	GuV B	P
Materialaufwand	100	Umsatzerlöse	1.200	Materialaufwand (davon für A: 20)	80	Umsatzerlöse mit A	200
Personalaufwand	300			Personalaufwand (davon für A: 80)	220	sonstige Umsatzerlöse	500
Abschreibungen	150			Abschreibungen (davon für A: 30)	100		
sonstige Aufwendungen	50			sonstige Aufwendungen (davon für A: 20)	100		
Jahresüberschuß	600			Jahresüberschuß	200		

Fortsetzung

Konsolidierung des Zwischengewinns nach § 304 Abs. 1 HGB

A	Konzern GuV		P		A	Konzernbilanz		P
Materialaufwand	160	Umsatzerlöse	1.700		Anlagevermögen	7.900	gezeichnetes Kapital	4.000
Personalaufwand	440				Umlaufvermögen	11.550	Rücklagen	2.400
Abschreibungen	220						Jahresüberschuß	750
sonstige Aufwendungen	130						Verbindlichkeiten	12.300
Jahresüberschuß	750					19.450		19.450

Stammen Vermögensgegenstände eines in den Konzernabschluß einbezogenen Unternehmens aus Lieferungen anderer Konzernunternehmen (Ware in Höhe von 200 GE von Tochtergesllschaft), so sind diese gemäß § 304 Abs. 1 HGB so zu bewerten, als ob der Konzern eine rechtliche Einheit wäre.

Gemäß dem Realisationsprinzip sind somit Gewinne (50 GE) zu eliminieren, die bei der Lieferung der Vermögensgegenstände an ein Konzernunternehmen bei einem anderen Konzernunternehmen entstanden sind.

In der Gewinn- und Verlustrechnung des liefernden Unternehmens sind dabei zunächst die Umsatzerlöse und der Jahresüberschuß (um 50 GE) zu reduzieren.

Aufgrund der Vorschriften zur Aufwands- und Ertragskonsolidierung sind die übrigen Aufwandspositionen (20 GE + 80 GE + 30 GE + 20 GE) und Ertragspositionen (150 GE) miteinander zu verrechnen.

In der Konzernbilanz sind die Vermögensgegenstände mit den Konzernherstellungskosten (150 GE) anzusetzen.

Kapitalkonsolidierung von Gemeinschaftsunternehmen (Quotenkonsolidierung)

Ausgangssituation

Die Z-AG ist zu 50% an einem Unternehmen (GU) beteiligt. Die anderen 50% der Anteile hält ein nicht in den Konzernabschluß einbezogenes Unternehmen.

A	Bilanz Z		P
Anlagevermögen	2.800	gezeichnetes Kapital	2.000
Beteiligung	200	Rücklagen	1.000
Umlaufvermögen	3.000	Verbindlichkeiten	3.000
	6.000		6.000

A	Bilanz GU		P
Anlagevermögen	100	gezeichnetes Kapital	250
Umlaufvermögen	400	Rücklagen	150
		Verbindlichkeiten	100
	500		500

Quotenkonsolidierung nach § 310 HGB

A	Konzernbilanz		P
Anlagevermögen Z	2.800	gezeichnetes Kapital	2.000
Anlagevermögen GU (50%)	50	Rücklagen	1.000
Konzern-Anlagevermögen	2.850	Verbindlichkeiten Z	3.000
Umlaufvermögen Z	3.000	Verbindlichkeiten GU (50%)	50
Umlaufvermögen GU (50%)	200	Konzern-Verbindlichkeiten	3.050
Konzern-Umlaufvermögen	3.200		
	6.050		6.050

Die Konsolidierung erfolgt gemäß § 310 Abs. 2 HGB den allgemeinen Grundsätzen der Kapitalkonsolidierung.

Die Vermögensgegenstände (0,5 x 100 GE + 0,5 x 400 GE) und Schulden (0,5 x 100 GE) werden jedoch nur anteilig in die Konzernbilanz übernommen.

Auf ein assoziiertes Unternehmen abstellende Kapitalkonsolidierung nach der Equity-Methode

Ausgangssituation

Die X-AG ist zu 40% an der Y-AG beteiligt und übt einen maßgeblichen Einfluß auf deren Geschäftspolitik aus.

A	Bilanz X		P		A	Bilanz Y		P
Anlagevermögen	6.000	gezeichnetes Kapital	7.000		Anlagevermögen	2.000	gezeichnetes Kapital	800
Beteiligung (40%)	600	Rücklagen	5.000		Umlaufvermögen	3.000	Rücklagen	700
Umlaufvermögen	9.000	Verbindlichkeiten	3.600				Verbindlichkeiten	3.500
	15.600		15.600			5.000		5.000

Erstkonsolidierung nach der Equity-Methode nach § 311 HGB

A	Konzernbilanz		P
Anlagevermögen	6.000	gezeichnetes Kapital	7.000
Beteiligung an assoziierten Unternehmen (40%)	600	Rücklagen	5.000
		Verbindlichkeiten	3.600
Umlaufvermögen	9.000		
	15.600		15.600

Folgekonsolidierung

In der folgenden Periode erwirtschaftet die Y-AG einen Gewinn in Höhe von 400 GE, wovon der X-AG 0,4 x 400 GE = 160 GE zustehen.

A	Konzernbilanz		P
Anlagevermögen	6.000	gezeichnetes Kapital	7.000
Beteiligung an assoziierten Unternehmen	760	Rücklagen	5.000
Umlaufvermögen	9.000	anteiliger Jahresüberschuß des assoziierten Unternehmens	160
		Verbindlichkeiten	3.600
	15.760		15.760

Die Beteiligungen an assoziierten Unternehmen werden nicht durch die Vermögensgegenstände und Schulden des assoziierten Unternehmens ersetzt.
Es erfolgt jedoch eine zeitnahe Bewertung, indem die anteiligen Erfolge des assoziierten Unternehmens (0,4 x 400 GE = 160 GE) dem Beteiligungsbuchwert zugeschrieben werden.